U0685211

科学版精品课程主体化教材·管理学系列

女性创业学

主　编　张丽琍
副主编　张瑞娟

科 学 出 版 社
北　京

内 容 简 介

本书参考了国内外的一些研究成果，吸收了创业实践中女性创业的一些较新的案例，系统地阐述了女性创业的特点、创业环境、创业机会识别和开发、资源配置、创业营销、团队组建、商业计划书设计、新创企业的战略选择和定位以及创业中的危机管理。本书体系完整，结构清晰，案例丰富，贴合实践，分析角度较为全面，实用性和可读性较强。

本书可作为高校的本（专）科生的、从事创业教学的教师的创业教材和参考书，也可作为女性创业实践者的创业活动的理论指导书。

图书在版编目（CIP）数据

女性创业学 / 张丽琍主编. —北京：科学出版社，2016.9
科学版精品课程主体化教材 · 管理学系列
ISBN 978-7-03-049760-4
Ⅰ. ①女… Ⅱ. ①张… Ⅲ. ①女大学生-创业-高等学校-教材 Ⅳ. ①G647.38

中国版本图书馆 CIP 数据核字（2016）第 209215 号

责任编辑：张 宁 刘英红 / 责任校对：赵桂芬
责任印制：徐晓晨 / 封面设计：蓝正设计

科 学 出 版 社 出版
北京东黄城根北街 16 号
邮政编码：100717
http://www.sciencep.com

北京市密东印刷有限公司 印刷
科学出版社发行 各地新华书店经销
*
2016 年 9 月第 一 版 开本：787 × 1092 1/16
2018 年11月第四次印刷 印张：14 3/4
字数：338 000

定价：39.00 元

（如有印装质量问题，我社负责调换）

前　　言

大众创业、万众创新——打造经济增长新引擎。在 2014 年 9 月 10 日的夏季达沃斯论坛开幕式上，李克强总理发表讲话：“在 960 万平方公里土地上掀起大众创业、草根创业的新浪潮，形成万众创新、人人创新的新态势。”创业创新已经上升到国家战略层面。

近年来，女性创业在全球范围日益活跃，传统的以男性为主导的创业经营领域正在发生一场玫瑰革命。女性创业者正在成为经济与社会发展的重要推动力量，在创造一个多元和谐的社会与可持续发展的经济中扮演着重要角色。在中国，女性创业人数不断增加，其重要性也日益显现。据统计，2006 ~ 2007 年中国女性创业比例为 25%；2007 ~ 2008 年增长至 27%。根据全球创业观察（the global entrepreneurship monitor，GEM）项目 2010 年对 40 多个国家和地区创业情况的调查结果显示，GEM 的女性全员创业活动指数为 6.90%，中国女性创业活动指数高达 11.6%。

在越来越多的女性走上创业之路时，对女性创业的研究也引起了学者的充分关注，这将为女性创业的可持续发展奠定坚实的基础。

目前，女性创业教育的水平与经济社会发展需求之间还存在巨大的缺口，编撰一部《女性创业学》已成为刻不容缓之事。有优秀策划者的精心设计，有教学经验和科研成果丰富的老师团队的努力，有良好的科学出版社的出版平台，相信该教材的出版将会为女性创业教育做出积极的贡献。

本书第 1 章由张丽琍老师编写，第 2 章由吕翠老师编写，第 3 章由张瑞娟老师编写，第 4 章由吴宝忠老师、唐红娟老师、黄欣然老师编写，第 5 章由宋红磊老师、张博老师编写，第 6 章由侯典牧老师编写，第 7 章由胡绍英老师编写，第 8 章由张才纯老师编写，第 9 章由李乐旋老师编写，第 10 章由胡波老师编写，第 11 章由高秀娟老师编写。张丽琍老师和张瑞娟老师负责统稿。

主　编

于中华女子学院

目　录

第一篇　女性创业的概念

第二篇　评估创业机会和配置资源

第三篇　女性新企业创办与成长管理

第四篇　女性创业企业的成长与危机管理

第一篇　女性创业的概念

第 1 章　女性创业与创业精神

学习目标：

1. 了解创业精神和社会发展的关系。
2. 了解女性创业的背景和创业特征。
3. 了解创业教育的意义以及国外和我国创业教育的现状。

引导案例

“创业教母”——王利芬和她的优米网

王利芬，优米网创始人兼 CEO。她曾创办央视的《对话》《赢在中国》等栏目，因《赢在中国》的巨大成功被称为“创业教母”。

在创办优米网之前，王利芬已经是非常成功的职业媒体人。她在央视经历了三个“五年”：五年调查记者，五年负责《对话》及资讯等，最后一个五年任《赢在中国》和《我们》总制片人。然而她选择从央视辞掉公职，出于一颗不安分的心，一种强烈的“创业的激情和要尝试新的生活的愿望”。人到中年，一种时间的紧迫感不允许她再思前想后。2009 年，她先后在七月和九月与央视新台长焦利深谈，终于成为自由人。她不喜欢那种“一眼看到尽头”的人生，现在，带着不确定性，又一个五年开始了。

王利芬在陌生的创业领域，也犯过两个错误。第一个错误是 2009 年 4 月，王利芬在哈佛肯尼迪政府学院培训时，有了一个非常好的主意——做一个 C2C 网站。简单来说，朋友马云的 C2C 网站淘宝卖的是有形物品，而她想搭建一个平台来“淘”人们脑子中的智慧和经验。用户打开网站，付费后，就可以跟自己希望的人视频对话。王利芬觉得这个主意太好了，80 多名员工也被她的精神鼓舞着、感召着。当年 11 月底，网站终于上线。但她迅速发现，自己被用户抛弃了。“这个愿望非常好，但是没有人愿意埋单。我假想这个事情消费者是喜欢的，其实根本不是这样。”上线两周后，她关掉了这个理想中的完美网站。

第二个错误是柳传志提醒了她。柳传志登录优米网后，跟她说，你的网站内容太多，最好要少而精，先重点突破，把一个战役打得特别漂亮，总结规律，再复制。王利芬认识到了这个问题，她开始收缩战线。

王利芬说，决定创业的时候，并没有去征求那些企业界大腕的意见。倒是在创业后，才和李开复等探讨过互联网的商业模式。在她看来，别人的意见都只能参考，真正要创业之前应该听自己的心声，这才是最真实的声音，没有金科玉律。

优米网每晚 8 时直播的主打节目《在路上》，请各行业的专家来谈人的成长和发展各个阶段的问题，同另外两档节目《创新中国》和《创业门诊》构成“三驾马车”。优米网推出的“史玉柱的三个小时聊天”拍卖，价格已经飙升到了70万元。现在的优米网定位在服务于年轻人的职业发展、就业、创业、创新，很重要的一部分是在告诉年轻人创业是怎么样的。对于自己的创业历程，王利芬觉得很有意思，因为每一天都是新的，每一天都是一个未知的航程。她认为，“创业是一个最好的认识社会、认识自己的方式，没有比这个方式更加的血淋淋，更加的直面人性，更加的真实。其他的方式都没有这么样的直截了当，这是我对创业最大的收获。”

资料来源：王利芬. 不喜欢安逸的创业教母. 创业故事网，2015-08-22

1.1 创业与经济增长

20世纪末，随着计算机技术和互联网技术革命的到来，传统的经济增长模式受到了前所未有的挑战，创业已成为当今的中国乃至全世界经济发展的根本推动力之一，创业活动与拉动经济增长和推动劳动就业越来越呈现出紧密的联系。

在西方发达国家，技术革命催生了一批具有创新精神和创业精神的时代宠儿，在美国式的经济传奇故事中，微软、思科、戴尔等企业借助新的商业理念和经营方式从零创业迅速成长为企业巨人。大规模的投资为企业家带来了大规模的收益，而新技术的不断产生，也使原有的以规模竞争为导向的企业扩张转向了以新的经营理念和新的商业模式为投资目标的经济增长模式，创业和创新日益成为各国经济增长的主要手段。不仅新创企业对各国的经济总量和就业方面的贡献令人瞠目，而且许多对国家经济命脉有重要影响的新创企业也带动了上下游的产业发展，从而形成和派生了大量新的创业企业和创业活动。

根据GEM的研究报告，在2003年，美国有超过2 000万人参与了新创企业的创业活动，创建的新企业超过1 000万家。2003年，我国中小企业数量达到了2 930万家，占我国企业总数的95%以上，而其中许多是新创企业。有关学者研究发现，在中国创业活动高度活跃的长江三角洲地区、京津地区、珠江三角洲地区经济发展速度相对较快，而在黑龙江、海南等创业活动相对沉寂的地区，经济增长的速度相对比较滞后，如表1-1所示。

表1-1　中国创业活动不同活跃程度（CPEA）的四类地区

地区	类别	CPEA指数	省区数	地区
A	高活跃地区	高于全国平均水平10.43	9	长江三角洲地区（上海、江苏、浙江）、京津地区、珠江三角洲地区（广东）、西部地区（陕西、青海、宁夏）
B	一般活跃地区	高于全国平均水平5	9	辽宁、内蒙古、安徽、福建、山东、重庆、四川、云南、新疆
C	不活跃地区	高于全国平均水平2.5	9	山西、吉林、河南、江西、湖北、湖南、广西、贵州、甘肃
D	沉寂地区	低于全国平均水平2.5	9	河北、黑龙江、海南、西藏

注：CPEA指数，即中国创业活动指数，是由中华职业家企业家协会（Chinese Professionals and Entrepreneurs Association）提出的

资料来源：姜彦福和张帷（2005）

随着联想、华为、华润等本土企业家跃上世界经济的舞台，中国企业家的创业精神和创业活动也催生了新的产业领袖，为全球提供了大量的投资机会和就业机会。

各国的创业英雄以他们创业的远见卓识和创新的思想火花，以及强烈的成功欲望和竞争意识引领了新的经营理念和管理模式的产生，也促进了许多企业内部创业活动的兴起，而企业内部的创业和创新活动成为企业经济增长的推动器。例如，中国的华润公司，在 1992 年通过成立“华润创业”，推动了企业内部创业活动的兴起，使企业焕发了生机和活力，最终使企业成为集地产、零售和啤酒三个产业的龙头企业。

经过 30 多年的改革开放，我国已拥有了良好的经济基础和和谐的社会环境，特别是大批接受过高等教育的高素质人才更为我国创建创业型社会打下了良好的基础。在国际金融危机给我国经济发展带来严峻挑战的今天，以创业带动就业，大力发展创业学，大力倡导在创业学指导下进行科学的创业实践活动，将具有特别重要的意义。

1.2　创业精神与社会发展

1.2.1　创业精神与社会发展的含义

创业精神是开创事业的思想和理念，是指在创业的活动过程中，一个社会（包括创业活动过程中的多个参与主体）普遍表现出来的思想意识、价值观念、基本态度、行为方式等与创业有关的思想理念和精神状态。创业精神的研究始于熊彼特，他把创业精神定义为一种创造性的破坏过程，其中企业家不断以新的产品和生产方法代替旧的产品和方法。在这个过程中，创业精神是创业者们的精神动力和发动机，是企业诞生与发展的灵魂和精神支柱，对创业活动产生重大的潜移默化的影响。Miller（1983）认为创业精神不仅可以指创业者的个性特征，也可以指企业的行为特征，他认为创业精神还应当包括诸如冒险和主动行为以及市场创新。创业精神就是善于捕捉和利用机会，敢于承受必需的风险，开创性地思想、观念和品质，是一种追求机会的行为，是为创造新的某种价值，努力发挥创造力，实现创新的一种勇往直前的文化和心理过程。创业精神可以推动科技创新、开发新产品、创造新服务、开拓新市场，也可以再造企业、成就企业家（周直，2004），综合体现了开拓精神和务实精神，对创业精神内涵的描述如表 1-2 所示。

表 1-2　创业精神内涵的描述

创业精神维度	内涵描述
创新精神	不墨守成规，保持开放的心态，用创新的视角审视周边事物，用创新的方法处理各项事务
市场机遇敏锐性	机遇无处不在，努力发掘和开发身边的机遇，时刻为机遇的出现做好准备
冒险精神	培养风险承担精神，勇于开拓未知世界，接受挑战并能承受环境中的各种不确定性
勇于实践	敢想敢做，善于把好的想法付诸实践，在干中学，提升自我并达成目标
团队合作精神	团队是成功的保障，只有合作才能实现个人无法达到的目标，欣赏他人并善于合作
成就渴望	设立个人成长的长期目标，能为目标的实现激励自我并不懈努力

资料来源：王辉（2011）

社会发展是指以个体为基础的社会关系出现从个体到社会总体的自由延伸，个体的自由延伸到社会整体关系面，包含个体的物质及精神自由发展到社会层面，并取得社会化的一致，这其中包含经济、文化、政治、习俗、体制等一系列的社会存在的总体发展。另外，社会发展也指社会进步中社会经济的发展，特别是社会生产力的发展。社会发展一般有三层含义：①相对于自然而言的人类社会发展，包括经济发展、政治发展、文化发展等。②相对于经济而言的社会发展，包括政治、文化等内容。③相对于经济、政治、文化、生态而言的社会发展，包括社会组织、社会事业、社会管理的发展等内容。

1.2.2 创业精神与社会文化

1. 形成创业观念

创业观念是对创业者起到动力作用的意识倾向，包括创业的需要、动机、兴趣、理想、世界观等要素，创业观念包括创业的勇气和开放的心态，包括冒险精神和百折不挠的精神。创业观念可以支配创业者对创业活动的态度及行为，并决定着态度和行为的方向和力度，创业者心中求新求变的心态，追求利润和创造新价值的渴望，具有较强的选择性和能动性，是人们从事创业活动的强大内驱力。创业观念的形成，首先来源于创业的需要，根据 GEM 的研究，人们之所以创业，或是源于生存型动机，或是源于发展型动机，这是人们创业的最初诱因和动力。当创业者形成强烈的创业需求时，往往产生的爆发力也很强大，此时创业者勇于拼搏的创业精神就直接形成了其创业需求和动机。创业者在创业过程中对创业行为抱有的深厚感情和坚强意志，能够维持其长久的创业兴趣，并在创业成功之后，大幅度提升创业兴趣。创业理想和创业信念则是创业者的精神支柱，创业是艰难的，创业者往往需要将创业者的思想、心理情境、社会责任感和使命感都融入其中，这时创业者追求成功、不畏艰难寻求变革、赋予资源以新价值的创造性行为能力等创业精神对创业理想和信念进行渗透，形成每个创业者独特的创业观念。

2. 推动创新意识

创新意识是人们根据社会和个体生活发展的需要，引起创造前所未有的事物和观念的动机，并在创造活动中表现出的意向、愿望和设想，是人类意识互动中积极的、富有成果性的表现形式，是人们进行创造互动的出发点和内在动力。熊彼特（2009）认为，创新就是一种创造性的破坏，而创业型的组织，就是具有创新能力，并对生产要素在创新过程中实现重新的优化组合的组织。创新意识分三个层面：一是对创新的认知；二是产生对创新的渴望、需求，即一种内在动力；三是升华为行为的渴求，即产生创新动机。创新意识其实是一种积极自觉的心理活动，是人对作用于自身的客观世界的一种积极主动的反应和创造性思维，是个体通过思维、言语的培养和训练所获得的、根植于个体内心的、欲求革新变异的一种独特的个性心理品质（马靖，2008）。创业精神所具备的核心特点，如勇于创造，敢于创新，都有利于推动创业者创新意识的产生。

3. 培育创业文化

创业文化是指与创业有关的社会意识形态、文化氛围，其中包括人们在追求财富、创造价值、促进生产力发展过程中所形成的思想观念、价值体系和心理意识，主导着人们的思维方式和行为方式。成功的创业行为能够在全社会范围内形成文化氛围，塑造习俗和文化。创业文化体现着知、情、意的统一，基本内涵包括开拓、冒险和创新精神。创业者积极创新，敢于自我实现的精神，深深根植于商业生态系统，通过成功的示范，在全社会范围内流传开来而形成普遍的共识。创业崇尚的是艰苦奋斗、诚实守信、不怕失败的传统创业精神，鼓励技术创新、管理创新和文化创新。创业者具有开拓向上的勇气和激情，拥有和弘扬团队精神，梦想用信念开创新价值。除此之外，创业者还应具备高科技、大市场、活资本的新理念，不仅要投身国内市场踊跃创业，还要积极走出国门参与国际大市场的竞争。在这样的氛围下，才能形成全社会范围内的朝气蓬勃的创业精神和创业文化。

创业精神从根本上就是一种跳出循规蹈矩的圈子，重新创造组织形态和价值的态度及价值观。创业精神与创业密切相关，并且都与机会识别捕捉、资源获取、创新、冒险、创造价值等概念密切相关，而创业家精神往往又与“果断、机智、谨慎和坚定”、“自力更生、坚强、敏捷并富有进取心”以及“对优越性的强烈渴望”等描述有关，创业及创业精神固化在参与者和社会公众的心目中，形成共同的心理程序和符号后，便形成了创业文化（孟晓斌和王重鸣，2008）。创业文化的培育，需要发扬创业精神，改变人们的旧有观念，将传统意识形态中的小富即安、安贫乐道、听天由命、随遇而安等思想转化成为开拓创新的向上精神，树立人们愿意冒险、无所畏惧、追求成功的文化氛围，真正建立起创业文化。

4. 形成创业型组织

创业既包括新创企业，也应当包含现有企业的新创活动，在形成组织结构的过程中，创业会使组织行为和结构传统形式发生变化，有别于传统的层级结构。全球化生产和新技术的快速涌现，使得企业面临着不断变换的内外部环境和形式，经济资源要求组织结构在传统规范的形势下，要能够保持更大的组织决策弹性以应对和适应外部环境。20 世纪 80 年代美国管理学家德鲁克提出的“创业型组织”引入组织架构的设计范畴，创业型组织则是一种学习型的组织，将创业作为组织的一个流程，提高员工创新能力与创造潜在创业机会可使组织变得更为成功。创业型组织是组织内所有成员共享均等的创业机会，组织架构和运营流程围绕“创业项目筛选”这一主要任务开展的经济活动实体。员工在其中充分展现其创新能力，而组织通过员工的创新型活动而享有更多开发新产品和开拓新市场的机会。

5. 创业成为经济社会的新引擎

当前我国处于转型升级的重要时期，创新创业驱动正在成为我国经济社会发展的新引擎。在经济发展的不同阶段，经济增长的驱动力有所不同。20 世纪七八十年代以来以创新和创业为特征的经济发展形态，已经深刻地改变美国、日本等发达国家的经济增长模式，我国自 20 世纪八九十年代以来，创业与创新活动也层出不穷，并在近些年来，形成创业创新浪潮。2002 年我国首次参加《全球创业观察》评估，创业活动指数就排名第九位。《2015 年中国大学生就业报告》抽样调查发现，2014 年毕业大学生中有 21 万人选择创业。到 2011 年，我国一共成立了 1 034 个创业孵化器，为创业公司提供办公场所、减免房租等优惠政策，并与高校进行技术对接。教育部和科技部携手在高校建立了 45

个大学创业孵化器。成立于1999年的国家创新基金以提供资助、贷款补贴等形式扶植科技创业公司，接受了大约3.5万份的申请，为9 000个项目提供了接近10亿美元的资金资助。创业的活跃程度成为一个国家经济活力的重要指标，创业成为了经济社会发展的新引擎。

6. 创业对就业有促进作用

我国就业压力，特别是大学生就业问题较为严重，根据教育部的统计，我国高校毕业的大学生数量连年持续走高，2007年高校毕业生为495万人，2013年毕业生人数达到699万人，2014年毕业生人数达到727万人，在庞大的就业压力下，创业成为有效解决就业压力的一个重要途径。根据研究，每增加一个机会型创业者，带动的就业数量能够达到2.77人，而中小企业对就业贡献较大，特别是就业人数在1～19人的小企业，综合起来往往能够吸纳较大数量的劳动力。因此我国应当大力开展创业教育，改变传统观念，变以单纯就业为导向的政策为以创业带动就业为导向的国家宏观就业政策。

7. 创业促进产业结构的调整

产业结构的转型也是其中的重要组成部分，我国传统产业结构以第一产业和第二产业为主，第三产业还有待长足的发展。而创业往往具有巨大的示范效应，当创业企业成功之后，会在社会上引起广泛的反响，吸引各种人、才、物资源向创业成功的行业流动，在行业内产生越来越细分的市场，并围绕核心产业产生许多衍生行业和价值，因此创业可以促进并带动产业结构的转型和升级。例如，我国当前的互联网行业，由于新技术和新业态的涌现，使得该行业涌现出大量的创业企业，开展互联网金融、大数据等业务，最初创业成功者如蚂蚁金服、宜人贷、天使街等，很快产生示范拉动效应，围绕相应业态的创业行为不断，促进了整个互联网行业的壮大。

1.3 女性创业的社会背景和特征

1.3.1 女性创业的社会背景

女性占据我国劳动力人口的半数，是人力资源中不可或缺的组成部分。正如联合国《1970—1990年世界女性状况》中所指出的："为了使女性在保健、教育、正规和非正规工作及各级决策方面获得更广泛的机会而进行的投资，绝不仅仅是在女性身上的投资，它还是在她们家庭和社会方面的投资。这是一种使人们摆脱贫穷的方式，是一种延缓人口增长的方式，是一种保护环境的方式，也是一种踏上合理、可持续发展道路的方式。"但随着我国经济体制和产业结构的调整，劳动力市场出现了结构性的供大于求。蓄积已久的隐性失业显性化。中国女性参与经济活动出现了严重的问题和障碍，女性失业人数在增加、失业周期在增长、再就业难度在加大，这些都成为阻碍中国女性人力资源充分开发利用的主要障碍。

女性创业作为一种社会现象受到普遍关注只是最近二十几年的事情，但女性创业的发展却十分的迅速。无论从企业的数量、创造的收入还是雇用的工人数量方面来看，女性创业所带来的贡献在全球范围内变得日益突出，成为全球经济增长的重要驱动力量之一。

虽然早在 17 世纪就已经有大量女性运营的企业，但女性被看做与男性处于“不同的世界”（different spaces），被默认为缺乏创业所必须具备的一些特质（Kerber，1988）。直到女权运动中 businesswoman 概念的提出，人们才开始寻求中性化“企业家”一词。特定的历史环境造成了学术界对女企业家研究的缺失，约 20 世纪 70 年代前后，才有学者开始将目光转向女性角度的研究。

国外的女性创业研究可以大致分为三个阶段，20 世纪 70 年代是女性创业研究的萌芽时期，出现了两篇研究女性创业的先驱性文章。Schrieir 在 1973 年发表了一篇名为《女性创业家：一个超前研究》的文章。在该篇文章中，她试图勾勒出女性创业家的“基本面貌”。她的研究结果表明，除了在行业选择上有差异之外，女性创业家与男性创业家之间有许多共同之处。Schwartz 在 1976 也发表了一篇开创性文章《创业：一个新的女性前沿》。这是她在与 20 位女性创业家访谈的基础上完成的，得出了与 Schrieir 类似的结论。值得注意的是，Schwartz 是第一个把注意力放到女性创业障碍上的学者。之后十几年的研究基本都遵循她的思路，重点关注女性创业家的特质和动机。70 年代出现的女性创业繁荣，使得 80 年代相关研究的数量、维度、方法和层面都有所拓宽和深入，Nelton（1998）将其看做平静而深远的伟大变革。

20 世纪 80 年代是女性创业研究的基础时期，许多重要的研究主题被提了出来，为以后的研究奠定了坚实的基础。在 Schwartz 发表女性创业的文章之后的 5 年时间里，没有其他的同类文章出现。直到 20 世纪 80 年代，从事自我就业的女性数量的急剧增加才广泛地引起了学者对女性创业的兴趣，并进一步促发了许多考察性别和企业问题的重要研究。在 1980 ~ 1989 年，总共有 31 篇文章阐述了与女性创业有关的问题。这个阶段的研究大多延续早期 Schwartz 他们的工作，很多研究问题具有相似性，并且学者们经常运用相同的量表去证实和复制已有的研究发现，或者通过运用不同地区、行业和企业发展阶段的新样本复制早期的研究。与此同时，随着研究的深入，一些重要的研究问题被提了出来，如女性的管理风格、创业战略、创业绩效和社会网络等。这些问题尽管在当时没有得到深入的研究，但是却为以后女性创业的研究奠定了基础。

进入 20 世纪 90 年代以后，女性创业无论是实践方面还是理论方面都取得了重大的发展。实践方面的进步主要有：女性企业的社会和经济影响越来越大；越来越多的女性创业家已经成功进入了像高科技、工程机械等非女性传统行业；一些早期阻碍女性成功创业的因素已经被消除；对女性创业家进行培训和塑造的公共政策和学术计划也已经取得重大进步。

90 年代后，国内学者开始对女性创业问题日渐重视，已有文献涉及诸多视角，但总体成果匮乏。目前针对我国女企业家创业活动的研究则相对更少，已有文献的理论研究仅限于对其创业动机、模式、环境等浅层面的探讨，内在机制的研究则匮乏。当前研究在选取样本时，分析面则更为狭窄，数据明显不足，如费涓洪（2004）只对 30 名上海私营业主进行调研分析，胡怀敏和肖建忠（2007）对 36 个女性创业个案进行二手资料的个案分析。同时，分析方法也陈旧落后，利用计量手段进行实证分析的文献明显不足。

1.3.2　女性创业的特征

通过对国内外目前的有关研究资料进行分析和梳理，中外女性创业特征主要表现在以下几个方面。

1. 创业比重和人口特征

J.Naisbitt 称 20 世纪 90 年代的美国是“强化女性商业地位的十年”，30%的小企业都由女性领导，而女企业家的经营活动已占到 50%。德国则是欧洲女性创业份额最高的国家，20 世纪 90 年代初，女性企业家比例占到 26%（Chirikova，2001）。女企业家活动在许多国家都超出 30%的比例（Minitti et al.，2005），如加拿大、丹麦、芬兰、新西兰等国。50%英国全职女性认为如果机会合适她们将创办企业，其中三分之一认为自己能力足够。20 世纪 80 年代早期，我国女性就开始创业活动。我国女企业家约占全国企业家总数的 20%，自主创业的比例达到 21%以上，接近男性的水平（史清琪，2004）。2002 年，我国女性创业水平居世界第 5 位（Reynolds et al.，2002）。创业家是发掘市场不均衡现象，并将其导向均衡的重要推手（Sexton and Landstrom，2003），因此，市场越不均衡，带来的创业数量就越多，我国目前就呈现这种状态。不过 20 世纪 90 年代，世界范围内对女企业家的研究才被西方管理学界提上日程，所以相应的数据资料较少，散见于学术文章和 GEM 官方报告。对中国女性调查则更少，有“中国女企业家发展报告”“中国女企业家生存状况调查”（李兰，2003），Hildebrandt 和 Liu（1988）对中国女经理抽样调查并与美国等女性做的对比分析，以及一些地区性调查。

全球化竞争所导致的“失业潮”、女性经济地位逐渐攀升、女性意识的转型等诸多方面的因素，造成了女企业家世界范围内的创业活动，美国研究家 R.Peterson 和 K.Weirmair 称之为“世界范围内一场宁静的革命”。2006 年，世界范围内女性创业的活跃程度已经超越男性（GEM，2006）。

学界对创业家人口特征的内涵理解不一，认为包括年龄与教育程度、排行、性别、家庭背景因素（Stanworth et al.，1989）等。国外众多学者对女企业家的各方面人口特征做过分析，发现了一些相似的特征，如婚姻状况（已婚）、年龄（30 ~ 45 岁）、出生顺序（长子或长女）（Watkins J and Watkins D，1984；Hisrich and Brush，1983）。GEM 则调研了创业的年龄特征，发现中低收入国家，年龄在 25 ~ 34 岁女性早期创业可能性最大，35 ~ 44 岁最有可能从事现存企业活动；高收入国家则分别为 25 ~ 44 岁和 35 ~ 45 岁（谌军和张占平，2007）。我国女企业家平均年龄为 46.5 岁，创业年龄 40 ~ 49 岁为主，且年龄呈增加趋势（费涓洪，2004）。40 岁以上的女企业家占到了总人数的近 70%，大多数是在 60 年代或以前出生的，其中大专及以上文化程度占到了 45%，高中及以下文化程度的占到 55%。企业的资产规模在 100 万元人民币及以下的占 34%，100 万 ~ 1000 万元的占 38%，1000 万 ~ 1 亿元的占 19%，1 亿元以上的占 10%。在企业的产出规模中，100 万元人民币及以下的占 33%，100 万 ~ 1000 万元的占 33%，1000 万 ~ 1 亿元的占 21%，

1 亿元以上的占 13%（史清琪，2002）。她们的离婚率和再婚率比全国平均水平略高（荣维毅，2001），遭受家务负担和为孩子担忧的困扰（史清琪，2002）。

国内外研究趋势都表明，25 ~ 45 岁是创业的巅峰时期，处于该年龄段的人勇于创新、成就动机强，我国女企业家平均创业年龄与他国相比严重滞后，错过了创业黄金时期。中国女性的家庭背景则对其创业过程带来过大压力，给创业和成长带来了相当的障碍。我国女性创业的年龄特征有其历史和现实的特殊原因，我国的女企业家绝大多数是在 1980 年以后开始创业的，改革开放为我国广大女性创业提供了适宜的环境和广阔的舞台，而 90 年代以后创业的女企业家占了总人数的 73%，这些创业者或是从政府、事业单位下海，或是下岗女工，或是城市化过程中的转移劳动力。因此，十年奋斗，她们绝大多数人三十多岁起步，现在正值 45 岁左右，而我国目前女大学生创业的比例还很小。

2. 创业动机

创业动机可以等同于创业目标，而它又决定了企业家的行为模式，是决定企业成功与否的关键因素之一（Timmons and Spinelli，2003）。创业动机有很多，如被裁、失业、挫折、养家糊口、对灵活工作时间的需求、独立、自我满足、自我成就、成为别人的老板、运用创造性的技能、享受工作、渴望财富、社会地位和权利（Orhan and Scott，2001）。

Neider（1987）的样本中，50 岁以上的女企业家的创业动机都是缘于“个人危机”（全部与婚姻有关：离婚、配偶死亡、丈夫破产等），其余 50 岁以下的女企业家的创业动因则是为了“个人满足”（控制、创造和自主等）。Cromie（1987）的研究认为，女性更多因为对以前的工作不满，将创业看做解决个人和工作矛盾的途径，“玻璃天花板”也是一个重要的原因（Daily et al.，1999）。还有研究表明东欧和中欧国家的女性将创业作为逃避择业的手段，创业绝非职业生涯的首选（Catley and Hamilton，1998）。Still 和 Timms（2000a）则认为，女性创业是为了与众不同。这使得她们比男性更关注客户、更人性化、更关注对社会的贡献。美国、欧洲和澳大利亚女性表示对工作环境的不满，她们渴望更大的挑战，更灵活的工作环境（Kitching and Woldie，2004）。Orhan 和 Scott（2001）调研的很多女性样本都认为可以将社会责任和经济利益结合起来。女性创办的企业有明显的社会导向型特征，更利于与他人的交流。南非和以色列尤其明显，很多创业女性都提到如下创业动机，即解决妇女问题、激发社会精神、解决女性在商业中的不平等、贫穷、不发达问题。中国女性的创业更多是收入不足、失业、未充分就业、不满意的工作条件和前景、希望更灵活的时间表以取得家庭和工作责任之间的平衡等因素造成（金一虹，2002）。

可见中外女性创业动机都是复杂的，她们或是被动或是成就驱动，或是兼而有之。对女性企业家的创业成败的研究为数甚少（Aldrich，1989；Brush and Hisrich，1991），但 Stevenson（1986）认为，成功的企业家是成就驱动型的，善于管理风险并擅长系统规划。不论出于机会驱动还是生存驱动，内在的成就动机是企业生存和发展的关键。

3. 社会背景和行业特征

过去 20 年的研究通过分析女性的背景、教育、经历，试图挖掘女性企业家的“典型性”，但女企业家群体却并非完全类似（Carter et al.，2000）。国外女企业家的背景更多是文科大学生，而非商业、工程或技术出身（Watkins J and Watkins D，1984；Hisrich and Brush，1987）。创业前较多在“传统行业”工作，如服务业、零售业（Birley，1989）、教育行业、办公室或秘书领域，而非管理层、科技职位。我国女企业家则多为来自原机关、企事业单位的干部和专业技术人员（费涓洪，2004）。接受过高等教育的对象中，学习财经与管理类的企业家占到多数（童亮和陈劲，2004；李兰，2003）。

以往人们感觉女性主要创办一些小型的、满足人们兴趣爱好的企业，但研究表明女性在各行各业都有所涉猎（Carter and Weeks，2002）。澳大利亚和新西兰主要分布于零售、批发领域，主要在时尚行业。爱尔兰更广泛些，包括制造、健康和商业相关的服务行业。加拿大的样本则占据了主要由男性主导的行业，即运输和航运。新加坡女性主要在制造业。2003 年摩洛哥女企业家 65%集中于服务型企业，24%于工业企业，11%于农业种植和海洋捕捞。日本民间信用调查机构帝国数据库 2002 年调查，日本女经理行业主要于销售妇女服装、儿童服装最多，其次是办公用房行业、土木工程行业、旅游饭店行业等。俄罗斯集中于家政服务、轻工业、餐饮业、零售业等行业。欧盟 87.4%女企业家的企业规模都小到只有几个人，主要在服务业，包括教育、销售，以及个人服务行业创业，有着明显的社会导向性，如法国 ESSEC 商学院（ESSEC business school）。GEM 公布的女性创业行业十分广泛，主要包括原料采集行业、制造与加工行业、企业服务行业（主要是高收入国家）、以餐饮为主的综合服务行业（中低收入国家更多 62.1%）（谌军和张占平，2007）。中国女性创办的企业大多在商业、服装、餐饮和社会服务业等，创业者的期望行业也大多集中于此（童亮和陈劲，2004；李兰，2003；任远和陈琰，2005）。

可以看出，中外女企业家教育和行业背景与创业的领域并非一致，也没有必然的联系规律，不过总体教育程度都较高。中国女性相对来说，创业领域都集中于资金投入少、技术含量低、投资回报见效快的行业。客观表明女性创业家社会资源和机遇缺乏、抗风险能力弱的特征。

4. 社会网络资源

自 Aldrich（1989）开创女性社会网络资本的研究后，之后的中外研究都表明创业中的社会网络资源和机缘非常重要，而创业前女性的背景又形成了创业所需要的部分网络资源。Rosa 和 Hamilton（1994）认为社会资源对女性企业家尤其重要。美国五位专门从事女性创业研究的女性学者 Candida G. Brush，Nancy M. Carter，Elizabeth J. Gatewood，Patricia G. Greene 和 Myra M.Hart 在 2009 年经过长期的跟踪调查，对女性创业进行了系统研究，写成了《女性创业》（*Clearing the Hurdles*）一书，她们强调社会网络及其资本对女性创业的重要性，并从人力资本的角度对女性拥有专利等无形资产的情况进行了初步研究，并开始系统化地研究女性创业资源的整合问题。

我国学者更关注女性创业者在创业初期的融资问题。有学者认为人力和财务资本是创业初始最重要的营运资本（蔡淑梨，2003），企业进入成长期，创业家也都是善于经营关系，从而易于获得资金与市场资源的人。金一虹（2002）的调研对象很多都是政治积极分子或是劳动模范，由于取得了政策性或是非政策性机缘，创业成功。但多数女性缺乏以往积累的基本商业网络圈（Birley，1989），她们形成和利用网络的水平更低（Aldrich，1989），缺乏与专业网络接触的机会，更难培养自己的社会网络（Bliss and Garratt，2001）。女性更可能拥有全部由女性组成的网络，男性更可能形成全部由男性构成的网络（Aldrich，1989；Smeltzer and Fann，1989；Cromie and Birley，1992），这种路径化的网络构成模式对女性更为不利。它使得女性拥有的企业成功的可能性严重减少。北大教授于长江认为，相较于西方女性，中国情况更为严重，女性不可靠等传统偏见，使得男性、甚至女性对女性都不乐于建立分享机制。

5. 管理风格与创业绩效

女性创业家的管理风格与男性的差异首先体现在融资战略决策上（Brush et al.，2009），创业者决定从哪里融资、什么时候融资、融资额多少，这些都取决于创业者对所有权、控制权和创业风险的态度，在个人资产、合伙人资产、亲友资助、银行信用、商业贷款、战略伙伴投资和风险投资等不同的战略融资途径中，女性创业者更偏好自助式的融资策略，自助融资的战略要求创业者既要非常耐心又要十分机敏，它让创业者对自己的企业有更为严密的掌控度，但也延缓了企业研发新产品、增加新的分支机构和开拓新市场的步伐。女性在创业时普遍缺乏硬性资源，如金融资本，她们不能渗入正式的金融网络。外部融资所需的担保常常超出了多数创业女性的个人资产和信用记录范围（Hisrich and Brush，1987；Greene et al.，2001）。

美国学者 Buttner（2001）认为，女性创业的管理风格更加非正式化、女性化和参与式，强调决策的参与性和交流的开放性。女性创业家更偏爱运用关系导向的技能维度来进行管理，实施高度透明的任务分配制度，多采用合作、授权、网络化会议和信息共享等方式来进行管理和运营，但不愿与他人分享所有权。同时，在社会关系网络方面女性创业家也存在劣势（Brush et al.，2009）。美国学者 Geddes 等在比较了男性企业家和女性企业家创业发展中解决冲突的方法后，得出结论：男性和女性都把双赢行为看做是最有效的（Bradac et al.，1981）。但女性在管理沟通中更倾向用“软弱型谈话风格”。其主要特点有：一是多用试探性的修饰词，如“我猜测”“这种可能”“也许”等词，这既表现出说话者缺乏权威或确信，同时会减弱谈话中的非友好因素。二是多用反疑问句，这说明女性对自己所说的话没有完全把握，或期望引起对方回应。三是多提软性要求，女性在提出要求时不是简单说出要求，而是用更多的词使要求软化。四是多用礼貌词语，表现出女性替对方考虑的特点。五是多用表达不确定含义的词，如“虽然……，但是……”等。六是倾向于用强调词，以增加说话的力量，如“真的”“非常”“确实”等。七是倾向在谈话的沉默间歇主动用一些词来打破沉默，如“你知道”等。与此相对，男性企业家的沟通风格是直接的、清晰的、自信的，他们更强调工具性和理性维度（Brush et al.，2009）。同时，有一些学者强调不应从性别上对管理沟通风格进行区分，不应鼓励或强化男性和女性沟通方法的不同（Pearson et al.，1991）。

美国学者的研究发现，女性创业的企业常常有更低的利润和成长速度，更高的失败和放弃几率（Hisrich and Brush，1987；Carter et al.，1997）。她们具有更低的风险偏好，所创企业的规模一般较小，而且多处于利润低的行业，在追求经济目标的同时，她们更看重工作与家庭关系的平衡、工作满意度、客户满意度等社会性和心理性的因素（Cliff，2003；John，1998）。

与美国学者的研究结论有相似之处，我国学者的研究也发现，女性创业的企业利润和成长速度相对较低，小型企业占多数。截止到2003年年底，中国女企业家经营的企业1 000万元以上的纳税大户约占6%，纳税在10万元以下的占53%。但中国女企业家与美国女创业者不同的是，创办的企业成功率高达97%，而女企业家经营的企业中，利润持平企业占43%，而亏损企业仅占12%。而且调查显示，60%以上的女企业家经营的企业，主动招聘了50%以上的女性在其企业工作，为妇女就业提供了机会（史清琪，2004）。

6. 发展的障碍

虽然国内外不乏对女企业家创业障碍的研究，但是将每个障碍因素进行深入研究，并提出可行性建议的成果还不多，包括适当的培训问题（Hisrich and Brush，1987）、获得资金问题、性别歧视、竞争强度、缺乏出口知识、缺乏管理技能和知识、来自家庭的阻力（Babaeva and Chirikova，1997；Mcelwee和Al-Riyami，2003）以及文化偏见、女性刻板印象（Still and Timms，2000a）等方面。其中，融资问题被认为是女性开创和发展企业的关键障碍之一。很多学者也都提到了企业创建过程中的现金管理、财务规划等问题。中国女企业家研究咨询中心的调查显示，50%以上的女企业家认为创业过程中的最大困难在于资金不足。此外大量女性都用个人资产开办企业，而个人资产通常都与配偶共同享有，所以多为联名创业，在我国这种现象也很突出。国外许多大银行，如加拿大皇家银行等，都专门设立了女性信贷部，为女性提供创业资金支持。美国中小企业管理局强调风险资金要面向女性，还专门为女性举办了风险资金交易会，提供技术帮助。在此方面，我国的支持力度还相当不足。对于中国女性来说，专业知识和管理经验匮乏是另一问题，史清琪（2002）调查显示，半数以上女企业家不熟悉国际市场规则及各种标准，对市场准入困难程度估计不足。而国外如加拿大，很多女企业家几乎从创业开始她们就和国际市场相联系。

根据2005年GEM的女性创业报告对35个国家和地区的创业情况调查结果显示，女性全员创业活动指数是6.9%，而我国女性全员创业活动指数高达11.16%。尽管如此，女性企业家在每个国家中都只是占到高层职位的一小部分，虽然有着很高的教育水平，并试图在职业生涯上有所发展，但她们比男性同行地位更低，薪水更少（Chenevert and Tremblay，2009）。女企业家对成长的需求也异于男企业家（Still and Timms，2000b）。但是目前我们对女企业家的商业实践、生存状态、成长战略，以及她们对职业生涯的看法，都所知甚少（Starr and Yudkin，1996），对影响其成长的因素研究也太过缺乏（Brush and Hisrich，1991）。可以说，女企业家是一个尚待探索的领域，其对经济产生强大影响而需要特别关注。

随着女大学生就业难的问题日益凸显，对女大学生创业的研究也逐步受到重视，但综合女大学生创业支持体系问题的国内外研究情况，可以发现相关方面的理论研究还非常欠缺。虽然女性创业和大学生创业两个领域各自的研究文献相当丰富，但对女大学生创业问题的研究大都停留在单一层面，如女大学生的创业教育问题、女大学生创业的阻碍因素，或者是停留在现象性描述上，还不能形成系统性的分析。

1.4　女性与创业教育

1.4.1　创业教育的概念

创业教育的概念是在 1989 年由联合国教科文组织在北京召开的“面向 21 世纪教育国际研讨会”上提出来的。在这次会议报告中，提出了“学习的第三本护照”，即创业能力护照的问题，要求把创业能力教育护照提高到与学术性教育护照和职业性教育护照同等的地位来认识。之后对创业教育的研究成果不断涌现，创业教育也有了各层面的界定。

1. 创业教育的定义

1989 年在北京举办的“面向 21 世纪教育国际研讨会”首次提出 enterprise education，在我国最初翻译成“事业心和开拓教育”，后来将其统称为“创业教育”。创业教育有广义和狭义之分。狭义的创业教育，是指进行创业企业所需要的创业意识、创业精神、创业知识、创业能力及其相应实践活动的教育（李娅娌，2008）。联合国教科文组织对创业教育是这样定义的：“创业教育，从广义上来说是指培养具有开创性的个人，它对于拿薪水的人同样重要，因为用人机构或个人除了要求受雇者在事业上有所成就外，正在越来越重视受雇者的首创、冒险精神，创业和独立工作能力以及技术、社交、管理技能。”

2. 对创业教育概念的理解

创业教育通过激发学生的创业意识，培养学生的创业素质，使学生能在未来生活中把握各种机遇进行创业活动。目前中外学者在对创业教育的认识侧重上有所不同：一种观点认为创业教育是进行从事企业、事业、商业等规划、活动、过程的教育；而另一种看法则更为宽泛，即创业教育是对学生进行事业心、进取心、探索精神、冒险精神等心理品质的教育，以培养其具有创造精神和创业能力。目前在美国等西方发达国家，许多大学及研究所的创业教育方兴未艾，例如，哈佛商学院将学生必修的“一般管理学”改为“创业精神管理学”；在加州大学洛杉矶分校的课程设置中，与创业相关的课程高达 24 门；芝加哥大学、麻省理工学院、斯坦福大学等著名学府也都在积极构建自己的创业教育体系以顺应新经济的发展趋势。但在我国，大专院校的创业教育课程才刚刚起步，尚处于摸索阶段，而为女大学生开发的有针对性的创业教育课程更是处于空白状态，这也成为制约我国女性创业发展和质量提升的重要因素。

1.4.2　创业教育的意义及现状

1. 创业教育的意义

我国创业教育始于 20 世纪末，到现在虽然时间不长，但是创业领域的实践和创业教育的开展如火如荼。2014 年 9 月国家总理李克强在达沃斯论坛上公开发出“大众创业、万众创新”的号召，提出要在 960 万平方公里土地上掀起“大众创业”“草根创业”的新浪潮，形成“万众创新”“人人创新”的新态势。之后，他在世界互联网大会、国务院常务会议等各种场合都经常提到创业创新问题。每到一地考察，他几乎都要与当地年轻的“创客”会面。2014 年李克强总理在政府工作报告又提出，推动大众创业、万众创新，“既可以扩大就业、增加居民收入，又有利于促进社会纵向流动和公平正义”。在论及创业创新文化时，强调“让人们在创造财富的过程中，更好地实现精神追求和自身价值”。可以说，创业教育在我国具有重要的理论和实践意义。

1）理论意义

创业教育是一门从理论到实践的综合学科，创业教育一方面要传授有关创业的知识与能力，在这方面，国外已经有很多成熟的理论体系，例如，百森商学院开设了《新企业创立》《创业企业融资》《组织内部创业》等课程，通过严格的学术训练和知识准备，让未来的创业者具备丰厚的知识基础，培养他们的战略眼光、决策能力，另一方面，通过课堂和外延的孵化器等创业支持政策，培养学生学会像企业家一样思考的能力，让学生树立创业思想和创业意识。

2）实践意义

（1）建设我国服务创新型国家的要求。知识经济时代，创新创业是全球经济发展的动力之源。我国当前处于经济结构调整期，一方面要稳增长调结构，另一方面还要寻找新的经济增长点，并同时促进社会整体的改革和创新，推动产业结构升级和人民共同富裕，在这样的经济背景下，提出大众创业战略，促推具有创业资源和能力的社会大众搭乘国家所给予的优厚政策，创建小微企业并成长壮大，为社会提供新的需求及就业岗位，在国家战略层面具有着重要的意义。

（2）确立普遍的创业意识。创业者往往具有创新精神，而创新则往往是经济增长的源泉，创业创新教育对于一个国家的经济发展具有强大的推动作用，因而要培养普遍的创业主体意识。创业主体意识，是创业者根据所掌握的创业知识和社会资源，合理评价自身的创业能力，并审时度势地评估创业机会，从而找出最适合自己创业途径的能力，往往如同主人翁意识一般，创业者合理评估自身和外部环境后，认为可以创业并快速做出正确决策，并对此呈现出充分的心理准备。创业是艰难的事业，需要创业者能够聚集起各种资源要素并进行合理组织，从中催化出生产力和效率，身处其中的个体需要强大的创业意识和拼搏精神才能够得以坚持，因此创业主体意识的培养和形成，可以鼓励个体迎战风险，抓住机遇，并承担更多的压力和困难。

（3）为社会培养创业人才。长期以来，我国高校的教学模式执行统一的教学计划，按照专业来统一培养模式进行人才的专业化输出，而创业教育打破了知识传授型的模式，给学生巨大的实践机会和发展空间，我国的经济发展和深化需要大量合格的创业人才，而创业教育可以为社会培养并输送这类人才，通过学院教育、免费的场所和专业导师给学生们，并对接优质的社会资源，使学生们创业的经济压力大大减少，更能轻装上路。

（4）舒缓我国严峻的就业形势。教育部公布的数字表明，2005 年全国高校毕业生 338 万人，其中 85 万名毕业生未能就业，2007 年高校毕业生数量首次超过社会新增就业岗位，在当前全球经济形势欠佳，我国经济增速放缓，同时又面临经济结构深度调整的情况下，我国的新增就业岗位减少，而经济结构调整也会使得一些现有的就业岗位消失，就业形势不仅面临总量上的矛盾，而且还有着结构上的冲突，这些都很严峻。其中，高校毕业生与就业岗位的减少之间矛盾日益突出，也成为就业压力中的重要一环，这就要求高校要进行创新创业教育，让学生在就业中发挥主观能动性，成长为创业型人才，从而缓解就业压力（睢利萍，2009）。

2. 创业教育的现状

1）国外创业教育的现状

从国外来看，国外较早进行创业教育的应当是美国，1968 年百森商学院就首次在本科教育中开设了创业方向。从 1998 年开始实施"金融扫盲 2001 年计划"，对中学生进行未来经理人的全面培养。到今天，美国已经在商学院等大学全面开设创业课程，并将创业教育延伸到从小学、初中、高中、大学及研究生阶段，到 1994 年美国超过 12 000 名学生参加了创业方面的学习。截止到 2005 年，美国有 1 600 多所高校开设了创业学课程。美国创业教育开创先河的当属哈佛大学，如今百森商学院等成为创业教育方面的领军院校，哈佛、斯坦福等学校也都不落其后。美国大约有 37.6%的大学在本科教学中开展了创业教育课程，23.7%的大学在研究生教育中开展了创业教育课程，创业课程体系大致分为创业意识类、创业知识类、创业能力素质类和创业实务操作类（赵艳国，2013）。

案例 1-1

百森商学院设有创业教育教学大纲和外延教学计划，教学大纲将课程分为公选课程和核心课程，公选课程面向全校学生，内容涉及外国文化、历史研究、文学艺术、伦理道德、自然科学及社会分析六大领域。核心课程面向本科生和研究生，课程体系包括战略与商业机会、创业者、资源需求与商业计划、创业企业融资和快速成长五个部分。

资料来源：胡安妮（2014）

2）我国创业教育的现状

（1）创业教育的发展。1998 年清华大学成立了创业研究中心，1999 年，共青团中央、中国科学技术协会（简称中国科协）、中华全国学生联合会（简称全国学联）主办，清华大学举办了"挑战杯"，之后创业成为扩展到全国的行动。1999 年教育部发布了《面向 21 世纪教育振兴行动计划》提出"加强对学生的创业教育，鼓励他们自主创办高新技术企业"。2002 年教育部确定了 9 所高校作为创业教育的试点院校。2005 年国际劳工组织为培养大学生创业意识而开发的了解企业（know about business，KAB）项目引入我国，在 200 多所高校中扩展。2015 年 137 所高校和 50 家企事业单位在清华大学启动了"中国高校创新创业联盟"（李涛和朱星辉，2009）。

案例 1-2

1997 年的"清华大学创业计划大赛"是我国大学生创业教育的开始，与发达国家相比，我国起步较晚。教育部于 2002 年年初确定中国人民大学、南京经济学院、武汉大学、西安交通大学、清华大学、北京航空航天大学、黑龙江大学、上海交通大学、南京大学 9 所大学为创业教育试点院校，至此拉开了我国大学开展创业教育的序幕。

资料来源：徐育军（2011）

（2）创业教育的实施。我国创业教育的实施主要集中在高校，通过设立培养目标、设计课程体系、配备师资及通过各种创业竞赛等多种形式开展。2015 年《国务院办公厅关于深化高等学校创新创业教育改革的实施意见》，要求全面深化高校创新创业教育改革，高校加强跨学科、跨专业的课程体系优化，突出实践教学环节，把创业教育从单一课堂活动扩展到现场的生产实践中，各高校现在举办的各种竞赛都在活动中培养大学生的创新能力和协调合作能力，如“大学生电脑大赛”“数学建模比赛”“ACM 程序设计大赛”“企业管理案例分析挑战赛”等各种赛事（王健，2005）。

案例 1-3

例如，清华大学将创新创业教育融入培养体系，重点打造“兴趣团队”“创客空间”“X-Lab”三创平台，一是冲破院系的藩篱，建立学科交叉的辅修专业，跨系融合。例如，2015 年开设了互联网金融和创业辅修专业，是学校首个创新创业本科辅修专业。在美国建设全球创业学院，启动双硕士学位中，由中美跨院系设计培养方案。二是与传统专业融合，将创新创业教育通识化，面向全校开设通识课“创业导引”，此外推出学业评价体系改革方案，鼓励学生将课程选择着眼点放回对自己发展有益的能力和素质上。三是统筹第一课堂和第二课堂，推进创新创业可持续发展。

资料来源：邱勇（2015）

（3）创业教育的研究。我国创业教育的研究成果日益繁盛，在中国期刊网上搜索 1979 年至今有关创业类的文章，可以找到 271 298 篇，有关创业教育的文章有 18 138 篇，可谓硕果累累。目前对创业教育的研究已经涵盖到方方面面，包括创业教育的现状和理论、创业教育的模式、课程体系等，也包括中外高校创业教育的比较，其中较多研究的是美国、欧盟等国家和地区的创业教育状况，并探讨对我国创业教育的启示。

3. 创业教育的性别视角

1）性别视角：生理性别和社会性别

1972 年，女性主义者安·奥克莱在著作《性别、社会性别与社会》中将性别区分为先天的生物性别和文化性的社会性别。从提倡性别平等和社会公正为出发点来考虑，生理性别是人与生俱来的特征，而社会性别则是后天形成的，是社会变迁及社会、政治、经济和文化等因素共同作用、塑造的结果。

19 世纪中期到 20 世纪中期，生理性别的不平等被广泛关注。农业社会中体力劳动创造生产力的特征使得男性在各方面成为主导，形成传统的性别分工，女性居于从属地位，女性角色被刻板为社会文化中的性别歧视机制，女性性别角色的核心成分包括：将女性的生命核心集中在婚姻和家庭之上，强调女性的抚育功能和对男性的依附。在传统性别观念中，女性的角色被固化，自孩童时代起女性就被赋予特定的角色，而违背角色的后果是各种自我与外界所产生的矛盾和心理冲突，因此生理不平等被女权主义者广为诟病。

随着技术进步形成了对传统性别分工制度的挑战，女性角色虽然在一定程度上仍然遵循传统文化所规定的模式，但另外也为女性提供了更多的发展机会，女性得以从家庭中走出来，摆脱经济上的依附地位，不仅就业数量有很大的增加，所从事的行业和职业范围也越加广泛，并逐渐进入传统男性主导的部门。20 世纪 20 年代后女性受教育水平的提高，也使得形成了女性白领职业阶层，从性别上，人们开始尊重两性差异，并在此基础之上尊重女性的发展。

2）基于性别视角的创业和创业教育

（1）传统性别角色禁锢女性创业的意识。很多学者研究都发现，女性和男性在专业能力方面没有明显的差别，但在自我效能、工作兴趣、外部环境对职业生涯的障碍等方面，存在一定差异。女性从初中开始，成就动机逐渐低于男生，在大学达到非常显著的水平，而女性入职后比在校时对性别认同度明显降低，表明外在社会结构因素通过女性自身反思转化为符号性因素，成为女性缺乏成就动机的原因。上述情况很大一部分都是由于传统性别角色对女性的禁锢，这也使得女性在创业意识的萌芽过程中，很容易产生退意，即使女性鼓起很大的勇气来创业，也有可能在之后的各种压力下选择放弃。

（2）创业资源不平等和关系网狭小。创业的过程需要各种创业资源和社会扶助体系，而劳动力市场的性别分割，往往使得女性职业发展机会及发展路径具有结构性差别。工作组织，特别是由白领构成的工作组织结构在妇女职业发展的机会上建构出了一个“玻璃天花板”，这种建构把妇女们安置在了从属地位上，这都使得女性在创业过程中想要获得创业资源的难度大大增加。女性在职业发展过程中，性别角色的固化所导致的职业、行业等各方面都受到局限，因而关系网也更加的狭小，在创业过程中，所能得到的社会扶持相对来说也更少。

（3）性别导致女性创业过程中的角色冲突。Matina S. Horner 认为虽然现代社会排除了女性获得成功的障碍，但女性在心理上所面临的障碍仍然根深蒂固（强海燕，1999）。女性在创业过程中经常面临成功与婚姻幸福的冲突，因而经常处于传统性别角色定位而做出低于自身潜能的选择。创业是艰辛的过程，需要大量时间和精力的投入，女性往往由于忙于解决创业过程中的各种琐碎难题而不能家庭事业兼顾，此时，女性就会面临心理上的冲突，必须进行相应的自我调适才能正确面对工作和家庭之间的矛盾。

（4）女性视角的创业教育。高校的创业教育，应当加强社会性别意识的教育，树立性别差异的教育观。社会性别意识，是指既要承认男女生理上的先天差别，又要承认具有同一性的社会人，男女在尊严、人格和待遇等方面应该是平等的（汪云香等，2015）。性别意识观的教育，首先，考虑到性别生理差异，教育应当体现出这些不同，让创业教育针对性别的差异体现出各自的优劣势，有助于不同性别群体的扬长避短。其次，社会性别不同，家庭和社会赋予其责任也有所不同，应当客观承认上述不同，在此基础上，让学生了解不同性别创业的特点，针对创业行业、融资方式、创业企业成长的特点、管理风格等所产生的差异，有目标地展开性别创业教育。

3）女大学生的创业教育

（1）女大学生创业教育的必要性和可行性。当前我国女大学生的就业压力日趋严峻，劳动和社会保障部职业技能鉴定中心主任陈宇在中国人民大学举行的 2005 年“关注中国大学生就业”系列活动启动仪式上说：“从 2003 年开始，就有 30%的大学生存在就业困难。”而女毕业生的初次就业率仅为 63.4%。自主创业成为解决女大学生就业的一个途径。在世界范围内来看，女性创业也是就业的新趋势。据欧洲经济合作组织统计，在其 25 个成员方里，女性领导的企业活动占全部企业活动的 28%，其中最高的是加拿大，占 39%，而美国女企业家的经营活动已占到 50%。GEM 的女性全员创业活动指数为 6.9%，中国女性全员创业活动指数高达 11.6%，高出平均指数 4.29%，是女性创业很活跃的国家。

可以说，女性创业者所获得的成果为女大学生创业提供了良好的榜样，示范效应使得更多女大学生投入创业的队伍之中。我国政府为创业也提供了很多优惠政策和措施，缴纳的税收方面的优惠政策，如自工商部门批准其经营之日起 1 年内免交税务登记证工本费等。政策从企业的融资方面也降低了大学生创业的门槛，向银行申请开业贷款担保额度最高可为 7 万元，并享受贷款贴息（胡紫玲和沈振锋，2008）。

（2）培养女大学生创业素质。女大学生创业素质的培养需要从三方面的课程展开，首先，仍然沿用国内外创业教育中所设置的通识课，让女大学生具备创业过程中所需要的各方面知识，如创业机会识别、创业资本运营、创业财务管理、创业经济学、创业法律法规等，通识类课程通常作为必修课程，放入创业基础模块中要求学生熟练掌握。其次，创业实践模块的课程，举办创业计划大赛，让学生在比赛的过程中了解创业的全过程及创业所需要的各方面知识点，增强创业信心。进行模拟创业，让学生创建虚拟公司，通过沙盘的形式进行演练，增长创业知识。也可以在条件成熟的情况下，对比较成熟的创业项目进行孵化器的孵化。例如，在学校的孵化场所提供办公室和办公条件，或者在创业园区提供启动场地和资金，让学生在一两年的短期内尝试实体创业。最后，性别意识模块。性别意识模块所提供的课程往往在创业初期和初创企业成长到一定阶段会发挥作用，如女性创业心理学、女性与人力资本等课程，初创时期女大学生易于受到传统意识形态的束缚，在创业挫折后就回归家庭，因此性别课程可以让女大学生对自己在社会中各方面的责任有一个清醒的认识，并据此来决定是否持续创业，在此过程中创业教育课程有助于增强其创业持久性和坚韧性。当创业到一定阶段，女性也容易产生性别角色冲突，这时仍然可以借助于性别意识课程来增强自信感和事业心，有助于其不怕艰辛，勇于创新。

（3）因性施教。因性施教是指教育者要针对两性心理发展所存在的客观差异及其产生的原因，按照教育的目标要求和理想健康人格的标准，主动去塑造和发展每一个个体健康的性别心理特征，并完善和提高不同性别个体的整体心理水平（胡江霞，1996）。包含三个层次，第一，因性施教承认两性生理和心理的差异性，并不单纯的认为两性必须平等，而是从客观角度将两性看做是有差异的；第二，教育是从每个个体的独特性出发，关注个体在行为方式、情感活动、认知风格和智能发展方面的优势及劣势，观察每个个体距离理想的健康人格之间的差距，并就此确定教育的方向；第三，因性施教的教育弥补性别差异所带来的不足，从整体上提高个体的心理水平，让其在创业过程中，从心理上更加完善，更加符合一个创业者所应有的心理素质。

1.5　创业与创新

1.5.1　创新内涵的界定

1. 创新的定义

在 1912 年，美籍奥地利经济学家熊彼特在《经济发展理论》中首次提出“创新”和

"创新理论"。他将创新界定为"执行新的组合"，即把一种从未有过的关于生产要素和生产条件的新组合引入生产体系，包括从新思想的产生到产品的设计、试制、营销和市场等一系列活动，将已经发明的技术发展成为社会能够接受并具有商业价值的活动。熊彼特认为创新包括五种情况，即引入一种新的产品、引入一种新的生产方法、开辟一个新的市场、获得原材料或半成品的一种新的供应来源、新的组织形式。而创新的主体是企业家，说明创新发生于企业生产经营领域。

2. 创新的目的

首先，创新能够重新排列组合生产要素，产生新的生产效率，而且企业家则是能够创造性地打破之前的要素生产安排，以前所未有的方式重新进行排列的主体。可以说，创新不循常规，采用新型的生产方式、利用新的生产要素、采用新的组织方式等，而创新的结果往往是生产效率的提升。其次，创新能够驱动经济发展，创新驱动的增长方式不只是解决效率问题，更为重要的是依靠知识资本、人力资本和激励创新制度等无形要素实现要素的新组合，是科学技术成果在生产和商业上的应用和扩散。形成创新驱动的发展方式目标是要提高经济增长的质量和效益，培育技术、质量、品牌的竞争优势。驱动经济发展的创新是多方面的，包括科技创新、制度创新和商业模式的创新，其中科技创新是关系发展全局的核心。

3. 创新的要素

创新要素主要包括创新者、机会、环境和资源。创新者一般即企业家和创业家，而且是敢于冒风险，把新发明引入经济的发明家，才是创新者。创新者根据市场需求信息和技术进步信息，捕捉创新机会，通过把市场需求与技术上的可能性结合起来，产生新的思想。熊彼特认为，企业家具备三个条件：一是有眼光，能看到市场潜在的商业利润；二是有能力和魄力，敢于冒险以取得市场利润；三是有能力筹集社会资源并实现其新的要素组合。这些新思想在合适的经营环境和创新政策的鼓励下，利用可得到的资源，通过组织管理，形成创新行为（洪银兴，2013）。

4. 创新的类型

创新主要分为技术创新、制度创新、商业创新等类型。技术创新是创新中的主要形式，技术创新是指以现有的知识和物质，在特定的环境中，改进或创造新的产品、生产过程或服务方式，并获得一定有益效果的行为，技术创新通常包括产品创新和工艺方法等类型。制度创新是指人们在现有的生产和生活环境条件下，通过创建新的、更能有效激励人们行为的制度、规范体系来实现社会的持续发展和变革的创新，其他创新活动依靠制度创新得以固化，并以制度化的方式持续发挥作用。商业创新是指把新的商业模式引入社会生产体系，并为客户和自身创造价值，在构成要素方面不同于以往的商业模式。总之，创新有着多种类型，而结果都产生了前所未有的实质性进步，以及有益的社会结果，并有利于人与生态的协调发展。

1.5.2　创业的定义及其与创新的关系

1. 创业的定义

现代管理学之父的彼得·德鲁克在其所著《创新与创业精神》一书中写道："创业是

一种行为，而不是个人性格特征。只有那些能够创造出一些新的、与众不同的事情并能创造价值的活动才是创业，它与管理是一体两面。创业是创业者对自己拥有的资源或通过努力能够拥有的资源进行优化整合，从而创造出更大经济或社会价值的过程。创业需要创业者运营、组织、运用服务进行思考、推理和判断。杰弗里·提蒙斯在经典教科书《创业创造》中对创业的定义为“创业是一种思考、推理结合运气的行为方式，为运气带来的机会所驱动，需要在方法上全盘考虑并拥有和谐的领导能力”。罗伯特·容思达特将创业定义为“创业是一种创造不断增长财富的动态过程。财富是由那些以财产、时间、职业参与等形式承担风险，或为某些产品或服务提供价值的人创造的”，如表 1-3 所示。

表 1-3　创业的定义

定义的焦点	作者	定义/解释
识别机会的能力	Knight（1921）	成功地预测未来的能力
	Kirzner（1973）	正确地预测下一个不完全市场和不均衡现象在何处发生的套利行为与能力
	Leibenstein（1978）	比你的竞争对手更明智、更努力地工作的能力
	Conner（1991）	按资源观点，从根本上来说，辨识合适投入的能力属于创业家的远见和直觉。但在目前，这种远见下的创造性行为却还没成为资源理论发展的重点
创业家个性与心理特质	Bygrave（1989）	……首创精神、想象力、灵活性、创造性、乐于理性思考和在变化中发现机会的能力……
获取机会	Stevenson 等（1985）	根据已控制的资源去获取机会
	Chen（2003）	不断地变化会产生创造财富的新机会，（创业就是）经济（主体）利用这些新机会的方式
创建新组织与开展新业务的活动	Schumpeter（1934）	进行新的结合
	Gartner（1985）	建立新组织
	朱仁宏（2004）	创办和管理新业务、小企业和家族企业，创业家特征和创业家的特殊问题
	Low 和 MacMillan（1988）	创办新企业

资料来源：朱仁宏（2004）

2. 创业与创新的关系

创业与创新之间存在着差异和融合两个方向的关系。例如，有学者认为，创业是创造新的商业；然而创新是在市场中应用一种发明创业强调以下的问题，如“企业从何而来”“人们为什么创建新的商业”“商业是如何被创造的”等。北大创投研究中心刘键钧（2003）认为，创新泛指创新成果被商业化的价值实现过程，而创业则特指创建企业的过程。因此创新可以发生在原有的企业内部，后者则涉及企业组织制度的建设，前者所发生的范围可以是企业内的某一个方面，而后者往往涉及企业的整体。例如，Cheri Stahl 认为，创新包含新技术的导入，而创业导致新财富的创造（黄本笑和黄芮，2014）。Monica Diochon 认为，创新体现的是一种“结果”，而创业是“工具或手段”，它是通过创业而获得创新的过程（李乾文，2005）。Lars Kolvereid 则认为，创业更多是指新创建企业的行为，假如你想给一个更宽些的定义，可以为个体或团体识别和开发风险机会的过程；创新则是给组织、产业或地区等介绍了新的东西，创新一般发生于已有组织、产业或地区中，分析的单位通常是组织、产业或地区层面（李乾文，2005）。创业需要创新，但创新不等于创业。例如，很多发明家发明了大量的新产品和新事物，不过创业成为企业的发明家并不多。国内外每年都会有大量的新技术被发明和发现出来，这些都属于创新，然而很多创新技术申请了专利以后也就处于闲置状态了，例如，我国很多科学研究实验室中就有不少专利技术并没有转化成为市场产品，如果产生创新产品后，能够发挥创业精神，将专利产品转化为真正的市场产品，才完成了从创新到创业的转化。

创新与创业的融合方面，熊彼特在其创新理论中指出，创新来源于创业，创新应该成为评判创业的标准。微软开发的 Windows 操作平台，使得比尔盖茨成为一个成功的创业者，而微软系列产品的开发和应用，也一步步壮大了初创的微软公司，从而形成现在庞大的商业帝国。可见，创业离不开创新，创业者在创业过程中，都十分关注创新活动，力争开发出市场上没有的新产品和服务，以开拓全新的市场领域，或者找到新的商业模式，或是形成新的组织方式。在熊彼特的观点中，创新是由企业家来执行的，企业家的职能就在于通过采取创新而构建新的生产函数。Kanungo 等认为，创新是创业的特殊工具，在创新和创业之间存在着不可忽视的交集（李时椿和刘冠，2007）。Herbig 等认为，新企业的创业和创新的潜力高度相关（李时椿和刘冠，2007）。可以说，创业的本质是创新，创业者需要秉持着创新精神，才能寻找新的组织形式、新的方法、新的市场和新的技术。此外，创业可以推动新的创新，创业的过程是不断更新组织形式，并开拓新市场的过程，创业过程能够推动新产品和新服务的不断涌现，因而推动创新，如表 1-4 所示。

表 1-4　国外学者对创新和创业异同的反馈意见

学者	创新与创业的异同
Yvon Gasse	创新是带给市场新的东西，而创业是对市场需求的一种响应，不管新颖与否
Andrew Zacharakis	创新是发明一项新产品或新生产过程，这一新产品或新生产过程有或没有商业潜力；而创业是利用这些创新以获得商业潜力
Kirchhoff bruce	创新——发明的商业化，发明——一项新的创意或是新创意的组合，商业化——把发明制造成产品和服务，这一产品或服务在公开市场上能够购买到，使得卖者获得一定的利润；创业——使得一项发明商业化，并且创建一个独立企业的行为。创业者不需要提供这种努力的资金，但承担这种商业化成功的大部分风险
Lowell Busenitz	创业通常是基于创新主义的新企业创建活动；创新通常是指一个大型组织内部的基于研发活动的行为。一些作者如 Teece 也区分了发明与创新的不同，发明是一项基础性的新概念创造，而创新则使一项已存在的产品更好
Lars Kolvereid	创业更多的是指新建企业的行为。假如你想要一个更宽泛的定义，可以定义为个体或团体识别和开发风险机会的过程。创新则是给组织、产业或地区等介绍新的东西，创新一般发生于已有的组织，产业或是地区中，分析的单位通常是组织、产业或地区等方面
Friederike Welter	Shane 等 2000 年的论文总结了创业及其特点。创新能够被任何个人、组织实施，特别代表了变革和动态性。几个研究创业的学者同时考查了创新领域，因为它们有交叉，许多创业者也从事创新实践。另外，Bhide 在 2000 年的研究成果显示出许多快速成长的新创建企业实际上并非创新的
Monica Diochon	对于此问题有大量的争论，没有定论。两者的关系是创新体现的是“结果”，而创业是“工具或手段”，它是通过创业而获得创新的过程

续表

学者	创新与创业的异同
Cheri Stahl	创新包含新技术的导入，而创业导致新财富的创造
Anders Lundstrom	创新主要是对产品和服务而言的，而创业主要是对个体而言的
David Crick	就像在一般创业课本看到的，创新仅仅是创业者所具有的特征的一个属性，还有如风险承担等，创新只是创业行为的一种
Michael Meeks	熊彼特认为创业主要是指创新，柯兹纳认为创业主要是指对市场机会的洞察力与认知，奈特认为创业主要是指关于风险承担。因此对创业本质有许多甚至相互冲突的观点

资料来源：李乾文（2005）

1.6　女性创业环境与政策环境

1.6.1　创业环境的定义

国内外学者给出了创业环境的多种定义。一些学者把创业环境描述成是在创业活动中发挥重要作用的要素组合，一些学者认为资源的可获得性、周边的大学及科研机构等环境要素也属于创业环境，还有一些学者则指出公司组织内部驱动和支持创业的要素包括组织结构、控制体系、人力资源管理、组织文化等。国外学者关于创业环境较为典型的定义如 Minniti 等（2006）提出从金融支持、政府政策、政府项目支持、教育与培训、研究开发转移、商业和专业基础设施、进入壁垒、有形基础设施、文化与社会规范 9 个方面来评价创业环境。国内对创业环境的定义，从科技环境、融资环境、人才环境、政策法规环境、市场环境和文化环境 6 个层面确定创业环境，或是认为自然环境、社会环境、经济环境三大环境系统及政策法规、金融服务、智力技术、社会服务、产业共同构成创业环境（文亮和李海珍，2010）。

创业环境可以定义为开展创业活动所面临的内外部综合条件和要素组合，是创业者创业思想的形成和创业活动的开展能够产生影响和发生作用的各种因素和条件的总和。其包括以下两层含义。

1. 创业环境是创业的平台

创业者需要在创业环境这个平台上，以最小的投入来获得创业所需要的人才、技术和资金等各种资源，并且充分利用上述资源以达到最大化的效率，为企业创造生存和发展空间。创业环境包括完善的市场经济体制、健全的创业服务体系和公正透明高效的政策环境（叶依广和刘志忠，2004）。

2. 创业环境是创业的基本条件

创业环境本质上是一个动态系统，具有较大的不确定性，处于始终不断变化之中，创业者需要在创业环境的客观存在之中，将其看做创业所面临的基本物质和精神条件，不断适应所面临的新情况，解决新问题，并利用新环境所带来的各种新资源，从中进行及时的创新，将创业企业带上新的高度。

1.6.2 创业环境的组成部分

1. 宏观的创业环境

一般包括金融环境、政策支持、教育培训、社会文化、科学技术等方面，其中金融环境是研究相对较多的主题。对金融环境是否利于女企业家获得资金的问题，存在两种看法。一种看法认为现有的金融环境不利于女性获得创业资金。该观点认为，女性在金融机构中获取资金过程中，存在信用歧视现象。另一种看法则认为女性在获得资金方面，没有受到歧视的迹象。例如，Barbara 等（2006）通过控制企业规模等变量，对加拿大中小企业（small and medium enterprises，SME）进行了实证分析，发现虽然女性拥有企业获得的权益资金显著的少，但男性和女性在获得资金方面机会是平等的。不过有学者认为，虽然男女性获得资金的过程而言并无性别差异，但男性获得资金的社会途径比女性更为广泛，而且男性获得资金的能力更高。

在社会观念和文化环境方面，中外女性在创业宏观环境方面都面临着类似的性别歧视和性别刻板问题。女性被媒体看做能力不足的人，根本不配做企业家，女性企业家的报道也很少见诸于媒体上。余亚平（2003）认为社会对女性的偏见，使得妇女选择的就业形式更偏向于低职业层次、临时性强的工作，就业观念的保守也使得女性缺乏自主创业精神。北京工商联的调查报告显示，人们潜意识中的性别歧视使得他们能够接受男老板的创业故事，但很难认同同样获得成功的女性；性别歧视给女企业家造成很大的精神压力，她们不得不付出更大的牺牲。

对于如何改变目前社会观念和文化对女性的偏见，学者们虽然提出了大量的建议和意见，然而女性所处的状况实际上已经陷入了一种路径依赖，变革只能是一个长期而艰巨的过程，不可能一蹴而就。因此 Godwin 等（2006）的观点也许更为可行，他们的确也意识到需要改变男性更受偏爱的文化体系，但他们认为想要改变现状的话还是得按规则行事，因此建议，男女混合创建企业也许是女企业家克服性别偏见的一条途径。虽然不能从根本上改变现状，但作为一种“曲线救国”的途径，也许是目前可供选择的一种折中式的办法。

2. 家庭环境

家庭环境与女性创业关系的研究可以分为两个方面。一方面，有些创业行为的目的在于兼顾家庭和事业——虽然女性不断加入工作大军，她们仍旧被定位于“应负家庭责任的一方、情感护士和管家”；被认为应当承担照顾家庭的责任，照顾孩子的责任也就理所应当地落在她们肩上。正因如此，女性需要借助创业这种形式来让自己的时间安排更为灵活，而且女性创办的大多为中小企业，可以创业和家庭两者兼顾。另一方面，家庭环境的支持与否是一个重要因素。

很多情况下，女性创业过程受到来自家庭的阻力，表现为繁重的家庭劳动、照顾孩子以及家庭成员的支持性是否足够。实际上，女性家庭劳动的付出显著高于男性，并无形中加大了女性创业的压力。2001 年中国女企业家发展报告也提到女性更多承受家务负担，并承担更多照顾孩子的重任。因此，如果家庭成员，尤其是丈夫能够给予大力支持，会让女性的创业历程轻松很多。Sexton 和 Kent 调查样本中的 38%女企业家指出，她们的丈夫对她们创业的影响最大。Hisrich 和 Brush 也发现，女企业家的配偶多为专业或技术人员，他们能够提供情感和财力上的支持。苏州市妇联在苏州的调查显示，创业女性成功的一个重要原因是家人的支持，家庭幸福是创业成功的基石。可见，配偶从情感到财力上的支持，既是幸福婚姻的重要保证，也是女性创业成功的重要条件，其使得女性获得事业和家庭的双赢。然而中国创业女性的离婚率和再婚率都较高，由此可以推断，中国女性创业显然未获得足够的家庭支持，女性创业的历程也因此而更为艰辛，她们经历着身心的双重疲惫。在此方面，目前国内外文献都较少提到应当如何提高家庭环境对女性创业的支持力度，以及是否能将家庭支持与社会和国家的支持体系结合在一起，为女性创业创造更好的环境条件。

1.6.3　国外的女性创业政策

1. 英国的女性创业政策

随着创业活动对国家经济发展的贡献日渐增大，各国政府也越来越关注形成本国特有的创业政策体系框架，并提供各层面的辅助措施。如英国构建了包含中央政府、地方政府、各级各类机构的三级政策体系。

首先，中央政府和地方政府构建了女性创业战略框架。2003 年英国贸易与工业部发布了女性创业战略框架，关注女性创业家所面临的困难和障碍，致力于探究女性创业的支持措施。地方政府则主要包括区域发展署和各地方政府当局，区域发展署通过区域经济战略和区域技术战略来关注女性创业活动。2005 年伦敦发展署根据女性创业战略框架提出的在女性创业过程中可能会出现的创业障碍，在相关的商务会议上发布了“伦敦女性创业的商业优先计划报告”，着重讨论了女性在创业中所面临的障碍，着重讨论了女性在创业中所面临的障碍，如儿童看护的问题、工作环境并非是女性友好型的问题、缺乏金融支持等问题，并提出六个关键问题——商务支持与建议、融资支持、私人或公共部门支持、信息和数据共享支持、国际合作和发展支持、从各层面提供支持性的解决措施。

其次，各级各类机构辅助女性创业战略框架，为创业女性提供各类支持和服务。各类机构包括商会、金融机构、企业等主体。相关的各类机构数量众多，所提供的各种支持性服务也都是基于社会各界及各层面的机构，如由平等社会创业项目下设的欧洲社会基金所提供资金支持的促进女性创业联盟，作为国家层面女性创业战略框架的辅助性机构，为创业女性提供商务支持和服务项目。促进女性创业联盟提供创业支持的过程中建立创业启动标准，包括企业的支持标准和商务网络标准等，并致力于帮助机构识别、评估和提升对女性企业家的服务水平。

2. 美国的女性创业政策

美国在给女性创业者提供的扶持方面也走在世界的前列，在多重政策框架下为女性创业活动提供了广阔的发展氛围。首先，政府设立相应的部门以提供政策框架。美国国务院的国际女性议题办公室认为，女性在试图建立新企业或是扩张现有企业的过程中，面临的最大障碍基本上是歧视性的法律、法规及各项带有性别歧视的商务条件，女性在创业过程中也缺乏获得产权、融资、培训、技术、市场、导师以及广泛的社会支持性网络的途径。为了激励女性进行创业，国务院发起了美洲女性创业项目等项目和计划。其次，各类机构和协会辅助女性创业的各项活动。例如，美国国家女企业家协会的重要任务即为推动女性创业活动，并对女性创业活动的支持体系进行有效性评估和检测，具有在各领域产生影响的目标（表 1-5）。该协会成立于 1975 年，目前在全美 70 多个地区设有分支机构。该协会的目标见表 1-5。

表 1-5　美国全国女企业家协会的目标

内容	目标
推动女企业家在经济、社会、政治领域的影响力	加强成员的财富创造能力，在创业过程中促进经济发展
	促推企业文化的创新和卓有成效的变革
	构建战略联盟并建立各种联系和关系
	改造公共政策和舆论的影响

资料来源：根据 http：//www.nawbo.org 网站资料整理

3. 欧盟的女性创业政策

欧盟委员会企业总司通过下属机构考察女性创业可能面临的障碍，并着力于提出政策来提高女性企业家的政治地位。欧盟中小企业政策有一个支持女性中小企业家创业发展的政策框架，在技术培训、融资、税收等方面为女性提供支持和帮助。欧盟还有一些中小企业政策措施，如第四个研发框架性计划包括了 123 亿欧元的拨款给各类中小企业项目，同等条件下女性企业受到优先考虑。欧盟的各组成国也通过各种形式来为女性创业提供政策支持，如芬兰贸易工业部，50%的私人企业和协会在首都赫尔辛基成立的女性企业署就是一个专门鼓励女性创业企业的机构。

1.6.4　我国女性创业政策环境

当前，我国的各级政府部门及有关机构都在女性创业方面提供了一些政策支持。2009 年 7 月，全国妇联协调人力资源和社会保障部、人民银行四部委共同发出《关于完善小额担保贷款财政贴息政策，推动妇女创业就业工作的通知》，大力推进了妇女小额信贷工作，以前妇女单笔贷款资金一般都在 1 万元以内，这次将妇女个人最高贷款额度提高至 8 万元，合伙经营的人均提高至 10 万元，额度明显增加，政策覆盖面由城镇失业人员和就业困难人员拓展至农村妇女。全国妇联书记处书记甄砚表示，女性创办企业，如果创办者本人接受了创业培训，从银行贷款可以用毕业证书作为担保而不需要其他资产抵押，并且也可以享受比男性更多的减免税政策。中国妇女发展基金会在女性创业政策方面也走在前列，通过设立女性创业培训基金、女性创业培训基地、女性创业培训班以及女性创业论坛等举措，为女性创业提供支持。

各省市也都分别出台了相关政策，如青岛市在大学生创业孵化中心建立了女大学生创业示范基地，同等条件下优先扶持女大学生，女大学生创办企业入驻孵化基地享受第一年 100%、第二年 50%、第三年 30%的房租优惠补贴，青岛市妇联还整合妇女儿童活动中心 1 200 余平方米的场地，建立了全山东省首个巾帼创业园暨女大学生创业就业见习基地。江苏、天津等地还出台了相关的地区性政策，如江苏妇联制定了创建女性创业基地、创立女性就业岗位、创造有助于女性创业的社会环境、建立妇女创业就业服务中心、建立妇女经济合作组织和妇女协会、开设妇女创业就业专栏和建立完善女性创业就业数据库等八项政策。江苏省 2016 年将建巾帼电商服务站省级示范点 100 个，开展创业导师、创业项目、创业政策进校园、进社区、妇女儿童之家活动，整合资源建设各类女性创业孵化基地。天津市妇联推出包括妇女发展贷款、妇女促进贷款等六类小额贷款，额度从 6 000 至 10 万元不等，以适应不同创业阶段需求。这些举措都在一定程度上起到了支持性的作用，然而我国尚未形成系统性的女性创业政策，目前相关政策散见于各省市出台的区域性措施之中，不仅数量少、影响力弱，而且在完备性、科学性和可操作性等方面都有待完善。在女性创业政策体系建设方面，一方面需要研究我国女性创业的特点，另一方面则借鉴国外经验，据此来更为科学地设计系统性政策框架和支持性细节。

本章小结

创业教育由联合国教科文组织提出来，被称为“学习的第三本护照”。学者对它的定义有广义和狭义之分。创业教育具有理论和实践意义，对我国建设服务创新型国家、确立普遍的创业意识、为社会培养创业人才、舒缓我国严峻的就业形势方面具有重要意义。

国外创业教育较早开始于美国，百森商学院、哈佛大学、斯坦福大学等都是其中的领军院校，我国创业教育较早起于清华大学，当前有 200 多所高校开展了创业教育。创业教育的实施主要集中在高校，而创业教育的研究成果也日渐丰硕。

创业教育具有性别视角，性别视角可以分为生理性别和社会性别，而传统性别角色往往禁锢女性创业的意识，造成女性创业资源不平等和关系网狭小，并且导致女性创业过程中的角色冲突。因此，对女大学生的创业教育具有必要性和可行性，通过创业教育培养女大学生的创业素质，因性施教。

创业与创新之间既存在联系又存在区别，创新要素主要包括创新者、机会、环境和资源，创业则与创新之间存在着差异和融合两个方向的关系。

创业环境由金融环境、政策支持、教育培训、社会文化、科学技术等方面宏观环境，以及家庭环境组成。而就创业政策环境方面，英国和美国都已经建立并形成了比较成熟的政策体系。

复习思考题

1. 试述创业教育的定义，创业教育的意义有哪些？对创业教育的实践意义进行分析。
2. 我国创业教育的发展经历了怎样的历程？
3. 从性别视角来分析创业，性别问题会带来哪些不利于女性创业的方面？

4. 创业与创新的关系有哪些？

5. 试分析英国和美国有关女性创业方面的政策，并谈谈自己对我国女性创业政策的看法。

阅读链接

1. 全国大学生创业服务网，http：//cy.ncss.org.cn/。
2. 创业邦，http：//www.cyzone.cn/。
3. 百森商学院，http：//www.babson.edu。
4. 各省市创业政策导航，http：//www.13ddd.com。
5. 哈佛商业评论，http：//www.hbrchina.org/。
6. 财富中国网，http：//www.fortunechina.com/。
7. 全国大学生创业网，http：//www.studentboss.com/。
8. 创业公开课，http：//open.cyz.org.cn/sem。

参 考 文 献

蔡淑梨. 2003. 企业成长对社会网络与资源取得关系之研究. 中华家政学刊，33：1-22.
谌军，张占平. 2007. 全球妇女创业现状概述与分析. 河北大学学报，(3)：125-129.
方世建，桂玲. 2009. 创业、创业政策和经济增长. 科学学与科学技术管理，(8)：121-125.
费涓洪. 2004. 女性创业特征描述——对上海私营企业 30 位女性业主的个案调查. 社会，(8)：51-54.
高秀娟. 2015. 国外女性创业支持政策和措施的比较分析及启示.中华女子学院学报，(5)：72-77.
洪银兴. 2013. 论创新驱动经济发展战略. 经济学家，(1)：5-11.
胡安妮. 2014. 美国高校创业教育的研究及启示. 经济研究导刊，(2)：116-117.
胡怀敏，肖建忠. 2007. 不同创业动机下的女性创业模式研究. 经济问题探索，(8)：24-39.
胡江霞. 1996. 论“因性施教”及其实施策略. 华中师范大学学报，(5)：103-109.
胡紫玲，沈振锋. 2008. 高校女大学生创业素质教育的环境与实践浅析. 科技创业月刊，(4)：40-41.
黄本笑，黄芮. 2014. 大学生创新创业实践平台建设文献综述. 生产力研究，(1)：140-145.
姜彦福，张帏. 2005. 创业管理学. 北京：清华大学出版社.
金一虹. 2002. 从“草根”阶层到乡村管理者——50 例农村女性管理者成长个案分析. 妇女研究论丛，11：21-28.
李兰. 2003. 为什么女企业家更容易成功. 财智文摘，(5)：24-25.
李乾文. 2005. 熊彼特的创新创业思想、传播及其评述. 科学学与科学技术管理，(8)：76-81.
李时椿，刘冠. 2007. 关于创业与创新的内涵比较与集成融合研究. 经济管理，(16)：76-80.
李涛，朱星辉. 2009. 我国创业教育的现状及发展趋势. 科技创业，(8)：78-79.
李娅娌. 2008. 美国高校创业教育研究. 首都师范大学硕士学位论文.
刘键钧. 2003. 创新、创业与创业经济. 中国创业投资与高科技，(6)：35-37.
马靖. 2008. 我国创新意识研究综述. 湖南农业大学学报，(5)：3-4.
孟晓斌，王重鸣. 2008. 创业精神模型的构思与测量研究进展. 心理科学，(1)：160-162.

欧阳海燕. 2006. 中国女企业家发展中存在的问题. 河南师范大学学报，(1)：199-202.
强海燕. 1999. 关于女性成功恐惧心理倾向的研究. 妇女研究论丛，(3)：4-9.
邱勇. 2015-10-22. 创新创业教育融入培养体系. 中国教育报.
任远，陈琰. 2005. 对城市失业下岗女性、女大学生和女性知识分子自我创业的比较分析. 妇女研究论丛，(3)：10-17.
荣维毅. 2001. 家庭暴力：误解与理解. 新闻周刊，(22)：52.
史清琪. 2002. 2001 中国女企业家发展报告. 北京：地质出版社.
史清琪. 2004. 2003 中国女企业家发展报告. 北京：中国妇女出版社.
睢利萍. 2009. 高等院校创新创业教育的现状及对策研究. 经营管理者，(24)：282-283.
童亮，陈劲. 2004. 女企业家的创业动机研究. 中国地质大学学报，8：17-21.
王辉. 2011. 大学生创业精神的内涵、现状与影响因素. 高教发展与评估，(7)：83-87.
王健. 2005. 大学生自主创业与高校创业教育的实施. 中共福建省委党校学报，(4)：75-78.
王威. 2010. 从管理环境看创业型组织的结构特征. 现代商业，(32)：88.
汪云香，符永宏，嵇留洋. 2015. 社会性别理论视角下的高校女大学生创业教育. 教育与职业，(6)：76-78.
文亮，李海珍. 2010. 中小企业创业环境与创业绩效关系的实证研究. 系统工程，(10)：67-74.
熊彼特. 2009. 经济发展理论. 杜贞旭，等译. 北京：中国商业出版社.
徐育军. 2011. 大学生创业教育现状与对策研究. 科技经济市场，(8)：33-34.
叶依广，刘志忠. 2004. 创业环境的内涵与评价指标体系探讨. 南京社会科学，(9)：228-232.
余亚平. 2003. 关于女性自立创业理念与机制问题的思考. 探索与争鸣，(8)：15-16.
赵鹤. 2015. 再论创业的定义与内涵：从词源考古到现代释义. 教育教学论坛，(1)：84-86.
赵艳国. 2013-06-28. 国外高校创业教育有特色，课程体系丰富完善. 现代教育报.
周艳春. 2009. 关于创业与创新关系的研究综述. 生产力研究，(22)：255-256.
周直. 2004. 创业精神及其文化培育. 南京社会科学，(9)：19-26.
朱仁宏. 2004. 创业研究前沿理论探讨. 管理科学，17（4）：71-77.
GEM. 2006. 全球创业观察（GEM）2006 中国报告.
Aldrich H.1989. Networking among women entrepreneurs // Hagan O，Rivchun C，Sexton D. Women-Owned Businesses. NewYork：Praeger.
Babaeva L V，Chirikova A E. 1997. Women in business. Russian Social Science Review，38（3）：81-91.
Barbara J，Orser A L，Manley R K. 2006. Women Entrepreneuis and financial capital. Entrepreurship Theory and Practice，(9)：643-665.
Birley S. 1989. Female entrepreneurs：are they really different? Journal of Small Business Management，27（1）：7-31.
Bliss R T，Garratt N. 2001. Supporting women entrepreneurs in transition economies. Journal of Small Business Management，39（4）：336-344.
Bradac J，Hemphill M R，Tardy C H. 1981. Language style on trial：effects of "powerful" and "powerless" speech upon judgments of victims and villains.Western Journal of Speech Communication，45：327-341.
Brush C G，Carter N M，Gatewood E J，et al. 2009. Growth-oriented women entrepreneurs and their businesses. International Entrepreneurship and Management Journal March，5（1）：117-120.

Brush C G，Hisrich R D. 1991. Antecedent influences on women-owned business. Journal of Managerial Psychology，6（2）：9-16.

Buttner E H. 2001. Examining female entrepreneurs' management style：an application of a relational frame. Journal of Business Ethics，29（3）：250-270.

Bygrave W D. 1989. The entrepreneurship paradigm（Ⅰ）and（Ⅱ）. Entrepreneurship Theory and Practice，（14）：176-191，285-301.

Carter N M，Williams M，Reynolds P D. 2000. Discontinuance among new firms in retail：the influence of initial resources，strategy and gender. Journal of Business Venturing，15（3）：280-303.

Carter N M，Williams M，Reynolds D D. 1997. Discontinuance among new firms in retail：the influence of initial resources，strategy and gender. Journal of Business Venturing，12（2）：125-145.

Carter S，Weeks J. 2002. Special issue：gender and business ownership—international perspectives on theory and practice. Int. J. Entrep. Innov.，3（2）：81-82.

Catley S，Hamilton R. 1998. Small business development and gender of owner. Journal of Management Development，17（1）：70-82.

Chen F W. 2003. An empirical research of the relationship between entrepreneurial intellectual capital and entrepreneurial performance in entrepreneurial enterprises. Master's Degree Dissertation of Chongqing University.

Chenevert D，Tremblay M. 2009. Fits in strategic human resource management and methodological challenge：empirical evidence of influence of empowerment and compensation practices on human resource performance in Canadian firms. The International Journal of Human Resource Management，20（4）：738-770.

Chirikova A. 2001. Woman as a company head：problems of establishing female entrepreneurship in Russia. Russian Social Science Review，42（4）：64-77.

Cliff J E. 2003. Does one size fit all？ Exploring the relationship between attitudes towards growth，gender，and business size. Journal of Small Business Management，41（3）：262.

Conner K R. 1991. An historical comparison of resource-based theory and five schools of thought within industrial organization economics：do we have a new history of the firm？ Journal of Management，（17）：121-154.

Cromie S. 1987. Motivations of aspiring male and female entrepreneurs. Journal of Occupational Behaviour，8（3）：251-261.

Cromie S，Birley S. 1992. Networking by female business owners in Northern Ireland. Journal of Business Venturing，7（3）：237-251.

Daily C M，Certo S T，Dan R D. 1999. A decade of corporate women：some progress in the boardroom，none in the executive suite. Strategic Management Journal，20（1）：93-100.

Finnegan G. 2005. The scientific reproduction of gender inequality. International Labour Review，144（4）：502.

Gartner W B. 1985. A conceptual framework for describing the phenomenon of new venture creation. Academy of Management Review，10（4）：696-706.

Godwin L，Stevens C，Brenner N. 2006. Forced to play by the rules? Theorizing how mixed-sex founding teams benefit women entrepreneurs in male-dominated contexts. Entrepreneurship Theory and Practice，30（5）：623-642.

Grave W D. 1989. The entrepreneurship paradigm（I）and（II）. Entrepreneurship Theory and Practice，（14）：176-191，285-301.

Green G P. 1994. Is small beautiful? Small business development in rural areas. Journal of the Community Development Society，25（2）：155-171.

Greene P，Brush C，Hart M，et al. 2001. Patterns of venture capital funding：is gender an issue? Venture Capital，3（1）：63-83.

Guiler-Delahunt P，Bennett C. 1996. Enterprising women. Women and Environments，38：31.

Hildebrandt H W，Liu J. 1988. Chinese women as managers：a comparison with their US an Asian counterparts. Human Resource Management，27：291-314.

Hisrich R D，Brush C. 1983. The woman entrepreneur：impllications of family educational，and occupational experience // Hornaday J A. Timmons and Vesper，Frontiers of Entrepreneurial Research. Boston：Babson College.

Hisrich R D，Brush C. 1984. The woman entrepreneur：management skills and business problems. Journal of Small Business Management，22（1）：30-37.

Hisrich R D，Brush C G. 1987. Women entrepreneurs：a longtitudinal study. Frontiers of Entrepreneurial Research，12（2）：187-200.

John W. 1998. Failure rates for female-controlled businesses：are they any different? Journal of Small Business Management，13（6）：262-277.

Kerber L K. 1988. Separate spheres，women's world，women's place：the rhetoric of women's history. Journal of American History，（1）：9-39.

Kirzner I M. 1973. Competition and Entrepreneurship. Chicago：The University of Chicago Press.

Kitching B M，Woldie A. 2004. Female Entrepreneurs in Transitional Economies：A Comparative Study of Businesswomen in Nigeria and China. In Proceedings Hawaii International Conference on Business.

Knight F. 1921. Risk，Uncertainty，and Profit. Boston：Houg hton Mifflin.

Leibenstein H. 1978. General X -Efficiency and Economic Development. New York：Oxford University Press.

Low M B，MacMillan I C. 1988. Entrepreneurship：past research and future challenge. Journal of Management，（14）：139-161.

Mcelwee G，Al-Riyami R. 2003. Women entrepreneurs in Oman：some barriers to success. Career Development International，8（7）：339-346.

Miller D. 1983. The correlates of entrepreneurship in three types of firms. Management Science，29（7）：770-791.

Minitti M，Arenius P，Langowitz N. 2005. Global Entrepreneurship Monitor 2004 Report on Women and Entrepreneurship. Babson Park：Babson College.

Minniti M，Bygrave W D，Autio E. 2006. Global entrepreneurship monitor 2005 executive report.

Neider L. 1987. A preliminary investigation of female entrepreneurs in Florida. Journal of Small Business

Management，25（3）：22-29.

Nelton. 1998. The rise of women in family firms：a call for research now. Family Business Review，11：215-218.

Orhan M，Scott D. 2001. Why women enter into entrepreneurship：an explanatory model. Women Manage Rev.，16（5/6）：232.

Pearson J C，Turner L H，Todd-Mancillas W. 1991. Gender and Communication. Dubuque：Wm. C. Brown.

Reynolds P D，Bygrave W D，Autio E，et al. 2002. Global entrepreneurship monitor 2002 executive report.

Rosa P，Hamilton D. 1994. Gender and ownership in UK small firms. Entrepreneurship Theory and Practice，18（3）：11-27.

Schumpeter J A. 1934. The Theory of Economic Development. Cambridge：Harvard University Press.

Sexton D L，Landstrom H. 2003. Handbook of Entrepreneurship. Oxford：Blackwell.

Shane S A. 1997. Who is publishing the entrepreneurship research? Journal of Management，（23）：83-95.

Smeltzer L R，Fann G L. 1989. Gender differences in external networks of small business owners/managers. Journal of Small Business Management，4：25-31.

Stanworth J C，Granger B，Blyth S. 1989. Who become an entrepreneur? International Small Business Journal，8（1）：11-12.

Starr J，Yudkin M. 1996. Women Entrepreneurs：A Review of Current Research. Wellesley：Center for Research on Women.

Stevenson H H，Robert M J，Grousback H I. 1985. New Business Ventures & the Entrepreneur. Homewood：Irwin.

Stevenson L A. 1986. Against all odds：the entrepreneurship of women. Journal of Small Business Management，24（4）：30-36.

Still L V，Timms W. 2000a. Women's business：the flexible alternative workstyle for women. Women in Management Review，15（5/6）：272-282.

Still L V，Timms W. 2000b. I Want to Make a Difference，Women Small Business Owners：Their Businesses，Dreams，Lifestyles，and Measures of Success. Paper Presented at ICSB World Conference 2000，Entrepreneurial SMES Engines for Growth in the Millennium.

Timmons，Spinelli. 2003. New Venture Creation：Entrepreneurship for the 21 Century. 6th ed. New York：McGraw-Hill/Irwin.

Watkins J，Watkins D. 1984. The female entrepreneur：background and determinants of business choice–some British data. International Small Business Journal，2（4）：21-31.

Yang I，Chang M，Kim N. 2005. Policies on facilitating startups of enterprises by specialized female resources. Women's Studies Forum，21：71.

第 2 章　女性创业过程

学习目标：

1. 了解新创企业的生命周期。

2. 了解女性创业的一般过程。

3. 通过中外女性创业过程比较，提升对现阶段女性创业的认识。

引导案例

优秀女企业家的不凡创业史

她叫周小萍，广东同德药业有限公司董事长兼总经理。在周小萍的不凡创业史中，其产业涉及药品、纸品、手表、电子产品以及音像制品等。

1. 从做影碟到造药品：以超人的胆识开拓事业

1996 年，周小萍投资组建湛江华丽金音影碟有限公司，出任董事长。起初公司只有员工 40 人，CD 生产线一条，产品单一。但周小萍凭借过人的胆识和魄力、强烈的创新思维以及先进的经营管理手段，使得公司在接下来的 6 年时间里持续不断地进入高速发展阶段。到 2001 年年底，周小萍的公司生产线增加到 11 条，年生产能力过亿张影碟，生产规模是创业初期的 10 倍，产品也从单一的 CD 发展到 VCD、DVD 等。经过六年的经营，华丽金由行业内不起眼的小厂，发展成省内龙头企业，并成为国内音影碟制造的有名企业，其产品畅销国内外。公司为 200 多人提供了就业机会，为国家缴税超 1 000 万元。周小萍也因此成为广东省民营企业优秀女性代表。

21 世纪初，国企改革如滚滚浪潮，国家确立了非公有制经济在国民经济中的重要地位，国内一些企业相继改制转体。一个偶然的机会，周小萍从朋友处获悉有一国营药厂要改制转让。尽管医药行业对她来说是完全陌生的，但凭借敏锐的洞察力，周小萍看到了商机，看到了医药产业未来巨大的发展空间。于是，周小萍以超人的胆识，在 2003 年收购了这个濒临倒闭的国有企业——湛江同德药业有限公司。

收购一个旧的国有企业，比成立、经营一个全新企业所面临的困难要多得多，更何况周小萍对制药行业是“门外汉”。但是，在巨大的困难面前，周小萍选择了勇敢承担。

2. 勇敢承担锐意进取：以过人的才智发展企业

创业之初，百废待兴。周小萍经受了一个创业者所面临的种种考验——企业体制老化、销售渠道不畅、产品结构单一。在接手的第一个年头——2003 年，同德药业亏损了 100 多万元。公司面临着职工安置、偿还债务和良好生产规范（good manufacturing practice，GMP）认证三大难题。三个问题中的任何一个解决不好，对这个旧患新疾缠身的企业来说，都是致命的打击。

在困难面前，周小萍没有畏惧、没有退缩。2003 年，她给自己和全体职工定下了没有任何退路的目标：“横下一条心，保质保量保认证；拧成一股绳，同心同德同发展。”通过与同行业比较，深入研究市场状况，周小萍提出了“不能因循守旧，不能守候观望，更不能悲观失望”的工作方针。她深知，要使企业立足于残酷的医药市场，就必须立足自身，改变单一的产品结构，确立“跳出药厂做药”的思路，在原有产品上不断创新。周小萍还积极从自身做起，为自己“充电”。从 2004 年开始，周小萍在北京大学医学部修读医药卫生方面的工商管理课程。

在周小萍的带领下，公司于 2004 年通过了国家严格的 GMP 认证，取得了药企生产的“通行证”，公司跨过了生死门槛。同时，通过创新经营和技术改造，公司进入了全国气雾剂生产行业的前三名。公司也因此获得了广东省高新技术企业的称号。

与此同时，在职工安置和偿还债务方面，周小萍也做得堪称完美。她一方面成功安置了原企业全部职工 188 人，留用下岗职工继续为厂服务，并聘用了原在册职工 75 人。另一方面代原企业交税 170 万元，为职工偿还债务 71.74 万元，并为职工支付安置社保保险金 150 万元。

靠着智慧和毅力，周小萍把一个濒临倒闭的国有企业，发展成为汇集药品、医疗器械、卫生用品、中药提取四大体系为一体的综合性企业。同德药业先后被认定为“国家高新技术企业”“广东省教育部科技部产学研合作示范基地”等。公司还申请发明专利几十项（已获授权八项）、高新技术产品三项。

资料来源：http：//zjphoto.yinsha.com/file/201408/2014080810081884.htm

2.1　新创企业的生命周期

世界上任何事物的发展都存在着生命周期，企业也不例外。企业生命周期如同一双无形的巨手，始终左右着企业发展的轨迹。美国人伊查克·爱迪斯曾用 20 多年的时间研究企业如何发展、老化和衰亡。他写了《企业生命周期》，把企业生命周期分为十个阶段，即孕育期、婴儿期、学步期、青春期、壮年期、稳定期、贵族期、官僚化早期、官僚期、死亡期。爱迪斯准确生动地概括了企业生命不同阶段的特征，并提出了相应的对策，指示了企业生命周期的基本规律，提示了企业生存过程中基本发展与制约的关系。

企业的组织体系随着生命周期不断演变，展现出可以预测的行为模式。在每一个阶段里面，企业都将面临某些具有这个成长阶段特点的问题，并加以克服，这就是企业生命周期理论所探讨的问题。企业生命周期理论的研究目的就在于试图为处于不同生命周期阶段的企业找到能够与其特点相适应、并能不断促其发展延续的特定组织结构形式，使得企业可以从内部管理方面找到一个相对较优的模式来保持企业的发展能力，在每个生命周期阶段内充分发挥特色优势，进而延长企业的生命周期，帮助企业实现自身的可持续发展。

2.1.1　国外的划分

国外将企业的生命周期划分为三个较大的阶段，即成长阶段、再生和成熟阶段及老化阶段。每一个阶段又可以细分为几个不同的时期。具体见图 2-1。

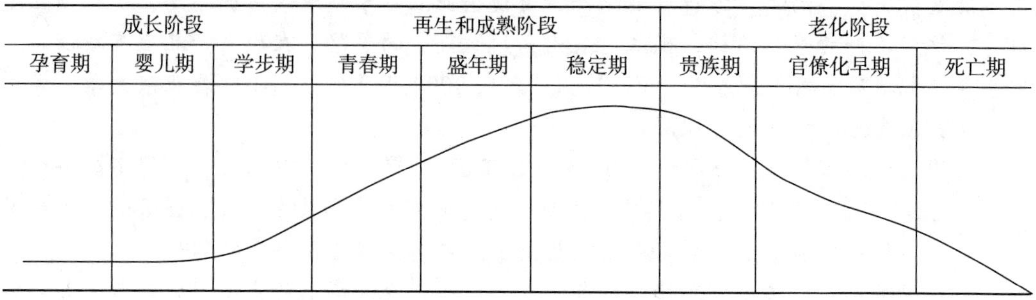

图 2-1　企业的生命周期

成长阶段可以分为孕育期、婴儿期和学步期。在孕育期中，主要解决的是企业“想什么”的问题，也就是要明确企业发展的思路，以及是否应该创立企业和能不能创立这类最基本的问题；在婴儿期要解决的问题是“干什么”，也就是企业决定投入怎样的行业领域；当企业处于学步期，也正是企业的业务开端，企业成员豪情万丈，想成就一番事业的时期。

再生和成熟阶段可以分为青春期、盛年期和稳定期。在青春期中，企业家要学会授权，并且此时职业经理人开始进入企业管理领域；盛年期的企业，进入较理想的状态，制度化特征出现；企业在稳定期则出现衰退倾向和老化前兆。盛年期是企业生命周期曲线中最为理想的点，在这一点上企业的自控力和灵活性达到了平衡。企业知道自己在做什么，该做什么，以及如何才能达到目的。盛年期并非生命周期的顶点，企业应该通过自己正确的决策和不断地创新变革，使它持续增长。但如果失去再创业的劲头，就会丧失活力，停止增长，走向官僚化和衰退。

老化阶段可以分为贵族期、官僚化早期和死亡期。贵族期企业的特征是以自我为中心、远离顾客群体和追求稳定；官僚化早期的企业，内部冲突不断，充满争权夺利；死亡期，也被称为“官僚期”或“官僚化晚期”，是企业生命周期的结束阶段。

2.1.2　国内的划分

国内的管理学者也对企业的生命周期进行了研究，并对企业生命周期的各个阶段给出了定义。国内学者对于企业生命周期的理解更为细致，认为对于不同规模的企业，其发展的轨迹也有所区别。他们将企业分为大中型企业和小型企业，并结合企业发展的速度与规模，来分析不同企业在不同时期的表现。他们将企业的成长分为六个阶段，分别是孕育期、求生存期、高速发展期、成熟期、衰退期和蜕变期，如图 2-2 所示。

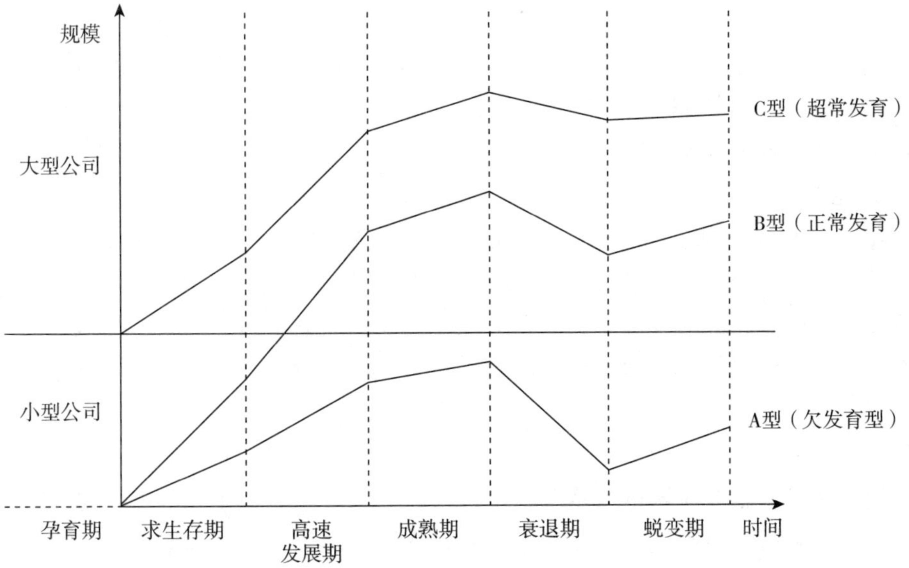

图 2-2　国内对于企业生命周期的划分

1. 孕育期

孕育期也称种子期，是生命周期的第一个阶段，是指企业在没有正式建立之前的整个筹备阶段，从创业者识别和评估创业机会，合伙人的组合到创业团队组建，此时企业并不是真正意义上的经济实体，仅仅是作为一个创意而存在，这一阶段称为企业孕育期。孕育期的企业可塑性强，因而对于未来的发展需要有深入地思考，需要为企业制定长远的规划。此时需要大量投资，才能满足企业发展壮大的要求。这一阶段的战略选择对企业后续发展的影响非常大。国外有关资料表明，在研究开发活动中，从创意提出到开发成功具有一定商业前景的项目仅占 5%左右。

2. 求生存期

这个阶段的企业，实力还相当薄弱，对于投资的依赖性强；产品方向不明确，因而此时的企业转向率高；具有很强的创新精神；企业发展速度不稳定，破产率较高，管理不规范，缺乏明确的自身形象。由于企业前期投入构建了资产，招聘了员工，购入了存货，但还处于打市场阶段，销售收入较低。因此收入减去资产折旧、工资及销售费用后往往就是负数了。企业的任务是尽快扩大销售收入，保持融资渠道畅通，尽快跨过盈亏平衡点。

3. 高速发展期

在这个阶段，企业实力不断增强，已经有一个或多个被市场认可的产品，收入快速增长，总资产周转率开始提升，净利润率维持低位。企业内部创造力和创新性强，管理开始向规范化发展，开始树立良好形象。企业在行业中已经有一定的份额，依靠自身造血能够维持生存。企业任务是进一步扩大公司的市场份额，争取成为行业龙头。

4. 成熟期

在这个阶段，企业收入增长仍高于国内生产总值（GDP）增长，总资产周转率维持高位，净利润率提升。此时的企业在行业已经有一定的地位，产品也有了清晰的定位。这个时期的产品销量已经无法大幅增长了，会和行业增长率基本持平。企业由于有了一定壁垒（如品牌，客户转换成本等），可以进行提价销售。企业已经不需要进行多少新投资了，现金流会源源不断。

5. 衰退期

企业发展到这个阶段，病态信号开始严重，收入下降，总资产周转率下降，净利润率下降甚至亏损。行业产能过剩，行业进入下行周期。整个企业会为了生存而打价格战，行业遭遇痛苦的去产能过程。企业的任务是在保持产品竞争力的同时，削减成本，出售不良资产，保证现金流，并努力向蓝海市场转型。有资金实力的企业可以在这个时期低价兼并收购同行企业。

6. 蜕变期

在这一时期，企业应该进行重组，可以通过改制、产品蜕化和地点转移等途径寻找新的发展途径。特点是收入恢复增长，总资产周转率提升，净利润率提升并扭亏为盈。企业业绩反转有两种可能，一是转型成功进入了新的蓝海；二是竞争对手退出，去产能完成，行业重新进入增长周期，企业的市场份额回升。此时企业所处行业又再度变成蓝海，产品销量恢复上升。企业的任务是巩固自己的市场地位，不要盲目乐观搞扩张。

2.1.3　生命周期的应用

运用之一：发展方案的制订。企业首先要进行的是整体的诊断，即观察企业当时大概处于生命周期的哪个阶段。大部分的企业都不会刚好处在一个阶段，而是在两三个阶段之间移动。接着就要对企业进行部门诊断，了解企业的各个部门分别处在什么阶段。这样可以帮助确立企业的核心阶段，对核心阶段要重点维护，重点调整，并找出企业及其各个部门挑战性的课题，把这些课题设计好，然后根据这些课题的要求逐个进行调整。图 2-3 就是整个企业诊断和制订解决方案的流程图。对企业生命周期理论的应用，首先必须判断整个企业是在成长还是在老化，其次界定其属于具体的哪一个阶段，最后才能制订发展的方案。只有在正确掌握了企业生命周期的规律之后，企业才能尽快度过成长的前期风险阶段，保持竞争力，并尽量延长企业的盛年期。

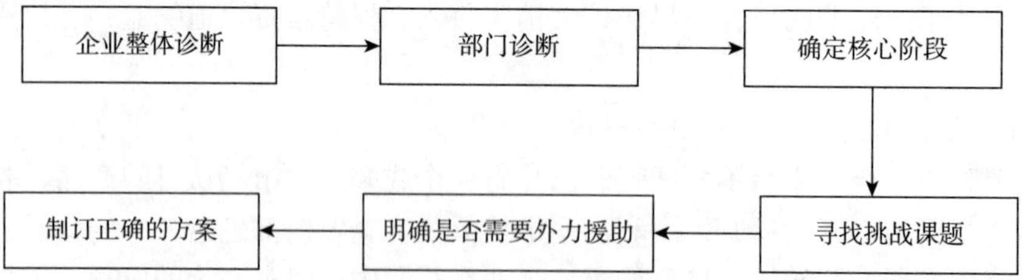

图 2-3　企业生命周期理论的应用

运用之二：战略的选择。针对所处周期选择适当战略，针对不同的周期应采取不同的战略，从而使企业的总体战略更具前瞻性、目标性和可操作性。依照企业偏离战略起点的程度，可将企业的总体战略划分为如下三种，即发展型、稳定型和紧缩型。发展型战略，又称进攻型战略。使企业在战略基础水平上向更高一级的目标发展，该战略宜选择在企业生命周期变化阶段的上升期和高峰期，时间为 6 年；稳定型战略，又称防御型战略。使企业在战略期内所期望达到的经营状况基本保持在战略起点的范围和水平。宜选择在企业生命周期变化阶段的平稳期实施该战略，时间为 3 年；紧缩型战略，又称退却型战略。它是指企业从战略基础水平往后收缩和撤退，且偏离战略起点较大的战略。采取紧缩型战略宜选择在企业生命周期变化阶段的低潮期，时间为 3 年。

运用之三：企业管理的需要。企业管理从内容上可分为经营战略、营销管理、生产管理、财务管理、人力资源管理五部分主要内容。我们以财务管理为例，展示企业生命周期理论在企业管理中的运用。

求生存期企业的着重点是如何在市场中站稳脚跟，这一阶段的财务管理目标应是销售额最大化。首先，销售额的多少影响企业的筹资能力。银行和其他金融机构对企业贷款主要是看企业的销售额，企业销售额越大，市场份额越高，竞争地位越强，银行等金融机构就越愿意给企业贷款。其次，求生存期企业大多处于亏损状态，扭亏为盈的关键是扩大销售额。企业在这一阶段应将生产战略作为企业战略管理的重点，通过快速扩大企业销售额，获得企业成长所需的资金，从而降低企业的经营风险，为企业的生存和发展奠定良好的基础。因此企业应以销售额最大化作为企业的财务管理目标。

高速发展期企业的战略目标是发展壮大，企业的主要任务是扩大市场份额，获取利润，增强企业的竞争力，这一阶段企业财务管理的目标应是在扩大销售额的基础上争取利润最大化。成长期企业尽管已有比创业阶段更充裕的现金流，但是企业销售等费用的增加，新项目的投资仍然可使企业现金流面临入不敷出的困境，如果企业还像求生存期那样追求销售额最大化，甚至以亏损为代价换取销售额，企业将难逃倒闭的命运。因此，企业应以营销战略为核心，严密监控企业的利润变化，并以产品销售利润为基础进行市场份额预测与规划，同时重视对企业成本与费用的控制，在销售额最大化的基础上实现盈利，才能保证后续发展。

成熟期企业的战略目标是巩固和完善，企业的主要任务是不断创新，实现企业的“二次创业”，从而进入第二条生命曲线，尽量延长企业寿命，这一阶段财务管理的目标应是企业价值和社会责任最大化。该阶段企业的管理重点是如何在继续扩大市场份额及研究开发新技术和新产品的同时，协调好企业与社会、企业与各利益相关者以及企业内部各部门之间的利益关系，为企业的蜕变期做准备。同时，一方面成熟期企业应注意技术创新以及新产品的投入和研制，及时替代原有旧产品，占有市场，拓展经营渠道，实现多元化竞争战略，但要防止盲目投资，出现生存危机。另一方面成熟期企业在创造利润、对股东利益负责的同时，还应积极承担对社会、环境和除股东外其他利益相关者的责任，如遵守商业道德、生产安全、职业健康、保护劳动者的合法权益、保护环境、支持慈善事业、捐助社会公益、保护弱势群体等，树立良好的社会形象，增强企业的发展后劲，延缓衰退期的到来。因此成熟期企业应以企业价值和社会责任最大化作为企业的财务管理目标。

衰退期企业的战略目标是维持和蜕变，企业的根本任务是防止企业出现财务危机，并争取新的生存发展空间，这一阶段的财务管理目标应是现金净流量最大化。企业是否有发展后劲虽然与利润有较大的关系，但主要取决于企业是否存在足够的现金流量满足企业各方面支出，从某种程度上说，现金净流量的大小决定着企业的生存和发展。这一阶段企业财务管理的重心是如何尽快回收资金并合理利用资金实现目标转移，转向新的投资点，即收缩阵地，转移战场。一方面，企业应严格控制成本与费用，尽量削减各项费用支出，并积极进行企业现金流量预测，控制企业现金外流；另一方面，企业重组价值最大化，积极进行技术改造，改善经营管理，尽可能提高企业的综合能力，使其得以维持和复兴，实现战略转型，延长企业的生命周期。因此这一阶段企业应以现金净流量最大化作为衰退期的财务管理目标。

在企业生命周期的不同阶段，采用相应的管理战略，可以提高企业的效率和效益，能够延长企业的生命周期。尤其是处于衰退期的企业，企业的领导者更应该思考采用什么样的战略能够让企业重生。

2.2　女性创业的一般过程

广义的创业过程通常包括一项有市场价值的商业机会从最初的构思到形成新创企业，以及新创企业的成长管理过程。狭义的创业过程往往只是指新企业的创建。在大多数研究中，创业过程常指广义上的含义，虽然新企业的创建确实是创业的一般过程中最为核心的一个部分，但是毋庸多言，新企业的成长过程由于创业活动的特殊性，与一般的企业管理有较大的差异，研究人员往往更注重于从新创企业的成长角度分析创业过程。对于创业过程的研究，有利于人们识别创业现象的复杂性、把握创业活动的基本规律。目前创业过程的研究主要有以下几种观点。

2.2.1　创业的基本过程

各国学者针对不同的创业群体和创业活动对创业过程的研究产生了很多种观点。创业过程和创业活动虽然复杂多样，其基本过程应该主要包括五个阶段，如图 2-4 所示。

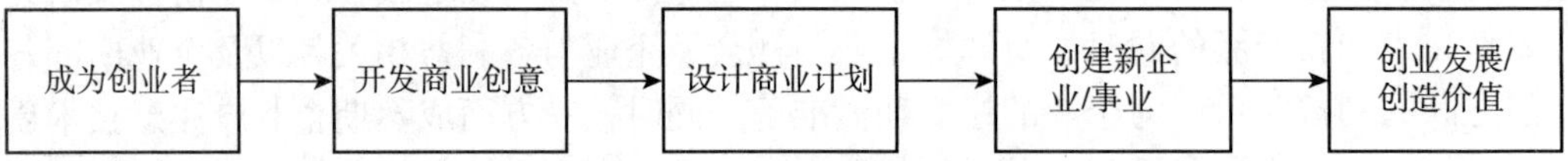

图 2-4　创业基本过程

资料来源：刘沁玲（2004）

2.2.2　奥利佛创业流程

奥利佛将创业过程分为八个阶段，如图 2-5 所示。主张创业流程的重点是创立新事业阶段，创业达到获利回收，就是完成预期目标。至于企业的继续经营，则不属于创业管理的范畴。奥利佛的结构化创业流程有助于新生创业者对创业管理复杂活动的认识和理解。

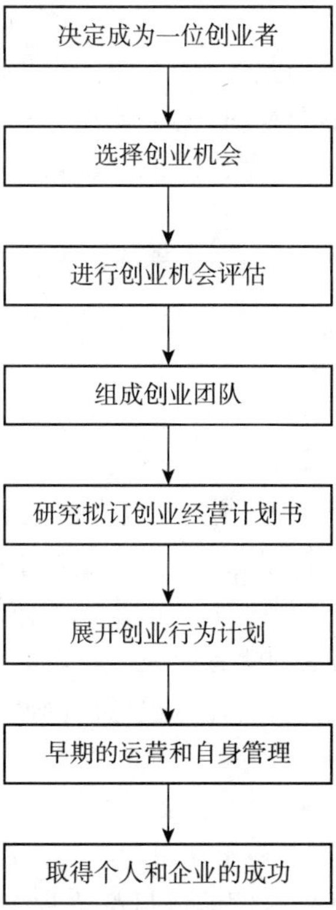

图 2-5　奥利佛创业流程

资料来源：张玉利和李新春（2006）

过程一：决定成为一个创业者。

决定成为一个创业者方面我们主要探讨创业动机。创业的动机能决定一个人是否能创业成功，人的创业动机大体可分为以下几种：第一是改变家庭和个人的经济状况。生存的需要，被生活逼迫，为了改变自己现有的经济状况和家人的生活水平，很多人都会选择创业这条路，认为只有创业才是改变现在经济状况的唯一途径。第二是控制的欲望。有强烈的企图心，喜欢控制别人，对权力有一定的支配和控制欲望，喜欢对别人指手画脚，行使权力，表明自己的身份和地位等，这种创业往往成功之后还是很难将公司管理好。第三是对独立性的偏好。独立性好的人都是具有成功潜质的，如果不能独立，是很难成就自己的一番事业的。第四是对成就的需要。渴望成功是每个人都梦想的，但并不是每个人都能走向成功，对成功的需求和渴望的不同也就对于人们结果作用不同，如果对于成就没有强烈的企图心，是很难成功的。

创业的产生是适宜的创业环境与创业思想上和经济上等各方面做好的创业准备的基础上共同作用结合的产物，但成功创业与否与人的创业动机又有着密不可分的联系，是直接关乎创业是否成功的关键。

过程二：选择创业机会。

创业机会，是指在市场经济条件下，社会的经济活动过程中形成和产生的一种有利于企业经营成功的因素，是一种带有偶然性并能被经营者认识和利用的契机。创业机会具有三个特征：第一，普遍性。凡是有市场、有经营的地方，客观上就存在着创业机会。创业机会普遍存在于各种经营活动过程之中。第二，偶然性。对一个企业来说，创业机会的发现和捕捉带有很大的不确定性，任何创业机会的产生都有“意外”因素。第三，消逝性。创业机会存在于一定的时空范围之内，随着产生创业机会的客观条件的变化，创业机会就会相应地消逝和流失。

如何识别创业机会在成功创业的路上，是创业者首先要解决的问题。好的创业机会，必然具有特定的市场定位，专注于满足顾客需求，同时能为顾客带来增值的效果，创业需要机会，机会要靠发现。

过程三：进行创业机会评估。

几乎九成以上的创业梦想最后都落空。事实上，新创业获得高度成功的几率大约不到 1%。成功与失败之间，除了不可控制的机遇因素之外，显然一定有许多创业机会在开始的时候，就已经注定未来可能失败的命运。创业本身是一种高风险行为，而且失败也可能是奠定下一次创业成功的基础，不过这些先天体质不良，市场进入时机不对，或者具有致命瑕疵的创业构想，如果创业者能先以比较客观的方式进行评估，那么许多悲剧结局就不至于一再发生，创业成功的几率也可以因此而大幅提升。所以进行创业机会评估是创业过程中的重要环节。

过程四：组成创业团队。

优秀的创业团队的所有成员都应该相互非常熟悉，知根知底。《孙子兵法》中云：“知己知彼，百战不殆”，在创业团队中，团队成员都非常清醒的认识到自身的优劣势，同时对其他成员的长处和短处也一清二楚，这样可以很好地避免团队成员之间因为相互不熟悉而造成的各种矛盾、纠纷，迅速提高团队的向心力和凝聚力。另外创业团队需要“五脏俱全”。一个优秀的创业团队必须包括以下几种人：一个创新意识非常强的人，这个人可以决定公司未来发展方向，相当于公司战略决策者；一个策划能力极其强的人，这个人能够全面周到地分析整个公司面临的机遇与风险，考虑成本、投资、收益的来源及预期收益，甚至还包括公司管理规范章程、长远规划设计等工作；一个执行能力较强的成员，这个人具体负责下面的执行过程，包括联系客户、接触终端消费者、拓展市场；等等。

过程五：研究拟订创业经营计划书。

创业计划书是一份全方位的商业计划，既是开办一个新公司的发展计划，也是风险资本家评估一个新公司的主要依据。它是用以描述与拟创办企业相关的内外部环境条件和要素特点，为业务的发展提供指示图和衡量业务进展情况的标准。通常创业计划是结合了市场营销、财务、生产、人力资源等职能计划的综合。一份有吸引力的企业计划书要能使一个创业家认识到潜在的障碍，并制定克服这些障碍的战略对策。

过程六：展开创业行为计划。

创业行为计划是对创业经营计划的落地和细化。创业行为是指某个人发现某种信息、资源、机会或掌握某种技术，利用或借用相应的平台或载体，将其发现的信息、资源、机会或掌握的技术，以一定的方式转化，创造成更多的财富、价值，并实现某种追求或目标的过程。

过程七：早期的运营和自身管理。

许多企业创业初期在一年内就倒闭了，企业创业初期主要是抓好财和人两个方面。财务方面，制定报销制度、现金流量、预算、核算和控制成本等制度。人事管理方面，制定考勤制度、奖惩条例、薪资方案等。同时创业者要通过自我管理和提升，促进企业经营和良性循环。首先要对自己有深刻的认识——不仅清楚自己的优点和缺点，也知道自己是怎样学习新知识和与别人共事的，并且还明白自己的价值观是什么，自己又能在哪些方面做出最大贡献。

过程八：取得个人和企业的成功。

成功的创业可以充实生活，服务社会，在创业中寻找快乐，在创业中体现人生价值，在创业中延续奉献精神。在实现经济效益的基础上，寻求充实、价值感和平衡。

2.2.3　创业环境驱动下的创业过程

刘沁玲（2007）教授认为任何创业活动都是发生在特定的社会、经济环境中，因此，创业活动受当地创业环境的影响。包括创业政策、创业文化、创业教育、创业融资、创业信息等要素，如图 2-6 所示。

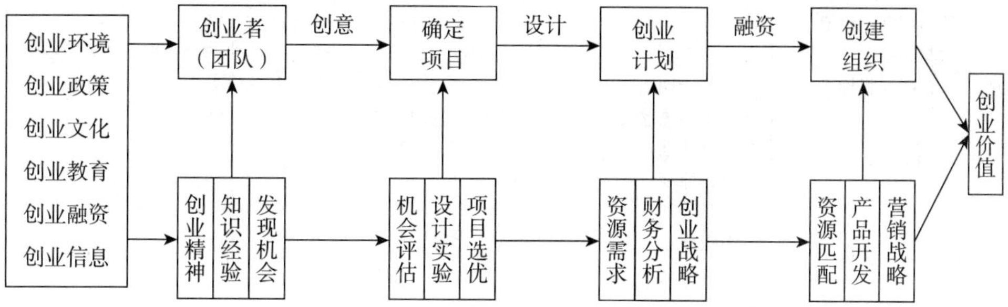

图 2-6　创业环境驱动下的创业过程

在创业环境培育和驱动下，创业者的产生基于创业精神、创业知识、经验和机会发现；创业项目的确定要经过对市场机会的评估，对已有创意进行精心筛选；精心设计创业计划是寻求资金的重要工具和实施创业的必要准备；创业组织的建立是基于资源的匹配和整合。

总之，创业过程是一个由潜在的创业者到现实的创业者，再到创造价值的一个动态发展过程，也是在环境的影响和驱动下，从产生创业精神、创业动机到实现创业目标的创业项目开发实施过程。一个好的创业项目到底能否获得预期的成功，除了创业者自身的知识和能力，在很大程度上还取决于他所处的创业环境的优劣。一个创业环境优良的地区会鼓励更多的人从事创业活动，人们在创业过程中也会享受到环境的支持。

2.2.4　霍尔特的创业流程理论

霍尔特从企业的生命周期角度出发，认为创业过程会经历四个阶段，即创业的前期阶段、创业阶段、早期成长阶段及晚期成长阶段（Holt，1992）。

在创业前期阶段，创业者做好创业规划及初步工作，包括获取资源及组织企业；

在创业初期，创业者须做好新企业在市场上的定位，并能弹性应变以确保存活；在早期成长阶段，新企业可能会遇到市场、财务或资源使用上的快速变化；在晚期成长阶段，较具规模的企业将会在所经营的市场上遇到竞争对手，这时专业化管理成为胜负的关键因素。

2.2.5　罗博特的创业步骤理论

希斯瑞克认为，作为一个创业者，要创建自己的企业，通常要经历几个基本步骤，而在创业过程中所涉及的知识和技能，与一般的管理职能并不相同（郁义鸿等，2000）。一个创业者必须能够识别、评价和把握新的市场机会，并进一步将其发展为一个新创企业。在这一过程中确实有着许多对现存企业进行管理时所未予重视或不那么重要的知识与技能。一般的，创业过程包含着四个阶段（表 2-1）。

表 2-1　罗博特 · D.希斯瑞克关于创业的四个阶段的分析

第一阶段 识别与评估市场机会	第二阶段 准备并撰写经营计划	第三阶段 确定并获取创业所需资源	第四阶段 管理新创企业
创新性与“机会之窗”的长度 机会的估计与实际的价值 机会的风险与回报 机会与个人技能及目标 竞争状态	封面页 目录 大致框架： ①商务活动描述 ②行业的描述 ③营销计划 ④财务计划 ⑤生产计划 ⑥组织计划 ⑦运营计划 ⑧总结 附录或图表	创业者的现有资源 资源缺口与目前可获得的资源供给 通过一定的渠道获得与其他所需资源	管理方式 成功的关键因素 当前问题与潜在问题的辨识 控制系统的完备化

立足于不同的学者，从不同的角度得出创业的一般流程，我们认为，创业的关键流程应该是这几方面：选定创业项目（创业机会）、撰写创业计划、筹备创业资金（获取创业所需资源）及管理新创企业。

1. 选定创业项目

创业项目的选择既是创业活动的起点，也是非常关键的一个阶段。对一般的创业者来说，可以从互联网络、图书馆、电话号码黄页、财经图书、贸易出版物、朋友和熟人、竞争对手、投资贸易洽谈会、展览会、博览会、工商协会、研究机构、专利部门、经销商和批发商、房地产经纪人获得项目信息。另外从竞争对手与一些企业家接触受到启发，旅游考察、小企业管理课程和创业讲座得到独一无二的项目信息。通过从改进现有产品和服务、客户抱怨中获得原创性的思路。

2. 撰写创业计划

简单地说，选定创业项目是“what”的问题，而撰写创业计划则是“how”的问题，即决定了干什么之后，应当怎么干才能提高创业的成功率。它包括了市场分析、生产安排、组织与管理、营销计划及财务计划等内容。创业计划书的质量，往往会直接影响创业发起人能否找到合作伙伴、获得资金及其他政策的支持。

3. 筹措创业资金

资金，是企业的血液。要想市场得手，没有适度的创业资金是不行的。因此，谋划完成之后，要打的第一根桩，就应该是对创业资金的筹措了。资金可以来自银行、风险投资、政府优惠、亲戚朋友等，资金从哪个渠道来，可以视情况而定。但是从我国的许多创业型企业来看，从亲戚朋友处筹备资金的现象非常普遍，也是最简单的一种方式。

4. 管理新创企业

当按照计划建立起企业后，下一步就应当考虑企业的运营问题，包括企业的管理方式问题。初创企业的管理方式，在很大程度上不是流行的或者某个大师的管理方式，而是由创业家自己的价值观等因素所决定的，具有很强的主观色彩。这时，企业其实就是企业家自己的化身。

本章小结

本章介绍了两个主要问题，即新创企业的生命周期和女性创业的一般流程。国外学者将企业的生命周期划分为三个较大的阶段，即成长阶段、再生和成熟阶段以及老化阶段。每一个阶段又可以细分为几个不同的时期。国内学者将企业的成长分为六个阶段，分别是孕育期、求生存期、高速发展期、成熟期、衰退期和蜕变期。企业生命周期理论的运用可以集中在三个领域，即发展方案的制订、战略的选择和企业管理的需要。

复习思考题

1. 新创企业的生命周期一般包括几个阶段？
2. 如何理解奥利佛创业流程，能否结合你熟悉的创业案例加以分析？
3. 谈一谈你对创业环境驱动下创业过程理论的理解。
4. 你认为创业团队组建过程需要秉持什么原则？
5. 结合创业过程理论，你认为新创企业有哪些注意点？

推荐阅读资料

艾施 M K. 1999. 玫琳凯自传：一位美国最有活力的商业女性的成功故事. 马群译. 杭州：浙江人民出版社.

霍洛维茨 B. 2015. 创业维艰 如何完成比难更难的事. 杨晓红，钟莉婷译. 北京：中信出版社.

上海市妇女联合会. 2012. 百名优秀创业女性风采录. 上海：文汇出版社.

阅读链接

1. http：//read.jd.com/16874/。
2. http：//book.douban.com/subject/10426394/。

参 考 文 献

杜跃平. 2006. 创业管理. 西安：西安交通大学出版社.

顾颖，马晓强. 2006. 中小企业创业与管理. 北京：中国社会科学出版社.

刘沁玲. 2004. 知识创业论. 西安：陕西科学技术出版社.

刘沁玲. 2007. 创业活动过程与创业环境探讨. 洛阳师范学院学报，(5)：161.

郁义鸿，李志能，希斯瑞克 R D. 2000. 创业学. 上海：复旦大学出版社.

张常勇. 2002. 创业管理的 12 堂课. 北京：中信出版社.

张玉利，陈寒松. 2010. 创业管理. 北京：机械工业出版社.

张玉利，李新春. 2006. 创业管理. 北京：清华大学出版社.

钟怀. 2010. 女首富张茵分享创业心得. 中小企业管理与科技（中旬刊)，(2)：48-49.

Holt D H. 1992. Entrepreneurship：New Venture Creation. New Jersey：Prentice-Hall.

第二篇　评估创业机会和配置资源

第3章 创业机会

学习目标：

1. 掌握创业机会的特性、来源和影响因素。
2. 了解影响创业机会识别的关键过程和创业机会评估方法。
3. 了解商业模式的基本问题及商业模式的构成要素。
4. 了解商业模式创新的起源、特点及其创新的方法。

引导案例

中国最大的奢侈品网站之一：第五大道的创立

孙亚菲，第五大道——中国最大的奢侈品网站之一的创始人兼CEO。当过省级机关公务员，后攻读四川大学新闻学硕士。当过记者，曾供职于南方周末、中国新闻周刊等；也曾兼职文化专栏作家，为新世纪周刊等撰写专栏。后毕业于常春藤学校达特茅斯学院（Dartmouth College），曾任美国某投资基金中国区投资总监。在做奢侈品电子商务之前，孙亚菲心中一直有创业的梦想，但具体做什么，是模糊的。妹妹孙多菲的一次偶然经历，让她醍醐灌顶。2008年9月份，孙多菲从美国回来，带了很多奢侈品，一些东西是半旧的，一些是全新的，屋子里堆积如山，她就在淘宝开了个网店，东西被一抢而空。孙亚菲创业的梦想也随之清晰起来：把第五大道那些林立在高楼里的奢华物品搬到网上，创立一个网上的奥特莱斯（Outlets）。“它有可能会受到欢迎”，这样的想法激起了孙亚菲创业的念头。第五大道是纽约曼哈顿区的中央大街，是“最高品质与品位”的代名词，代表着高雅、时尚的美国现代生活图景。

孙亚菲通过大宗购买的方式，整合了Louis Vuitton、Gucci、Chanel、Coach、Calvin Klein、Guess、Prada等品牌的销售商和供货商，使其商品的常年折扣在20%～80%左右。在欧洲，这种商业模式在2000年出现，一个叫YOOX的电子商务网站帮助奢侈品厂商解决了头疼的库存问题。

一些大的奢侈品品牌，春夏秋冬，每个季节都会新推一款特色系列产品，换季的时候，一些产品必须下架，品牌商用两种方式来解决库存问题：一种是在距离市区很远的地方建奥特莱斯，另外一种就是品牌折扣店。而电子商务模式的兴起，无疑是第三种方式。

3.1 创业的战略策划

据美国《公司》杂志对500家发展最快公司中的100家企业的创建者调查的数据发现，创业者在最初公司战略计划方面所花的精力极少，只有28%的创业者制订全面的计划，41%的创业者根本没有经营计划。

每个具有竞争优势的公司都会有一套优秀的战略。创业战略是在创业资源的基础上，描述未来方向的总体构想，它决定着创业企业未来的成长轨迹及资源配置的取向。创业战略与企业非创业阶段战略的不同在于：它主要包括创业企业的核心能力战略和企业定位。核心能力战略是创业企业的根本战略，不仅决定着创业企业能否存续，而且决定创业企业能否实现成功的跨越和进一步发展。而企业定位则包括创业产品定位和创业市场定位，决定着创业企业能否成功地进入并立足市场，进而拓展市场。

3.1.1 战略定位

战略定位主要是围绕企业的价值主张、目标客户及顾客关系方面，具体是指企业选择什么样的顾客、为顾客提供什么样的产品或服务、希望与顾客建立什么样的关系，其产品和服务能向顾客提供什么样的价值等方面。在激烈的市场竞争中，没有哪一种产品或服务能够满足所有的消费者，战略定位可以帮助我们发现有效的市场机会，提高企业的竞争力。

在战略定位中，企业首先要明白自己的目标客户是谁，其次是如何让企业提供的产品或服务在更大程度上满足目标客户的需求，在前两者都确定的基础上，再分析选择何种客户关系。合适的客户关系也可以使企业的价值主张更好地满足目标客户。

美国西南航空公司抓住了那些大航空公司热衷于远程航运而对短程航运不屑一顾的市场空隙，只在美国的中等城市和各大城市的次要机场之间提供短程、廉价的点对点空运服务，最终发展成为美国四大航空公司之一。日本Laforet原宿个性百货商店打破传统百货商店的经营模式——每层经营不同年龄段不同风格服饰，专注打造以少男少女为对象的时装商城，最终成为最受时尚年轻人和海外游客欢迎的百货公司。王老吉创新性地将自己的产品定位于“饮料+药饮”这一市场空隙，为广大顾客提供可以“防上火”的饮料，正是这种不同于以往饮料行业在产品口味上不断创新的竞争模式，最终使王老吉成为“中国饮料第一罐”。

3.1.2 资源能力

资源能力是指企业对其所拥有的资源进行整合和运用能力，主要是围绕企业的关键活动，建立和运转商业模式所需要的关键资源的开发和配置、成本及收入源方面。所谓关键活动是指影响其核心竞争力的企业行为；关键资源是指能够让企业创造并提供价值的资源，主要是指那些其他企业不能够代替的物质资产、无形资产、人力资本等。

在确定了企业的目标客户、价值主张及顾客关系之后，企业可以进一步进行资源能力的创新。战略定位是企业进行资源能力创新的基础，而且资源能力创新的四个方面也是相互影响的。一方面，企业要分析在价值链条上自己拥有或希望拥有哪些别人不能代替的关键能力，根据这些能力进行资源的开发与配置。另一方面，如果企业拥有某项关键资源如专利权，也可以针对其关键资源制定相关的活动；对关键能力和关键资源的创新也必将引起收入源及成本的变化。

丰田以最终用户需求为起点的精益生产模式，改变了20世纪70年代以制造商为起点的商业模式，通过有效的成本管理模式创新，大大提高了企业的经营管理效率。20世纪90年代，当通用发现传统制造行业的利润越来越小时，他们改变行业中以提供产品为其关键活动的商业模式，创新地提出以利润和客户为中心的“出售解决方案”模式。在传统的经营模式中，企业的关键活动是为客户提供能够满足其需求的机械设备，但在“出售解决方案”模式中企业的关键活动是为客户提供一套完整的解决方案，而那些器械设备则成为这一方案的附属品。有资料显示，通用的这一模式令其在一些区域的销售利润率超过30%。另外，通用还积极扩展它的利润源，他们建立了通用电气资本公司。在20世纪80年代中后期，通用电气资本年净收入达到18%，远远超出通用其他部门4%的平均值。

3.1.3 策划商业模式

商业模式就是一个企业如何赚钱的故事，商业模式的有效设计和运行，需要人物、场景、动机、地点和情节——玛格丽塔（摘自《什么是管理》）。

管理大师彼得·德鲁克曾说过，当今企业之间的竞争已不是产品之间的竞争，而是商业模式之间的竞争。美国、日本、韩国等国的实例证明：那些以强健的生命力渡过危机并取胜的企业，大多数是商业模式比较健全的企业，而不是那些只有某一项优势的企业。多数学者认为，商业模式是企业绩效或者竞争优势的来源之一，商业模式的创新会帮助企业改变绩效。

苹果公司的巨大成功，不单单在其独特的产品设计，还源于其精准的战略创新。他们看中了终端内容服务这一市场的巨大潜力，因此，它将其战略从纯粹的出售电子产品转变为以终端为基础的综合性内容服务提供商。从其“iPod+iTunes”到后来的“iphone+App”都充分体现了这一战略创新。在资源能力创新方面，苹果突出表现在能够为客户提供充分满足其需求的产品这一关键活动上。苹果每一次推出新产品，都超出了人们对常规产品的想象，其独特的设计以及对新技术的采用都超出消费者的预期。例如，消费者所熟知的重力感应系统、多点触摸技术以及视网膜屏幕的现实技术都是率先在苹果的产品上使用的。另外，苹果的成功也得益于其共赢的商业生态模式。2008年3月，苹果公司发布软件开发工具包（software development kit，SDK）下载，以便第三方服务开发商针对iphone开发出更多优秀的软件，为第三方开发商提供了一个既方便又高效的平台，也为自己创造了良好的商业生态环境。

总之，商业模式创新既可以是三个维度中某一维度的创新，也可以是其中的两点甚至三点相结合的创新。有效的商业模式这一新鲜事物能够导致卓越的超值价值

(supervalue), 商业模式创新将成为企业家追求超值价值的有效工具。

3.2 创业机会的概述

机会是人在各种经济和社会活动中遇到的，能促进自身事业发展的客观现象，是人们能取得成功的关键要素。在经济和社会发展过程中存在着多种多样的机会，如商机、战机等。创业机会是诸多不同类型机会中的一种。由于创业者的自身特质、知识、经历有所不同，必然会导致创业者或者潜在创业者对机会的认识有所差异。以 Shane 和 Venkatarman 为代表的许多学者把如何发现和开发创业机会视为创业研究的核心或关键问题，并试图从创业机会着手来解释复杂的创业过程。

3.2.1 创业机会的内涵

创业机会是从机会概念延伸而来的，因此理解创业机会首先要弄明白什么是机会。

1. 机会

在汉语里，机会与机遇、时机的含义比较相似。机会可以理解为识别能力、勇于创新、丰富的知识和经验、科学的想象力等，是捕捉机遇不可或缺的条件。它的出现有客观因素，偶然性之后是有必然性和规律性，人在规律面前是能够发挥主观能动性的。

机会是什么？简单地说是促进事物发展的客观机遇和契机。一般来说，人们总是喜欢把在日常生活和工作中潜在的不易被发掘的有利条件称之为机会，或把在特定困境中偶然碰到的转折点，从而由此迈向成功的现象称为机会，也或者把在各项经济和社会活动中突然出现的起关键作用的新机遇、新现象、新趋势称为机会。由此可见，机会是指某种客观事物在其运动变化过程中所形成的，为人们的事业能顺利发展所需要的有利时机。

2. 创业机会

学者从不同的角度对创业机会进行了界定。卡森 (Casson，1982) 认为，创业机会是指在新生产方式、新产出或生产方式与产出之间新的关系形成过程中，引进新的产品、服务、原材料和组织方式等，得到比创业的成本具有更高价值的状态。Kirzner (1973) 认为，创业机会的初始形态是“未明确界定的某种市场需求，或未得到利用，也可能是未得到充分利用的资源和能力”。Timmons (1999) 认为创业机会“具有吸引力、持久性和适时性，并且可以伴随着为购买者或者使用者创造或增加使用价值的产品或服务”。

本书采用蒂蒙斯的定义，创业机会也称为商业机会或市场机会。它是指有吸引力的、较持久的和适时的一种商务活动空间，并最终表现在能够为消费者或客户创造价值或增加价值的产品或服务过程之中，同时能为创业者带来回报或实现创业目的。

大多数创业者都是把握了商业机会从而成功创业。例如，蒙牛的牛根生看到了乳业市场的商机，好利来的罗红看到了蛋糕市场的商机，俞敏洪看到了英语培训市场的商机，马云看到了互联网发展的商机，在现实生活中，这样的例子不胜枚举。但是，仅有少数创业者能够把握创业机会从而成功创业，一旦创业成功，不仅会改变人们的生活和休闲方式，甚至能创造出新的产业，随着人们对创业机会价值潜力的探索，会逐渐衍生出一系列的商业机会，从而激发出更多的创业活动，如互联网创业。

3.2.2 创业机会的来源

关于创业机会的来源目前尚无法定论，争论的焦点在于创业机会的产生是主观缔造还是客观存在。奥地利学派认为创业机会是创业者通过自身的创造而发现的。在奥地利学派中存在熊彼特学派和柯兹纳学派（Israel Kirzner）两个分支。Schumpeter（1934）认为企业家对均衡市场环境进行创造性破坏，通过打破均衡产生新机会。真正有价值的创业机会来源于外部变化，这些变化使人们可以做以前没有做过的事情，或使人们能够以更有价值的方式做事。Kirzner（1997）认为，创业机会之所以存在，是因为人们拥有不同的信息，这使得有些人比其他人更善于就一个具体的商业创意做出决策。由于拥有劣质信息的人做出了较差的决策，而市场上的不足、多余和失误一直存在，这些市场缺陷能够让那些拥有优质信息的人做出更准确的决策。企业家能够通过其自身特有的对市场的警觉性，发现市场缺陷，挖掘创业机会。

总之，创业机会的出现往往是受环境的变动、市场的不协调或混乱、信息的滞后、领先或缺口，以及各种各样的其他因素的影响。也就是说，在一个自由的企业系统中，当行业和市场中存在变化着的环境、混乱、混沌、矛盾、落后与领先、知识和信息的鸿沟，以及各种各样其他真空时，创业机会就产生了，如技术革新、消费者偏好的变化、法律政策的调整等。我们可以将创业机会的来源归结为以下几个方面的因素，即技术变革、政治和制度变革、社会和人口因素及市场因素等。

1. 技术变革

技术变革可以使人们去做以前不可能做到的事情，或者更有效地去做以前只能用不太有效的方法去做的事情。新技术的出现也改变了企业之间竞争的模式，使得创办新企业的机会大大提高。例如，随着互联网技术的发展，互联网给传统的经营模式带来了巨大的挑战，如网络营销、互联网金融等。

2. 政治和制度变革

政府政策政治和制度变革意味着革除过去的禁区和障碍，或者将价值从经济因素的一部分转移到另一部分，或者创造了更大的价值。政府的政治和制度变革，会给创业者带来创业机会。随着科技变革，经济社会发展等，政府就要不断地调整自身政策，而政府政策的这些变化，是有可能给创业者带来新的创业机会。因为，在原有的制度下，这些创业者可能是被禁止进入的。政府政策的变化可能也扫清了许多可能不利于新创企业生成的障碍，这些障碍的扫清，可能会使创业者的创业成本更低。如一些行业进入条件的放宽（资源开采、民用航空等）。又如环境保护、治理政策的出台，会将那些对环境破坏大、污染严重的企业资源转移到保护环境的创业机会上。

3. 社会和人口因素的变化

社会和人口因素的变化同样会创造出创业机会。不同阶段的社会和人口因素变化相应会产生市场需求。例如，随着人口寿命的延长和人口出生率的降低，我国进入了老龄化阶段。因此，就会产生许多与老年产业相关的创业机会。如家政服务、养老及医疗保健等。

社会和人口因素的变化影响了消费者对产品和服务的需求，而这种需求的变化就生成了创业机会。例如，欧美人口逐渐减少就引发国外一些大学吸收来自发展中国家的留学生的需求，从而产生了一些针对国际学生的服务项目。

4. 市场需求的变化

市场需求的变化产生能够带来创业机会。一般来看，市场需求的变化主要有以下四类：①新需求的产生。市场上出现了与经济发展阶段有关的新需求，相应的，就需要有企业去满足这些新的需求，这同样是创业者可资利用的商业机会。②当期市场供给缺陷。当期市场供给缺陷产生的新的商业机会。非均衡经济学认为，市场是不可能真正出清—供求平衡的，总有一些供给不能实现其价值。因此，创业者如果能发现这些供给结构性缺陷，同样可以找到可资利用并创业的商业机会。③先进国家或地区产业转移带来的市场机会。从历史上看，世界各国各地的发展进程是有快有慢的。即便在同一国家，不同区域的发展进程也不尽相同。这样，在先进国家或地区与落后国家或地区之间，就有一个发展的势差。当这势差大到一定程度，国家或地区之间就会存在成本差异，再加上经济发展到一定程度时，环保问题往往会被先进国家或地区率先提到议事日程上，所以，先进国家或地区就会将某些产业向外转移，这就可能为落后国家或地区的创业者提供创业的商业机会。④从中外比较中寻找差距，差距中往往隐含着某种商机。通过与先进国家或地区比较，看看别人已有的哪些东西我们还没有，这没有的产业转移带来市场机会。

3.2.3　创业机会的特性

1. 具有吸引力

虽然创业机会在市场中以各种形式存在着，但是只有当创业者确认这个机会存在且有价值时，才能够获得商业利润，也即会产生创业。

2. 持久性

创业过程是动态和不连续的，它始于创业者的思想创意，其最终结果会受到很多内外部条件的制约，但是，创业的机会具有持久性。

3. 适时性

创业机会产生于一个特定的时间，同时，只有在特定的时间内才有效用。俗话说，“机不可失，时不再来”。机会稍纵即逝，不可复得。创业者如果不能及时捕捉，就会丧失机会。

4. 可识别性

创业者对于创业机会有一个识别过程，影响创业机会识别的因素主要是创业者的先验知识（成长经历、教育和工作经验）、创业的警觉性、创造力和创业者的社会关系网络，这些因素在后面的章节中进行详细阐述。

属性是一个事物区别于其他事物的根本特征。创业机会属性研究主要从静态和动态两个角度展开。静态观点认为，创业机会是未明确的市场需求或未得到充分利用的资源或能力（Kirzner，1997），是供求关系的不同组合，是一组有利于创造新产品、新服务或新需求的环境因素，是各种通过创造性地整合资源来满足市场需求并创造价值的可能性（Schumpeter，1934），是一些亟待满足且有利可图的市场需求，或者是一些关于创造目前市场所缺乏的物品或服务的创意、信念和行动（Shane and Venkataraman，2000）。而动态观点则认为，创业机会是指在新的市场、新的产出或者两者关系的形成过程中，通过创造性地整合资源来满足市场需求并传递价值的可能性，是一个不断被发现或创造的动态发展过程。

3.2.4 创业机会分类

根据不同的标准，研究者们对创业机会进行不同的分类。Shane 和 Venkataraman（2000）依据环境变化把创业机会划分为技术机会、市场机会、政策机会三种，并且认为技术变化只能带来技术型创业机会，市场变化会带来市场型创业机会，而政策变化能带来政策型创业机会。Ardichvili 等（2003）依据创业机会的来源和发展情况以及价值是否明确和创业者创造价值的能力等标准，把创业机会划分成梦想型、尚待解决的问题、技术转移及市场形成四种类型。张玉利和陈寒松（2008）根据创业机会的性质把创业机会分为问题型、趋势型和组合型三种。其中，问题型机会是因现实中存在未得到解决的问题而出现的机会，趋势型机会一般出现在经济变革、政治变革、人口变化、社会制度变革以及文化习俗变化时期，组合型机会是指通过整合两个以上的现有技术、产品、服务因素创造新的用途和价值而产生的机会。Schumpeter（1934）从创新与创业关系的角度把创业机会分为新产品或新服务、新生产方式、新市场、新组织方式、新原材料五种类型。此外，一些研究者按照目的、手段维度把创业机会分为发现型和创造型机会、创新型机会与模仿型机会。根据创业机会的可识别性，可将创业机会划分为潜在创业机会和显现创业机会。在市场上存在着明显的未被满足的某种需求称为显现创业机会；而隐藏在现有某种需求背后的未被满足的某种需求称为潜在创业机会。例如，20 世纪 80 年代兴起的吸氧热就是一个明显的显现创业机会。潜在的创业机会具有隐蔽性，不容易被发现，但是如果创业者找到并抓住了这种机会，成功创业的机会就要大得多，机会利用效率也比较高。例如，随着网络的兴起，网络购物也成为越来越多的人所接受，而网络购物的兴起，必将带动物流行业的快速发展。

3.3 创业机会的识别与开发

3.3.1 创业机会的识别

创业机会识别作为创业活动的初始阶段和核心环节，对于新创企业和企业新的发展方向都至关重要，是企业创造价值不可或缺的重要环节之一，Shane 和 Venkataraman 指出，解释如何发现和开发创业机会是创业研究领域应当关注的关键问题。创业过程开始于创业者对创业机会的识别，进而不断持续开发这一机会，对创业者自身而言，能否把握正确的创业机会，并且通过充分的开发使之成为一个成功的企业，是创业者应当具备的最重要的能力之一。

创业机会的识别取决于创业者及其环境要素，因为现实中的创业机会可能来自创业者本身，还可能来自创业者所处的外部环境，如创业者所处的环境、创业者的利益相关者等，还可能是创业者思想和创业者所处环境相结合才能有助于机会的识别。对于创业者如何识别到机会的问题上，学术界一直存在着争议。争论主要围绕着“创业机会本质上是客观存在的还是主观上被创造的”而展开。学者们根据对创业机会本质的不同理解，主要从两个视角，即发现的视角和创造的视角来探讨创业机会识别。

发现的视角认为，机会独立存在于环境中并等待被发现。市场的外生冲击创造了创业机会，也就是说创业机会是由现有市场派生而来的（Kirzner，1973），而每个人都有发现机会的可能性。换言之，创业机会始终独立于创业者的“搜寻”过程。即无论创业者是否进行搜寻行为，创业机会都存在。而之所以是“这些人而不是其他的人识别了这个机会”是因为创业者在审时度势和发现创业机会方面有着不同于常人的卓越才能。在搜寻机会的过程中，创业者更加善于把握时机。

创造的视角认为，机会是创业者搜寻机会的行为过程的内生现象，即机会并不是派生于已有市场，而是由创业者创造出来的，在被创造出来之前，机会与已有市场的关系是未知的。相对于发现视角中机会产生于市场的客观现象，创造视角认为创业者的创业行为才是创业机会的根本来源。创业者并不坐等外生冲击创造机会然后再加以利用，而是主动去创造机会。如果没有创业者的创业行为，机会就不可能出现。

但也有一些学者们认为创业机会识别的发现视角与创造视角并不是完全对立的。Kirzner（1997）综合了上述两种观点，认为创业者识别创业机会的途径并非单一，而是处于两种状态之间：一是通过纯粹的偶然机会获得有关市场、技术、政策等新的信息，从而意外收获到创业机会；二是在特定的时间内通过系统的、有目的的搜寻来发现市场中所隐含的内在信息，并且对发现对象的内在信息不断地进行外在化，最终创造了创业机会。

创业机会识别的发现和创造视角其实并不相互抵触，它们的差异仅因为其涉及的创业机会类型不同，发现和创造模型的差异性的关键点在于创业机会是显性的还是隐性的。

3.3.2　影响创业机会识别的关键因素

既然创业机会识别对于创业者这么重要，那么创业机会是怎样被识别的呢？是什么影响着创业者对于创业机会的识别？近年来，学术界一直努力的回答为什么有人能发现机会，而另外的人却不能发现呢？针对此问题进行了大量的研究，综合各位学者的研究，对创业机会识别产生影响的因素可以归纳为四个因素，即先前的经验、认知因素、社会关系网络和创造性。

1. 先前的知识

为什么某些资源持有者能够识别出特殊的市场机会并且做出决策而其他人则没

有？其中的原因之一就是这些人通过他们已经掌握的相关知识能够正确地理解和识别这里的机会。“事实上，很多时候并不是因为创业者比非创业者知道更多的商业信息，而是因为一些创业者在恰当的时候、恰当的场合以及恰当的领域能够获取恰当的机会信息”（Shane and Venkataraman，2000）。

先前知识包括创业者个人成长经历、教育、经验等。创业者在特定产业先前的经验有助于创业者进行机会的识别。在某个产业中工作，个人可能识别出未被满足的目标市场，也可能建立了产业内的社会联系网络。先验知识是指个体的关于特定主题的与众不同的信息，可能是工作经验、教育或其他手段的结果。先验知识和认知特点决定了一些人能发现别人发现不了的机会。先验知识可以分为个人爱好领域的先验知识和行业经验领域的先验知识。

2. 认知因素

机会识别可能是一项先天技能或一种认知过程。有些人认为，创业者有“第六感”，使他们能看到别人错过的机会。多数创业者以这种观点看待自己，认为他们比别人更警觉。警觉很大程度上是一种习得性的技能；拥有某个领域更多知识的人，倾向于比其他人对该领域内的机会更警觉。创业警觉性是当机会存在时能识别机会的一种独特的准备。例如，一位互联网行业的从业者就会比律师对互联网行业内的机会和需求更警觉。

3. 社会关系网络

社会网络已经成为创业研究中对于创业机会识别起到关键作用的前因变量之一。西方学者普遍认同利用社会网络获悉并识别创业机会的创业者具有更高的成功率，创业者往往在人际交往过程中获得承载机会的信息并发现创业机会。

在社会关系网络中，按照关系的亲疏远近，我们可以将各种关系划分为强关系和弱关系。强关系以相互作用为特色，形成于亲戚、密友和配偶之间；弱关系以不频繁相互作用为特色，形成于同事、同学和一般朋友之间。已有的研究表明，创业者通过弱关系比通过强关系更可能获得新的商业创意。在我国，女性因为受到传统文化、家庭、自身职业地位等多种社会因素的影响，其可供交换或动员的社会资本相对有限，在与缺少情感纽带的非亲属成员进行互动的过程中便显得力不从心，因此，女性创业的社会网络关系的建立依附在以血缘、地缘、亲缘为主的强关系上。

4. 创造性

创造性是产生新奇或者有用创意的过程。从某种程度上讲，机会识别是一个创造性过程，是不断反复的创造性思维过程。

3.3.3　创业机会的识别过程

创业过程开始于创业者对创业机会的把握。创业机会的识别是创业者和外部环境的互动过程，在这个过程中，创业者利用各种渠道和各种方式掌握并获取创业机会相关信息，从而发现现实世界中在产品、服务、原材料和组织方式等方面存在的差距或者缺陷，最终发现可能带来新产品、新服务、新原料和新组织方式的创业机会。

1. 收集于研究创业机会相关的信息

收集与研究创业机会的相关信息是识别创业机会的基础工作，收集有关创业市场的相关信息可确定市场的规模及竞争状况，进而确定创业机会实现的可能性。识别创业机会时，首先应根据创意确定研究目标，其次应着手收集相关信息，包括产品信息、消费者信息、竞争对手信息。这些信息可以来自广播电视、报纸杂志、互联网上的二手资料，也可以是第一手资料信息如观察、访谈、问卷调查等。

2. 分析创业市场环境

创业者与供应商、中间商、顾客和竞争者、公众共同处于市场环境中，市场环境能够为创业者创造绝佳的商机，也可能带来毁灭性的威胁，因此，创业者进行创业计划前应对创业的市场环境进行深入研究和分析，分析市场变化的因素、市场竞争情况、创业机会的现实性。

1）分析影响市场变化的因素

创业者要力求了解市场上是否出现了某种潜在需求，这种潜在需求是长期的还是短期的。政治、经济、文化、社会、环境、技术等因素，往往能影响市场变化，由此，引发市场上对某种产品或服务的需求相应地发生变化。

2）市场的竞争情况

观察分析潜在竞争者、替代品竞争者、行业内原有竞争者的基本情况，确切实际地了解新创企业是否能够赢得赖以维持经营所需的足够数量客源、销售额和利润。现实中，一旦某个创业机会逐渐显露出来，就会有不少的创业者和竞争者。但是，倘若创业者想利用特定机会获得创业的成功，他必须具备与其他创业者、竞争者相互竞争的能力。

3）创业机会的现实性

即使某个创业机会是一个很有前景的机会，但对于特定的创业者而言，他仍然需要进一步分析机会的现实性，判断这一机会是否是自己能够加以利用的创业机会？自己是否值得开发这一机会？

对于创业者而言，为了能做出理性的判断，必须回答以下几个问题。

（1）自身是否拥有利用创业机会所需的关键资源。面对某个创业机会，试图利用这一机会的创业者不一定要拥有所需的全部资源，但是一定要拥有利用这一机会的关键资源。

（2）是否能够“构建网络”跨越“资源缺口”。在多数情况下，在特定的创业机会面前，新创企业不可能拥有创业所需要的一切资源，但它需要有能力在资源的拥有者与自身之间建立网络，以弥补相应的资源禀赋不足。

（3）是否存在可以开发的新增市场及可以占用的远景市场。理性的判断某个创业机会是否值得创业者利用，除了要有足够大的原始市场规模外，其市场也应是潜在可创造、可扩展、拥有良好的成长性，存在远景的市场。

（4）利用特定机会存在的风险是否可以承受。显然，创业者要想利用某个创业机会，他就必须具备利用该机会的风险承受能力，主要包括财务风险、法律风险、技术风险、政策风险、市场风险和宏观环境风险等。

3.4　创业机会的评价

机会评价是机会识别过程的组成部分。机会评价伴随着机会识别，创业者在对机会的识别过程中也在评价机会。机会评价是指从财务、风险、市场、成长等多个方面对机会商业价值进行评估，从而决定是否对其进行进一步的开发和利用。

3.4.1　蒂蒙斯的创业机会评价

1. 蒂蒙斯的创业机会评价模型

蒂蒙斯（Timmons）教授提出了一个比较完善的、被广泛引用的评价创业机会的框架。该框架分别从行业与市场、经济因素、收获条件、竞争优势、管理团队、致命缺陷、创业家的个人标准、理想与现实的战略性差异这八个大类 53 个因素对创业机会从定性或者量化的方式进行评价（表 3-1）。

表 3-1　蒂蒙斯的创业机会评价框架

影响因素	主要指标
行业与市场	1. 市场容易识别，可以带来持续收入 2. 顾客可以接受产品或服务，愿意为此付费 3. 产品的附加价值高 4. 产品对市场的影响力高 5. 将要开发的产品生命长久 6. 项目所在的行业是新兴行业，竞争不完善 7. 市场规模大，销售潜力达到 1 000 万元到 10 亿元 8. 市场成长率在 30%～50%，甚至更高 9. 现有厂商的生产能力几乎完全饱和 10. 在五年内能占据市场的领导地位，达到 20%以上 11. 拥有低成本的供货商，具有成本优势
经济因素	1. 达到盈亏平衡点所需要的时间在 1.5～2 年以下 2. 盈亏平衡点不会逐渐提高 3. 投资回报率在 25%以上 4. 项目对资金的要求不是很大，能够获得融资 5. 销售额的年增长率高于 15% 6. 有良好的现金流量，能占到销售额的 20%～30%以上 7. 能获得持久的毛利，毛利率要达到 40%以上 8. 能获得持久的税后利润，税后利润率要超过 10% 9. 资产集中程度低 10. 运营资金不多，需求量是逐渐增加的 11. 研究开发工作对资金的要求不高
收获条件	1. 项目带来附加价值的具有较高的战略意义 2. 存在现有的或可预料的退出方式 3. 资本市场环境有利，可以实现资本的流动

续表

影响因素	主要指标
竞争优势	1. 固定成本和可变成本低 2. 对成本、价格和销售的控制较高 3. 已经获得或可以获得对专利所有权的保护 4. 竞争对手尚未觉醒，竞争较弱 5. 拥有专利或具有某种独占性 6. 拥有发展良好的网络关系，容易获得合同 7. 拥有杰出的关键人员和管理团队
管理团队	1. 创业者团队是一个优秀管理者的组合 2. 行业和技术经验达到了本行业内的最高水平 3. 管理团队的正直廉洁程度能达到最高水准 4. 管理团队知道自己缺乏哪方面的知识
致命缺陷	不存在任何致命缺陷
创业家的个人标准	1. 个人目标与创业活动相符合 2. 创业家可以做到在有限的风险下实现成功 3. 创业家能接受薪水减少等损失 4. 创业家渴望进行创业这种生活方式，而不只是为了赚大钱 5. 创业家可以承受适当的风险 6. 创业家在压力下状态依然良好
理想与现实的战略性差异	1. 理想与现实情况相吻合 2. 管理团队已经是最好的 3. 在客户服务管理方面有很好的服务理念 4. 所创办的事业顺应时代潮流 5. 所采取的技术具有突破性，不存在许多替代品或竞争对手 6. 具备灵活的适应能力，能快速地进行取舍 7. 始终在寻找新的机会 8. 定价与市场领先者几乎持平 9. 能够获得销售渠道，或已经拥有现成的网络 10. 能够允许失败

资料来源：姜彦福和邱琼（2004）

2. 蒂蒙斯创业机会评价体系的局限性

1）评价主体要求比较高

蒂蒙斯的创业机会评价指标体系是到目前为止最全面的评价指标体系，其主要是基于风险投资商的风险投资标准建立的，这与创业者的标准还是存在一定的差异。这些评价标准经常被风险投资家使用，创业家可以通过关注这些问题而受益。该评价体系运用，要求使用者具备敏锐的创业嗅觉、清晰的商业认知、丰富的管理经验和系统的行业信息，要求比较高。

2）蒂蒙斯指标体系维度有交叉重复问题

该指标体系的各维度划分不尽合理，存在交叉重叠现象。例如，在竞争优势、管理团队、创业家的个人标准和理想与现实的战略性差异这四个维度中，都存在“管理团队”的评价项目。维度划分标准不够统一。又如，行业与市场维度中的第 11 项“拥有低成本的供货商，具有成本优势”，与竞争优势维度中的第 1 项“固定成本和可变成本低”存在包含关系与重叠问题。这会直接影响使用者的评价难度和考量权重，在一定程度上影响了机会评价指标的有效性。

3）指标体系缺乏主次，定性定量混合，影响效度

蒂蒙斯指标体系另外一个比较明显的缺点是：指标多而全，主次不够清晰；其指标内容既有定性评价项目，又有定量评价项目，而且这些项目中有交叉现象。一方面，评价指标太多，使用不够简便。另一方面，在运用其对创业机会进行评价时，实际上难以做到对每个方面的指标进行准确量化并设置科学的权重，实践效果不够理想。

3.4.2　巴蒂的选择因素评价法

蒂蒙斯的机会评价模型虽然比较完整，但存在比较烦琐和主次不够清楚等缺陷。巴蒂的选择因素法（表 3-2）相对来说比较简洁，可以作为快速筛选的指标。该方法共 11 个问题，如果某个创业机会只对其中的六个或者六个以上问题做出了肯定回答，那么这个机会基本上就不是一个好机会。而如果对七个或者七个以上的问题做出了肯定的回答，那么这个机会就有一定的市场前景。

表 3-2　选择因素法

问题	问题
1. 这个创业机会现阶段只有你一个人发现	7. 产品是否属于一个高速成长的产品家族中的第一个成员
2. 初始的产品生产成本是否可以承受	8. 是否拥有一些现成的初始客户
3. 初始的市场开发成本是否可以接受	9. 是否可以预期产品的开发成本和开发周期
4. 产品是否具有高利润回报的潜力	10. 是否处于一个成长的行业
5. 是否可以预期产品投放市场和达到盈亏平衡点的时间	11. 金融界是否理解你的产品和顾客对它的需求
6. 潜在的市场是否巨大	

3.4.3　刘常勇教授的创业机会评价框架

国内的一些学者也提出了一些较为简单的创业机会评价框架。其中，刘常勇教授归纳的创业机会评价基本框架较有代表性。他认为创业机会评价主要围绕市场和回报两个层面开展，详见表 3-3。

表 3-3　创业机会评价

影响因素	主要指标
市场评价	1. 是否具有市场定位，专注于具体顾客需求，能为顾客带来价值 2. 依据波特五力模型进行创业机会的市场评价 3. 分析创业机会所面临的市场的规模大小 4. 评价创业机会的市场渗透力 5. 预测可能取得的市场占有率 6. 分析产品成本结构

续表

影响因素	主要指标
回报评价	1. 税后利润至少高于 5% 2. 达到盈亏平衡的时间应该低于两年 3. 投资回报率应高于 25% 4. 资本的需求量较低 5. 毛利率应该高于 40% 6. 能否创造新企业在市场上的战略价值 7. 资本市场的活跃程度 8. 退出和收获回报的难易程度

3.5 创业机会的开发

虽然创业机会识别对创业起着举足轻重的作用，但这是不够的，在发现机会和评价机会后，潜在的企业家一定会去开发机会。创业机会的开发阶段是对创业机会的进一步考察和分析，把一个一般的泛泛而谈的创意打造成一个较具体的商业概念的过程。在这个过程中旨在回答在什么情况下拥有独特价值的“市场/产品”组合能够真正走向成功。这一过程需要从三个方面入手：分析创业机会的核心特征，发现创业机会的支持要素，设计适宜于特定创业机会的商业模式。

3.5.1 分析创业机会的核心特征

创业机会的核心特征，包括创业机会的市场特征以及所需要的产品特性。在市场层面，创业者首先需要进一步考察当前的市场结构，也就是创业者要进入的行业在市场上的经营者状况、分销渠道、进入和退出环境、客户的数量、成本环境、客户需求对价格的敏感度等。在产品层面，创业者必须考察市场难以所需产品的独特性和难以模仿性，创业者的产品如果缺乏一定的独特性，并且和市场上已有的产品比较雷同，则难以吸引到潜在的顾客。

3.5.2 发现创业机会的支持要素

在很多情况下，虽然某个创业机会非常有价值，但是若创业者自身不愿意冒风险，或者由于创业者无法获得并整合足够的资源来实施创业活动，则该机会还是不能够成为真正的创业机会。故在这一阶段，创业者的分析要围绕创业机会的支持要素来展开，这些要素包括团队的契合程度和创业资源的独特性以及充裕程度等。

3.5.3 设计适合特定创业机会的商业模式

创业者还要就创业机会思考并设计商业模式。可以说，之前各个阶段的工作都必须在这一阶段得到系统的整理。创业者还必须推演出一系列可以量化的测算指标，得到未来在创业活动中可能实现的盈利效果。经过对创业机会的不断开发，创业者最终才能设计可行的商业模式，基本完成创业机会的识别过程。

3.6　商业模式的选择与创新

在机会识别阶段，创业者通过对产品和市场的可行性分析，基本明确了具有市场潜力的产品和服务，对市场所需要的产品和服务的品质和特征有了较为清晰的认识。但是，这并不意味着机会是识别过程的结束，将机会转化为创意，将创意转化为商业概念进行价值评价和真实测试是机会识别过程的重要活动。同时，对于那些具有构建“商业帝国”野心的创业者来说，还需要有商业扩张的蓝图。近几年，商业模式的实践和研究的成果有助于商业扩张蓝图的设计。商业模式设计应该是商业机会识别和论证工作的一部分，尽管创业者在机会识别阶段难以设计出完整的商业模式。

3.6.1　商业模式的概念

尽管“商业模式”（business mode）出现于 50 年代，但直到 90 年代才开始被广泛使用和传播。但是，由于研究的视角和目的不同，不同人对商业模式有着不同的理解和界定。

Morris 等（2003）在考察众多商业模式定义的基础上，给商业模式下了一个整合定义：商业模式是一种简单的陈述，旨在说明企业如何对战略方向、运营结构和经济逻辑等方面一系列具有内部关联性的变量进行定位和整合，以便在特定的市场上建立竞争优势。Osterwalder 等（2005）在对众多概念进行比较研究的基础上指出，商业模式是一种建立在许多构成要素及其关系之上，用来说明特定企业商业逻辑的概念性工具。商业模式可用来说明企业如何通过创造顾客价值、建立内部结构，以及与伙伴形成网络关系来开拓市场、传递价值、创造关系资本、获得利润并维持现金流。

罗珉等（2005）认为，商业模式是一个组织在明确外部条件、内部资源和能力的前提下，用于整合组织本身、顾客、供应链伙伴、员工、股东或者利益相关者，进而获取超额利润的战略创新意图和可实现的结构体系以及制度安排的集合。叶郁和吴清烈（2005）认为，商业模式是指企业为客户提供价值，同时使企业和其他参与者又能分享利益的有机体系，它包括产品及服务流、信息流和资金流的结构，对不同商业参与者及其角色的描述，还包括不同商业参与者收益及其分配的划分。

尽管学术界对商业模式的概念有不同的解释，但是大家普遍认同了商业模式的核心是价值创造和传递的逻辑。由此可以认为，商业模式是指企业为客户创造并传递价值的基本逻辑，即企业在一定的价值链和价值网络中如何为客户提供产品和服务，并使企业自身获取利润的商业逻辑。如果进一步做些细化解释，商业模式是企业为实现客户价值的最大化和企业利润的最大化，把能使企业有效运行的各种要素整合起来，形成完整、高效、具有独特竞争力的运营系统，并通过提供产品和服务而使该系统持续实现盈利目标的整体解决方案。

3.6.2 商业模式的基本问题

在机会识别阶段，创业者通过对产品和市场的可行性分析，基本明确了具有市场潜力的产品和服务，对市场所需要的产品和服务的品质和特征有了较为清晰的认识。但是，这时对于企业如何通过这些产品和服务实现盈利，依然会模糊不清。为了理解创新的产品如何才能实现盈利，创业者迫切需要理清的基本问题主要包括：①建立什么样的产品价值链可以实现产品的商业化？②在这一价值链中，新企业将扮演什么角色？③还需要哪些合作伙伴的加入？他们将扮演什么角色？他们的获利点在哪里？④谁将向谁付费？为什么？或者说在即将建立的价值链中，顾客是谁？是否有足够多的顾客愿意加入？

以上问题都属于商业模式问题。曾担任过《哈佛商业评论》杂志副主编的玛格丽塔对商业模式有很多的关注和独到的见解。她认为，商业模式要回答一些基本的问题，即顾客是谁？顾客的价值为何？企业如何从所在的经营领域获利？企业以适当成本提供价值的经济逻辑是什么？

阿里巴巴是首家拥有超过 1 400 万个网商的电子商务网站，遍布 220 个国家和地区，成为全球商人销售产品、拓展市场及网络推广的首选网站。阿里巴巴谱写了中国电子商务发展史上的传奇。阿里巴巴十年的成长和蜕变主要取决于所开发的有效的盈利模式。阿里巴巴的利润主要来源于注册会员缴纳的会员费。其付费会员有两种类型：国际交易平台的会员和国内交易平台的会员。

1. 国际交易平台

国际交易平台是为国内外企业搭建的网上外贸社区，为国内出口型企业提供国际买家的采购信息，帮助其获得国际订单，同时向欲进入我国市场的国外企业提供有偿服务。

2. 国内交易平台

主要是为国内中小企业完成网上交易提供有偿服务，其中最突出的是信用评估服务。除了上述主要的收入来源外，阿里巴巴还推出了“搜索关键字竞价”的收费服务。

3.6.3 商业模式的基本构成要素

1. Osterwalder 商业模式构成要素

Osterwalder 等对一些有影响力的商业模式的论述进行了分析，得出了四个维度九个项目的商业模式构成，见表 3-4。

表 3-4　商业模式构成要素

维度	构成	描述
产品	价值主张	赋予企业的产品与服务以总体上的价值含义
顾客界面	目标顾客	企业愿意为之提供价值的顾客
	销售渠道	企业用以接触顾客的多种手段和方式
	客户关系	企业在其不同细分顾客之间所建立的各种联系
基础管理	价值配置	活动与资源的安排情形

续表

维度	构成	描述
基础管理	核心能力	用于贯彻执行商业模式的能力
	合作网络	企业与其他能够有效为其提供价值并促进价值商业化的企业通过合作协议所构建的网络
财务状态	成本结构	商业模式中采用的手段所产生的费用结果总计
	收益模式	企业通过多样化的收益流所赚取利润的方式

资料来源：Osterwalder 等（2005）

（1）价值主张。即公司通过其产品和服务能向消费者提供何种价值。表现为：标准化/个性化的产品/服务/解决方案、宽/窄的产品范围。

（2）目标客户。即公司经过市场划分后所瞄准的消费者群体。表现为：本地区/全国/国际、政府/企业/个体消费者、一般大众/多部门/细分市场。

（3）销售渠道。描绘公司用来接触、将价值传递为目标客户的各种途径。表现为：直接/间接、单一/多渠道。

（4）客户关系。阐明公司与其客户之间所建立的联系，主要是信息沟通反馈。表现为：交易型/关系型、直接关系/间接关系。

（5）价值配置。描述业务流程的安排和资源的配置。表现为：标准化/柔性生产系统、强/弱的研发部门、高/低效供应链管理。

（6）核心资源及能力。概述公司实施其商业模式所需要的资源和能力。表现为：技术/专利、品牌/成本/质量优势。

（7）合作网络。即公司同其他公司为有效提供价值而形成的合作关系网络。表现为：上下游伙伴、竞争/互补关系、联盟/非联盟。

（8）成本结构。即运用某一商业模式的货币描述。表现为：固定/流动成本比例、高/低经营杠杆。

（9）收入来源（或收益方式）。描述公司通过各种收入流来创造财务的途径。表现为：固定/灵活的价格、高/中/低利润率、高/中/低销售量、单一/多个/灵活渠道。

2. 九大要素间结构关系——商业模式画布（如何设计商业模式）

一个有效的商业模式不是九个要素的简单罗列，要素之间存在着有机的联系，我们可以用商业模式画布这一工具来描述，如图 3-1 所示。

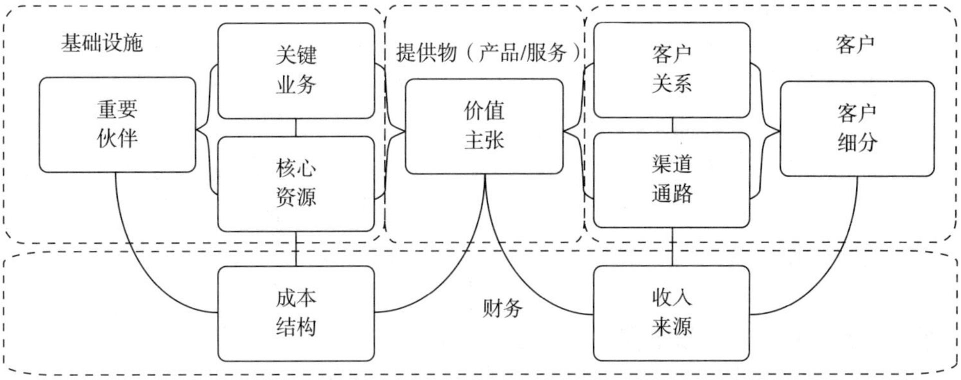

图 3-1 商业画布图

根据九大要素间的逻辑关系，商业模式的设计可以分四步进行：①价值创造收入。提出价值主张、寻找客户细分、打通渠道通路、建立客户关系。②价值创造需要基础设施。衡量核心资源及能力、设计关键业务、寻找重要伙伴。③基础设施引发成本。确定成本结构。④差额即利润。根据成本结构、调整收益方式。值得注意的是，因为客户关系决定于价值主张和渠道特性，核心能力和成本往往是关键业务确定后的结果，所以，九大要素中的客户关系、核心能力、成本三个要素难以形成商业模式创新。

对于创业者和新企业来说，上述商业模式的构成要素基本可以归纳为以下三个方面。

1）市场定位

企业想要取胜，就必须明确自身的定位。定位是企业战略选择的结果，也是商业模式体系中其他有机部分的起点。定位需要回答三个问题，即企业的业务是什么；目标客户是谁；需要向他们提供什么样特征的产品或服务。定位是在战略层面和执行层面建立更直接和具体的联系，即企业的定位直接体现在商业模式所需要实现的顾客价值上，强调的是商业模式构建的目的。

2）经营过程

过程是确保新企业的新定位确立、新目标创造、新角色扮演得以实现的一组结构与流程。新企业往往无法在创办初期就形成像既有企业那样复杂的价值链，但至少会形成一组能够支撑新企业市场定位的过程结构，只不过这种过程充满了不确定性。因此，新企业的经营过程可被视为关于在市场定位指引下以何种方式组织产品或服务的生产假设。

3）利润模式

商业模式最终要为企业带来盈利，因而利润作为商业模式架构中的基础环节，体现了企业在盈利性方面的假设。为了保证新企业成长所需要的稳定收益，商业模式需构建独特且稳定的利润模式，以促进新企业成长性与收益性保持与连贯。

3.6.4 商业模式的创新

商业模式创新，起源于 20 世纪 90 年代中期计算机互联网在商业世界的普及应用。互联网的出现改变了基本的商业竞争环境和经济规则，使大量新的商业实践成为可能，一批基于它的新型企业应运而生。到 2000 年前后，商业模式作为人们最初用来描述数字经济时代新商业现象的一个关键词，这时它的应用已不仅仅局限于互联网产业领域，而且被扩展到了其他产业领域。

随着 2001 年互联网泡沫的破裂，许多基于互联网的企业虽然可能有很好的技术，但由于缺乏良好的商业模式而破产倒闭。而另一些尽管它们的技术最初可能不是最好的，但由于好的商业模式，依然保持很好的发展。于是，商业模式的重要性得到了更充分的认识。人们认识到，在全球化浪潮冲击、技术变革加快及商业环境变得更加不确定的时代，决定企业成败最重要的因素，不是技术，而是它的商业模式。2003 年前后，创新并设计出好的商业模式，成了商业界关注新的焦点，商业模式创新开始引起人们普遍重视，商业模式创新被认为能带来战略性的竞争优势，是新时期企业应该具备的关键能力。商业模式创新兴起，在全球商业界，更引起前所未有的重视。

据有关机构 2006 年就创新问题对国际商业机器公司（international business machines

corporation，IBM）在全球 765 个公司和部门经理的调查表明，他们中已有近 1/3 把商业模式创新放在最优先的地位，而且相对于产品和工艺创新来说，商业模式创新在 2000～2005 年的五年中更为有效地促进了 IBM 的利润增长，比竞争对手更出色。

商业模式创新是指企业价值创造提供基本逻辑的创新变化，它既可能包括多个商业模式构成要素的变化，也可能包括要素间关系或者动力机制的变化。通俗地说，商业模式创新就是指企业以新的有效方式赚钱。

1. 商业模式创新的构成条件

由于商业模式构成要素的具体形态表现、相互间关系及作用机制的组合几乎是无限的，商业模式创新企业也有无数种。但可以通过对典型商业模式创新企业的案例考察，看出商业模式创新的三个构成条件。

商业模式创新企业几个共同特征，或者说构成商业模式创新的必要条件如下。

（1）提供全新的产品或服务、开创新的产业领域，或以前所未有的方式提供已有的产品或服务。例如，Grameen Bank 面向穷人提供的小额贷款产品服务，开辟全新的产业领域，是前所未有的。亚马逊卖的书和其他零售书店没什么不同，但它卖的方式全然不同。西南航空提供的也是航空服务，但它提供的方式，也不同于已有的全服务航空公司。

（2）其商业模式至少有多个要素明显不同于其他企业，而非少量的差异。例如，Grameen Bank 不同于传统商业银行，主要以贫穷妇女为主要目标客户、贷款额度小、不需要担保和抵押等。亚马逊相比传统书店，其产品选择范围广、通过网络销售、在仓库配货运送等。西南航空也在多方面，如提供点对点基本航空服务、不设头等舱、只使用一种机型、利用大城市不拥挤机场等，不同于其他航空公司。

（3）有良好的业绩表现，体现在成本、盈利能力、独特竞争优势等方面。例如，Grameen Bank 虽然不以盈利为主要目的，但它一直是盈利的。亚马逊在一些传统绩效指标方面良好的表现，也表明了它商业模式的优势，如短短几年就成为世界上最大的书店。数倍于竞争对手的存货周转速度给它带来独特的优势，消费者购物用信用卡支付时，通常在 24 小时内到账，而亚马逊付给供货商的时间通常是收货后的 45 天，这意味它可以利用客户的钱长达一个半月。西南航空公司的利润率连续多年高于其全服务模式的同行。如今，美国、欧洲、加拿大等国内中短途民用航空市场，一半已逐步为像西南航空那样采用低成本商业模式的航空公司占据。

2. 商业模式创新的特点[①]

创新概念可追溯到熊彼特，他提出创新是指把一种新的生产要素和生产条件的“新结合”引入生产体系。具体有五种形态，即开发出新产品、推出新的生产方法、开辟新市场、获得新原料来源、采用新的产业组织形态。相对于这些传统的创新类型，商业模式创新有几个明显的特点。

（1）商业模式创新更注重从客户的角度，从根本上思考设计企业的行为，视角更为外向和开放，更多注重和涉及企业经济方面的因素。商业模式创新的出发点是如何从根

① 乔为国：《商业模式创新兴起缘由、含义与特点》，国际产业经济研究室，2009 年 5 月。

本上为客户创造增加的价值。因此，它逻辑思考的起点是客户的需求，根据客户需求考虑如何有效满足它，这点明显不同于许多技术创新。用一种技术可能有多种用途，技术创新的视角，常是从技术特性与功能出发，看它能用来干什么，去找它潜在的市场用途。商业模式创新即使涉及技术，也多是与技术所蕴涵的经济价值及经济可行性有关，而不是纯粹的技术特性。

（2）商业模式创新表现得更为系统和根本，它不是单一因素的变化。它常常涉及商业模式多个要素同时大的变化，需要企业组织的较大战略调整，是一种集成创新。商业模式创新往往伴随产品、工艺或者组织的创新，反之，则未必足以构成商业模式创新。如开发出新产品或者新的生产工艺，就是通常认为的技术创新。技术创新，通常是对有形实物产品的生产来说的。但如今是服务为主导的时代，例如，美国 2006 年服务业比重高达 68.1%，对传统制造企业来说，服务也远比以前重要。因此，商业模式创新也常体现为服务创新，表现为服务内容和方式，以及组织形态等多方面的创新变化。

（3）从绩效表现看，商业模式创新如果提供全新的产品或服务，那么它可能开创了一个全新的可盈利产业领域，即便提供已有的产品或服务，也更能给企业带来更持久的盈利能力与更大的竞争优势。传统的创新形态，能带来企业局部内部效率的提高、成本降低，而且它容易被其他企业在较短期时期模仿。商业模式创新，虽然也表现为企业效率提高、成本降低，由于它更为系统和根本，涉及多个要素的同时变化，它也更难以被竞争者模仿，常给企业带来战略性的竞争优势，而且优势常可以持续数年。

3. 商业模式创新的四种方法①

商业模式创新就是对企业以上的基本经营方法进行变革。一般而言，有四种方法：改变收入模式（revenue model innovation）、改变企业模式（enterprise model）、改变产业模式（industry model innovation）和改变技术模式（technology-driven innovation）。

（1）第一种方法是改变收入模式。改变收入模式就是改变一个企业的用户价值定义和相应的利润方程或收入模型。这就需要企业从确定用户的新需求入手。这并非是市场营销范畴中的寻找用户新需求，而是从更宏观的层面重新定义用户需求，即去深刻理解用户购买的产品需要完成的任务或要实现的目标是什么（consumer's job-to-be-done）。其实，用户要完成一项任务需要的不仅是产品，而是一个解决方案（solution）。一旦确认了此解决方案，也就确定了新的用户价值定义，并可依次进行商业模式创新。

国际知名电钻企业喜利得公司（Hilti）就从此角度找到用户新需求，并重新确认用户价值定义。喜利得一直以向建筑行业提供各类高端工业电钻著称，但近年来，全球激烈竞争使电钻成为低利标准产品（commodity）。于是，喜利得通过专注于用户所需要完成的工作，意识到它们真正需要的不是电钻，而是在正确的时间和地点获得处于最佳状态的电钻。然而，用户缺乏对大量复杂电钻的综合管理能力，经常造成工期延误。因此，喜利得随即改动它的用户价值定义，不再出售而出租电钻，并向用户提供电钻的库存、维修和保养等综合管理服务。为提供此用户价值定义，喜利得公司变革

① 尹一丁：《商业模式创新的四种方法》，《销售与管理》，2012 年第 8 期，第 106-107 页。

其商业模式，从硬件制造商变为服务提供商，并把制造向第三方转移，同时改变盈利模式。戴尔、沃尔玛、道康宁（Dow Corning）、Zara、Netflix 和 Ryanair 等都是如此而进行商业模式创新。

（2）第二种方法是改变企业模式。改变企业模式就是改变一个企业在产业链的位置和充当的角色，也就是说，改变其价值定义中 “造”和“买”（make or buy）的搭配，一部分由自身创造（make），其他由合作者提供（buy）。一般而言，企业的这种变化是通过垂直整合策略（vertical integration）或出售及外包（outsourcing）来实现。例如，谷歌在意识到大众对信息的获得已从桌面平台向移动平台转移，自身仅作为桌面平台搜索引擎会逐渐丧失竞争力，就实施垂直整合，大手笔收购摩托罗拉手机和安卓移动平台操作系统，进入移动平台领域，从而改变了自己在产业链中的位置及商业模式，由软变硬。IBM 也是如此。它在 20 世纪 90 年代初期意识到个人电脑产业无利可寻，即出售此业务，并进入 IT 服务和咨询业，同时扩展它的软件部门，一举改变了它在产业链中的位置和它原有的商业模式，由硬变软。甲骨文（Oracle）、礼来（Eli Lilly）、香港利丰和即将推出智能手机的 Facebook 等都是采取这种思路进行商业模式创新。

（3）第三种方法是改变产业模式。改变产业模式是最激进的一种商业模式创新，它要求一个企业重新定义本产业，进入或创造一个新产业。如 IBM 通过推动智能星球计划（smart planet initiative）和云计算。它重新整合资源，进入新领域并创造新产业，如商业运营外包服务（business process outsourcing）和综合商业变革服务（business tansformation services）等，力求成为企业总体商务运作的大管家。亚马逊也是如此。它正在进行的商业模式创新向产业链后方延伸，为各类商业用户提供如物流和信息技术管理的商务运作支持服务（business infrastructure services），并向它们开放自身的 20 个全球货物配发中心，并大力进入云计算领域，成为提供相关平台、软件和服务的领袖。其他如高盛（Goldman Sachs）、富士（Fuji）和印度大企业集团 Bharti Airtel 等都在进行这类的商业模式创新。

（4）第四种方法是改变技术模式。正如产品创新往往是商业模式创新的最主要驱动力，技术变革也是如此。企业可以通过引进激进型技术来主导自身的商业模式创新，如当年众多企业利用互联网进行商业模式创新。如今，最具潜力的技术是云计算，它能提供诸多崭新的用户价值，从而提供企业进行商业模式创新的契机。另一项重大的技术革新是 3-D 打印技术。如果一旦成熟并能商业化，它将帮助诸多企业进行深度商业模式创新。例如，汽车企业可用此技术替代传统生产线来打印零件，甚至可采用戴尔的直销模式，让用户在网上订货，并在靠近用户的场所将所需汽车打印出来！

当然，无论采取何种方式，商业模式创新需要企业对自身的经营方式、用户需求、产业特征及宏观技术环境具有深刻的理解和洞察力。这才是成功进行商业模式创新的前提条件，也是最困难之处。

本章小结

创业活动开始于机会的识别。机会的识别是一个动态的过程，在这个过程中，包括机会的搜索和发现、机会的评价、机会的开发以及最后对机会进行系统的谋划，形成独特的商业模式。机会本身是客观现象，但是确认创业机会是一个主观过程。由于创业机会的选择和探索新事物的结果是不确定的，创业决策不可能是一个最优化的过程。成功地发现并利用创业机会是由机会本身的特性和企业家所拥有的创业信息与认知能力共同决定的。

创业机会的识别过程是不断地进行选择优化的过程，为了提高机会开发和利用的成功性，新创企业还应该考虑设计企业的商业模式，尽管许多新创企业并没有系统的商业模式。

复习思考题

1. 创业机会具有哪些特性?
2. 创业机会是被创造还是被发现的?
3. 哪些因素会影响创业机会的识别?
4. 如何对创业机会进行评估?
5. 商业模式的基本问题有哪些?

推荐阅读资料

Ardichvili A，Cardozo R，Ray S. 2003. A theory of entrepreneurial opportunity identification and development，Journal of Business Venturing，18（2）：105-123.

Ardichvili 等将机会看成最初并未成型，但随着时间发展会完善的一系列动态现象，机会最初的表现形式为未精确定义的市场需求，或未充分使用的资源能力。前者站在预期顾客的角度来考虑，属于价值诉求；后者则是一种价值创造能力。随着市场需求和资源使用越来越明确，机会的形式也日渐成熟，逐步发展成为商业概念、商业模式以及完整的商业计划。伴随着机会从简单概念到复杂详尽计划过程，创业者需要连续不断的主动开发机会。但机会开发与识别是不一样的。

参考文献

陈忠卫，史振兴. 2010. 创业机会的识别与开发研究——以微软与谷歌的案例比较. 管理案例研究与评论，3（4）：273-284.

姜彦福，邱琼. 2004. 创业机会评价重要指标序列的实证研究. 科学学研究，（1）：62-63.

罗珉，曾涛，周思伟. 2005. 企业商业模式创新：基于租金理论的解释. 中国工业经济，（7）：73-81.

彭俊，高萍萍. 2012. 商业模式创新浅析. 经济论坛，10：155-157.

王朝云. 2010. 创业机会的内涵和外延辨析. 外国经济与管理，32（6）：23-30.

叶郁，吴清烈. 2005. 移动电子商务的商务模式. 现代管理科学，（10）：65-66.

张玉利，陈寒松. 2008. 创业管理. 北京：机械工业出版社.

Ardichvili A，Cardozo R，Ray S. 2003. A theory of entrepreneurial opportunity identification and development.

Journal of Business venturing，18（1）：105-123.

Casson M. 1982. The entrepreneurship：An Economic Theory. Totowa：Barnes & Noble Books.

Kirzner I M. 1973. Competition and Entrepreneurship. Chicago：University of Chicago Press.

Kirzner I M. 1997. Entrepreneurial discovery and the competitive market process：an Austrian approach. Journal of Economic Literature，35（2）：60-85.

Morris M，Schindehutte M，Allen J. 2003. The entrepreneur’s business model：toward a unified perspective. Journal of Business Research，58（1）：726-735.

Osterwalder A，Pigneur Y，Tucci C L. 2005. Clarifying business models：origins，present，and future of the concept. Communications of the Information Systems，15（5）：1-251.

Schumpeter J. 1934. Capitalism & Socialism，and Democracy. New York：Harper & Row.

Shane S，Venkatarman S. 2000. The promise of entrepreneurship as a field of research. Academy of Management Review，25（1）：217-226

Timmons J A. 1999. New Venture Creation：Entrepreneurship for the 21st Century. 5th ed. New York：McGraw-Hill.

第4章 资源配置

学习目标：

1. 掌握融资渠道和融资成本的计算。
2. 了解新创企业财务报表分析的步骤。
3. 了解盈余平衡分析的作用。
4. 了解比率分析的目标。
5. 了解公开发行上市的流程。
6. 了解招股说明书的内容。
7. 熟悉相关知识产权法。
8. 掌握现金、存货、应收账款的管理方法。

引导案例

The Muse 的资金募集

在全球范围内，女性开办小企业都受制于资本缺乏。国务卿希拉里·克林顿（Hillary Clinton）在一系列演讲中都提到这个问题，很多组织在努力帮助解决这个问题。2011 年 6 月埃温·玛瑞思·考夫曼基金会（Ewing Marion Kauffman Foundation）推动创新行动副总裁莱萨·米切尔（Lesa Mitchell）对《纽约时报》表示："（妇女）由于缺乏融资途径，筹集的资金比男性少 70%。"

2011 年春夏季，The Muse 联合创始人和 Inc 评选出的"科技界值得关注的 15 位女性"之一凯瑟琳·明秀（Kathryn Minshew），一直在努力为 The Muse 筹集资金。The Muse 是关注女性就业者的招聘网站，当时每月增长率达到 30%，2012 年 6 月忠实的月活跃用户为 25 万。

她将她自己及另一位创始人——她在麦肯锡公司工作时认识的——和 The Muse 网站推荐给她能找到的所有风险投资家、天使投资者、熟人和朋友。该公司有坚实的基础、吸引人的故事和充满激情的团体，但融资却不顺利。

有一次，这位创始人通过电子邮件被引荐给一家风投公司的主管，该主管的助手给了回复。她表示："我们被明确告知，如果我们被以某种方式引荐给一位风投合伙人，并将我们转给助手处理，我们应该这样回复'非常感谢。我很想和你谈，但我现在埋头一项产品，我只能跟有决策能力的人谈'。"

她就如此写了一份回复邮件，在发送之前，她拿给五位也是企业创始人的五位男性朋友看，他们认为语气很合适。但她从该公司助手得到的回复却令人震惊。她表示："我遭到沉重打击，回复的语气是‘不要太自以为是，小女孩’，而且还出现了第二次。”当她将这个回复给其他男性创始人看时，他们对邮件的肆无忌惮感到惊讶。他们从未收到过任何用这种语气写的类似邮件，也无法理解回复邮件为何反应如此冷酷和生气。

寻求现金支持：在联系了超过200家VC后，The Muse最终从Y Combinator、500 Startups、Great Oaks Ventures以及其他投资者那里募集了120万美元。但与哪怕是筹集种子资金的其他公司相比，这也是耗时长、艰苦和近乎绝望的过程。在每个转折点，明秀都发现自己面临一个无法回避的事实，即她是一个女人，像很多同样为女性创业者一样，在筹集资金上有更多的阻碍。

明秀对诺亚·戴维斯表示：“当事情很难时，你就会认为对每个人都难。但去年经历的事，有一些情况下，不能忽视的是如果我是一个人情况会非常不同。”当努力筹资时，明秀不得不小心自己的态度。她称：“我在友好、冷静和柔和地进取上做得越自然，似乎就会做的越好。但要领导一家公司必须足够强硬，同时又不能太强硬以至于被其他人视为坏人，这很难平衡。”

资料来源：http: //tech.qq.com/a/20130310/000006.htm

未雨绸缪——钱在哪里?

创业者从哪里得到资金去实现他们的梦想？资金的来源多种多样，对沃特·迪斯尼来说，在其创业过程中资金来源于多种渠道。迪斯尼在漫画事业刚刚起步时创办了自己的公司——娱乐游戏电影有限公司。为了筹集资金，他不光为当地报纸制造广告插图，而且也向许多当地居民出售公司股份。利用这样得到的15 000美元资金，他制作了两个家喻户晓的卡通短剧。但是由于没有获得任何报酬，公司破产了。通过为报纸拍摄新闻照片，迪斯尼又积累了一笔资金，开始向好莱坞进发。由于以前作品显示了他的才华，自己的魅力以及过去签下的合同，迪斯尼获得了新的资金支持，一位客户同意出资生产几部有关爱丽丝奇遇的短剧。但是，随后迪斯尼的娱乐游戏公司还是经历了多次兴衰起伏。思想被剽窃，追求更高的艺术效果带来的成本增加，第二次世界大战的爆发完全摧毁了原本可以盈利的欧洲市场，负债增长、资金不足等。1940年4月，迪斯尼公司发行了755 000分普通股和优先股，募集了将近800万美元的资金，再一次拯救了公司。

但是，上市并不是迪斯尼公司的最终归宿。怀有对卡通和电影前景未来发展的忧虑，沃特·迪斯尼有了另一个梦想——娱乐公园。在被董事会和银行家否决了对其资金支持后，沃特·迪斯尼转向另一个融资渠道——电视。迪斯尼与ABC公司组建了一家很小的广播公司，作为合作方对公园投资500万美元的回报，迪斯尼同意将米老鼠搬上电视屏幕。从那以后，这给ABC公司、迪斯尼公司乃至美国社会都带来了日新月异的变化。

沃特·迪斯尼的创业生涯自始至终面临着一个关键的问题，就是保证企业的营运资金。尽管这是一个贯穿创业过程始终的问题，但融资问题在企业的起步阶段更加突出。对创业者来说，就偿付利息及丧失公司所有权而言，新创企业能够凭借内部资金经营的时间越久，融资成本就越低。如果公司考虑在经营三年以后融资，凭借销售收入和利润的业绩，往往可以更低的成本，如10%就可以发行证券；相反，在公司早期，同样的融资数量，可能就要让出30%的所有者权益。因为，就资金的提供者来说，潜在的投资机会需要有适当的风险/收益比例，涉及的风险越大，期望的收益越高。投资者或者对给定的风险追求收益的最大化，或者对给定的收益追求风险的最小化。本章将介绍一些常规的融资渠道，以及通过这些渠道获得资金需要满足的条件。像沃特·迪斯尼那样，一般来说，不同的融资渠道适用于企业发展的不同阶段。

资料来源：郁义鸿等（2000）

4.1 女性创业融资

4.1.1 女性创业融资困境

资金是企业运营的血液，没有资金的支持，企业就无法生存与发展，随时面临倒闭的危险。创业过程的每一个环节，每一个阶段都需要足够的资金支持。然而，由于创业活动的高风险性和不确定性，资金需求者与投资者之间的信息不对称，缺少甚至没有资产与可供参考的经营情况及融资规模相对较小等原因，与既有企业相比，创业企业在融资条件上具有明显的劣势（张玉利，2008），融资难度相对较大，这也是不少新创企业夭折的主要原因之一。

与男性创业者相比，女性创业者的融资困境更为显著，成为创业过程中最大的难题之一。女性创业融资难也是世界公认的难题。不少学者对此进行了研究。例如，Hisrich 和 Brush（1987）认为女性进行自我就业时，普遍缺乏金融资本等硬性资源。Aldrich 等（1989）普遍认为女性在金融资源获取方面也缺乏一些软性资源，如财务管理知识、金融、会计和如何获取创业资本的知识和经验、社会网络支持等人力和社会资本。Coleman（2000）发现女性在获得相同的贷款时，会被要求承担更高的利率和高附加条件。也有些学者则持不同的意见，认为正式金融机构对男性与女性的贷款条件没有显著的不同。Greene 等（1999）认为女性不能渗透到正式的金融网络。由于性别的刻板印象和歧视，女性创业家与银行家的关系遭受损害。Haynes 和 Helms（2000）、John（2003）和 Shelton（2006）等认为女性企业往往有更低的利润率和成长速率、更高的放弃和失败几率，主要原因在于在创业过程的所有环节中，女性具有更少的创业资源和创业知识、受到信用歧视等方面的创业障碍。学者们从金融、会计和如何获取创业资本的知识和经验、银行贷款、融资和担保、女性创业者等不同角度提出了一些对策建议，例如，Haynes 和 Helms（2000）主张女性创业家应该在财务领域接受更多的教育，应该对企业的财务需要有更多的了解，包括与钱打交道的各个方面、银行手续、贷款过程，以及如何与银行家交谈等，并强调在创业初期建立与本地银行关系的重要性。鉴于女性相对恶劣的金融环境，国内外一些文献呼吁在教育培训、信息技术、金融支持等方面出台支持女性创业的政策，并对特定的计划和政策做出评价。

面对融资困难，女性创业者首先应该具备创业融资的基础知识，做好融资准备工作，增强克服融资困难的信心，提高融资成功的几率。

4.1.2 女性创业融资需求

创业融资不是一次性融资，而是包括了整个创业过程的所有融资活动。女性创业者需了解企业在不同发展阶段的融资需求，结合创业计划及企业发展战略，合理确定资本结构与融资需求数量，合理匹配融资阶段、融资数量与融资渠道，才能有的放矢，走出融资困境。

在种子期，创业处于孕育阶段，需要资金投入开发研究、企业开办与项目启动，用于满足企业设立的注册资本要求，办理营业执照等证书的注册登记费，可行性调研费，租赁或购置、装修办公场所，通水通电，购置办公物资和器材及人员招聘培训等费用。在这一阶段，企业没有任何收入记录，资金来源有限，面临技术、市场、财务及团队不稳等风险因素。因此，企业很难获得外部资金，不得不主要依赖自我融资或亲戚朋友的支持。

在创业期，企业的资金需求量逐步增大，需要不断投入营运资金，维持企业正常运转，主要用于购置生产设备、存货、市场推广、产品开发与营销等。由于处于市场拓展阶段，资产规模小、缺乏盈利记录与融资担保能力，企业仍面临较大风险，很难从金融机构和投资机构获得足够的资金支持。此时，创业者应根据企业的实际修正商业计划书，完善企业战略规划，调整企业营销策略，规划未来销售收入与现金流。

在成长期，企业的资金需求猛增，收入不断增加，净现金流从成长期初期的负值到成长期中期出现正值，再到成长后期处于较好状态。随着企业规模的不断扩大，可用于担保的资产增加，有了初步的业务与盈利记录，形成较好的市场声誉，企业表现出高度的成长性，开始更多依赖金融中介的外源融资。但是，为了实现规模效益、扩大固定资产投资、扩大流动资金、增大营销投放、提高市场占有率，企业仍需要大量资金。

在进入稳定增长的成熟期，企业在产品生产、营销服务和内部管理方面已经成熟，业务记录和财务制度趋于完备，创业企业的管理与运作良好，风险显著下降，资金需求量稳定且融资比前期各阶段更加容易。这一阶段，尽管现金流能够满足现有业务的发展，但新的机会不断出现，企业仍需外部资金以实现高速增长，企业也逐渐具备进入公开市场发行有价证券的条件。随着公开市场可持续融资渠道的打通，创业资本逐渐退出，企业债务融资比重下降，股权融资比重上升，部分优秀的中小企业成长为大企业。

可见，企业创业在不同的发展阶段，表现出不同的融资需求特征，资金供需矛盾也伴随着创业的整个过程。随着新创企业生命周期的扩展，从种子期到成熟期资金需求量越来越大，而面临的风险则相对越来越小，融资也相对越来越容易。

4.1.3 女性创业融资方式

女性创业者根据创业企业的类型与不同发展阶段，在充分估计与预测资金需求量之后，需要了解创业融资方式，合理安排各项创业资金的融资比例。

创业融资方式可分为股权融资和债权融资，内源融资和外源融资，直接融资和间接融资以及长期融资和短期融资等。因为不同的融资方式有不同的特点，对企业有着不同的影响，所以创业者需要合理安排各种资金的比例。

股权融资也叫权益融资，是指创业者通过出让企业的股份获得资金的融资方式。股权融资需要创业者出让一部分股份给资金提供者，资金提供者成为企业的股东，按出资比例享有企业的控制权，参与企业的重大决策，承担企业的经营风险，一般不能从企业抽逃资金，其所获得的报酬随企业经营状况的变化而变化。债权融资是指创业者通过支付确定的利息获得资金使用权的融资方式。债权融资不仅需要创业者在约定的时间偿还本金，而且还要按一定的利率支付利息。资金提供者是企业的债权人，不与创业者共担风险、共享收益，没有企业经营的参与权，其所获得的利息一般是固定的，与企业经营的好坏无关。表 4-1 为股权融资与债权融资的比较。

表 4-1 股权融资与债权融资的比较

融资方式与渠道		优点	缺点	本金	报酬支付	风险承担	控制权
股权融资	自有	独享利润； 减少债务	资金有限； 可能损失自有资产； 个人付出较多； 资金机会成本高	不能抽逃，但可转让	不确定	按出资比例共同承担	分散
	亲友投资	可筹较多资金； 分散财务风险	需让出部分利润或股份； 运营管理可能会受到干扰				
	合伙人	宽松的资金来源 压力和制约少	私人关系破裂风险大； 增加企业运作的复杂性				
	天使投资	资金、专业知识和社会资源多； 投资程序简单	投资增长潜力巨大的企业； 一般投资于种子期				
	创业投资	资金量大； 管理经验丰富； 有利于获得贷款	考察严格，难度大； 只关注资本增值； 投资时间相对较晚				
	股票市场	可筹大量稳定资金； 分散财务风险； 降低经营风险	融资条件严格； 出让部分利润； 出让部分企业控制权				
债权融资	各种形式借款和债券发行	维护企业控制权； 可选择借款期限； 可节约自有资金； 利息在税前列支	初创企业借款十分困难； 必须按时还本付息； 承担盈利不足还息的风险； 泄漏财务和其他保密信息； 贷款人可能会附加限制条款，如提供担保品等； 债权人不承担经营风险	到期支付	确定	债权人不承担	集中

内源融资主要是指创业者自己通过原始积累或家庭、亲朋好友的支持和企业经营所产生的留存利润而取得资金的融资方式，一般无须花费融资费用；外源融资是指创业者通过向外部进行债权融资或股权融资而获得资金的融资方式，一般都需要花费融资费用。

直接融资是指创业者不经过银行等金融机构，直接与资金提供者协商借贷或采用发行股票、债券等形式筹集资金的融资方式。间接融资则是指创业者从银行等金融机构借款的融资活动，不直接向真正的资金所有人融资，银行等金融机构发挥金融中介的作用，通过吸收存款聚集社会资金，再将其提供给资金的需求者。

长期融资是指期限在一年以上的融资活动，一般包括各种股权融资、中长期借款和中长期债券等债权融资。短期融资是指期限在一年（含）以内的融资活动，包括短期借款、短期债券和短期票据等。

4.1.4　创业融资渠道

创业融资渠道主要有创业者的自有资金、亲戚朋友借贷或投资、天使投资者的资金、创业风险投资机构的资金、银行等金融机构贷款、国家和地方或企业的支持资金以及租赁融资、典当融资、补偿贸易融资、代理权融资、债券和股票融资等。

1. 创业者的自有资金

创业者的自有资金永远是创业资金的第一来源和主要组成部分。研究发现，近 70% 的创业者依靠自有资金为新企业提供全部或大部分资金。图 4-1 是美国《有限公司》杂志调查的 500 强企业（Inc.500）的创业融资主要渠道。

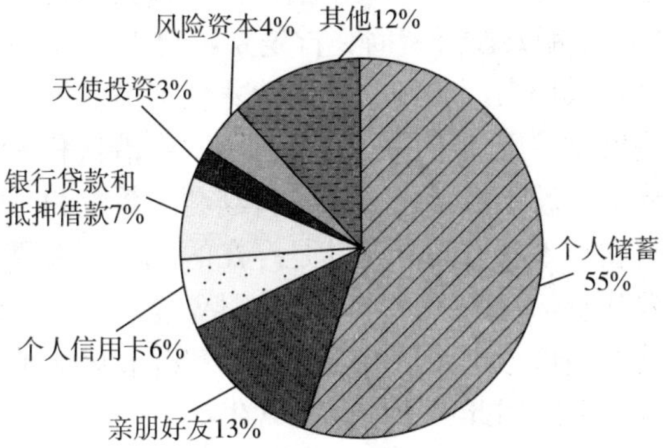

图 4-1　创业融资的主要渠道

资料来源：毕海德（2004）

女性创业者将自有资金投入新创企业的启动与营运中，这部分资金具有可得性强、融资成本低和使用时间长的优势。一般的，投入新创企业的自有资金越多，创业者持有的企业股份就越多，待创业成功后，获得的创业回报就越大。创业者在创业的过程中投入自有资金，这本身就是一种积极的信号和有效的承诺。这种行为告诉其他投资者，创业者对自己认定的商业机会十分自信，对创业成功充满信心，并会谨慎地使用新创企业的每一分钱，会有更大的压力与动力投入全部精力管理企业，与投资者共同承担创业成败的风险，这些积极的暗示会增加其他投资者对新创企业投资的可能性，适度缓解创业融资难的问题。因为创业者的自有资金对于新创企业，特别对规模较大的新创企业来说是十分有限的，需要创业者从其他渠道进行融资。

2. 亲朋好友借款或投资

向亲朋好友融资是创业融资的第二种来源。因为专业的投资机构往往出于对投资项目高风险和高回报的考虑而只对那些有可能高速成长的企业贷款或投资，创业初期创业者缺乏正规融资的抵押资产，缺乏社会筹资的信誉和业绩，因而能够获得专业机构贷款和投资的创业者为数非常有限，绝大多数的创业者靠私人借贷开始最初的创业。当创业者自有资金不足时，最容易想到的便是寻求家人、亲戚或朋友的资金支持。由于亲朋好友与创业者的个人关系密切，对于创业者本人和创业项目比较熟悉，信息较为透明，愿意给予创业者借款或投资创业企业，创业者也容易得到低成本的创业资金。这种非正规的民间借贷是十分常见并有效的融资渠道。创业者往往承诺在有能力的时候还钱，在某些情况下，亲朋好友也会要求创业者打借条并可能要求支付利息，或者出售企业的股份。

亲朋好友借款或投资具有容易、快速、灵活和成本低，对创业者的自我激励与约束大等优点，但也有不利之处。一方面，相当多的创业者缺乏私人借款的能力和渠道，或者从亲朋好友处筹集的资金量有限通常难以满足创业企业的发展。另一方面，由于与创业者的特殊关系，借款或投资的亲朋好友往往会过多的参与创业管理，可能会与创业者产生一些矛盾而影响企业的正常运营。而且，企业内亲朋好友插手过多，也会使从外部聘用的企业员工产生不公平感和抵触心理，影响其工作效率。此外，如果创业者没有与亲朋好友约定好融资条件，如实告知创业项目、资金状况、经营情况、收入和风险等信息，未来容易与之产生利益分配矛盾，因不信任而导致关系紧张或破裂，甚至引起法律纠纷。因此，创业者在向亲朋好友融资时，首先要做到“亲兄弟，明算账”，必须明确资金的性质是借款还是投资采用书面契约和法律形式规范融资行为，保障各方权益，减少不必要的纠纷。如果是借款，则属于债权融资，要明确借款利率和还本付息计划；如果是投资，则属于股权融资，就不能承诺未来支付红利的数量和时间，就要共担风险和损益。其次要将创业的有利和不利方面，尤其是存在的风险，都要如实告知对方，即使在获得他们的支持后也要注意信息透明，尽可能地避免尴尬和不信任。此外，创业者在寻求亲朋好友的支持之前要谨慎考虑亲朋好友的财务状况和风险承受能力，特别需要考虑创业失败后的艰难困苦，不能因此而影响其正常生活。

3. 天使投资

天使投资是自由投资者或非正式机构对有创意的创业项目或小型初创企业进行的一次性的前期投资，以换取创业企业股权的投资形式。与其他融资渠道相比，天使投资是最早介入的外部资金，这是对不愿意投资早期项目的专业投资机构的一个重要补缺。

天使投资原是指富有的个人出资以帮助一些具有社会意义的文艺演出，后来被运用到经济领域。20 世纪 80 年代，新罕布什尔大学的风险投资中心首先使用“天使”一词来形容这类投资者。相当多的天使投资者是那些成功的创业企业家、创业投资家、企业的高管或高校科研机构的专业人员。他们不仅拥有一定的财富，而且还有经营理财的专业知识、技术特长或丰富的管理经验，对市场、技术有敏锐的洞察力，希望以自己的资金和经验帮助那些有创业精神和创业能力的志同道合者创业，以延续或完成他们的创业梦想，并获取回报。天使投资者直接向创业企业提供资金，进行权益投资，而且提供专业的知识和社会资源指导以帮助创业者，如经营理念、技术选择、人员选聘、下一步融资等。此外，天使投资对创业者的要求不像专业的风险投资机构那么苛刻，投资程序相对简单，短期内资金就可到位，因而更受创业者的欢迎。例如，Google 在初创阶段就得到 Sun 公司的共同创始人 Andy Bechtolsheim 的 10 万美元天使投资。

近年来，天使投资越来越受到社会的关注。天使投资者主要有对中国市场感兴趣的外国人和海外侨胞、跨国公司在华机构的高管、国内成功的“掘金者”或民营企业家等。例如，搜狐公司张朝阳创业时，MIT 斯隆管理学院的著名天使投资者爱德华 · 罗伯特教授和《数字化生存》的作者尼葛洛 · 庞迪等三人共提供了 22.5 万美元的天使投资；美籍华人赵燕西女士投资了徐少春先生创建的金蝶软件科技（深圳）有限公司；中星微电子获得了伯克利大学原校长田长霖教授的天使投资；等等，这些天使投资都取得了良好的投资回报。随着市场机制的完善，信用制度的建立以及个人财富的积累与增加，天使投资者越来越活跃，在促进创业活动方面发挥着越来越大的作用。

4. 创业风险投资

创业风险投资（venture capital），亦称风险投资或风险资本。根据 1973 年美国创业风险投资协会的定义，创业风险投资是由职业金融家投入新兴的、迅速发展的、有巨大潜力的企业中并参与其管理一种权益资本。经济合作与发展组织（Organization for Economic Co-operation and Development，OECD）认为，凡是以高技术与知识为基础，生产与经营技术密集的高技术或服务的投资，均可称为创业风险投资。1946 年第一家创业风险投资公司 ARD 公司在美国成立，20 世纪 70 年代后期风险投资迅速发展，尤其进入 90 年代后，创业风险投资在孵化创新型中小企业、加速科技成果向生产力转化、推动高新技术产业发展、优化资源配置、培育新的经济增长点等方面发挥巨大作用，带动了整个经济的繁荣与兴旺，被称为“经济增长的发动机”，因而越来越受到国际社会的重视。尽管各国对风险投资的界定有所不同，但其支持创业的本质是不变的。

创业风险投资是一种高风险的股权投资，投资于高增长潜力的未上市创业企业，通常占被投资企业股权的 15% ~ 20%。与其他股权融资不同，风险投资更看重企业发展的未来，投资持续时间较长，一般为 3 ~ 7 年，而且在此期间通常不断地对有成功希望的项目进行增资并且积极参与创业过程，将专业知识和管理经验投资于风险企业，主动控制高风险。创业风险投资的失败率一般高达 70% ~ 80%。但创业风险投资并不经营具体的产品，而是以整个创业企业为经营对象，即通过支持创建风险企业，并在风险企业成熟壮大后，通过转让持股权的方式实现风险资本的退出，获得资本增值，再进行下一次的投资和价值增值。因而，创业风险投资对投资项目和企业对象的要求与考察是所有融资方式中最为客观与严格的，包括市场前景、管理团队、财务分析、技术的先进性和成熟度、投资风险与回报等，其所接触的企业，只有 2% ~ 4%能最终获得融资。

虽然创业风险投资与天使投资都是对新兴的具有巨大增长潜力的企业进行权益投资。但是，与天使投资不同，创业风险投资主要是指机构投资者，其资金来自于外部的风险资金提供者，最初主要有富裕的家庭和个人，随着风险投资业的发展和政府的种种支持，风险投资吸引了许多机构投资者，包括企业、公司退休基金、公共退休基金、保险公司、金融机构、养老金、抚恤基金等，他们把资金交给创业风险投资机构，由专业经理人即风险投资家管理；而天使投资则是投资人个人的资金，并自己进行管理。另外，天使投资一般投资于企业早期或种子期，投资规模相对较小，决策快，通常是一次性投入；而创业风险投资的决策过程较长，投资时机相对较晚，投资规模较大，投资持续时间较长。当然，无论是选择天使投资还是创业风险投资，创业者要注意持有相对多数的企业股权比例，这样有利于发挥创业家的创业精神，创业成功的几率会比较大。

20 世纪 80 年代中期，我国才引进风险投资，风险投资的研究及实践有了较大发展。目前，我国主要有国有独资、政府参股、国内企业设立以及外国独资或合资四类风险投资机构。投资领域主要有互联网和教育培训、餐饮连锁、清洁技术、汽车后市场等传统项目。2011 年中国风险投资业呈现平均融资额走高、平均单个项目投资强度大幅提高、风险投资企业上市数量和融资规模萎缩三大特点，中国企业共获得了 60 亿美元的风险资本股权融资，同比增长了 8%，在依国别排名中位列第二[①]。受世界经济持续低迷，欧洲债务危机和中国经济增幅降低等因素的影响，据风险投资调研机构道琼斯 Venture Source 的数据，2012 年上半年，中国风险投资募资总额回落至 2009 年下半年以来的最低点，新募基金数同比下降 60.3%；新增资本量同比下降 77.1%；资本总额为 19 亿美元，同比下降 43%；投资笔数 103 笔，同比下降 38%；投资额保持相对稳定，为 1 150 万美元[②]。

5. 银行等金融机构贷款

向银行、信用社等金融机构借款是我国企业最常见的一种融资渠道，创业者可以通过银行等金融机构贷款补充创业资金的不足。但是，一般情况下，由于高信用风险，缺乏抵押资产、信誉和业绩记录，企业初创期的创业者很难获得银行等金融机构的贷款。创业者在有政府担保、资产抵押或企业处于快速发展期时，容易获得银行等金融机构的贷款。

为缓解中小企业融资难，促进创业与创新，我国商业银行等金融机构近年来陆续推出了个人经营类贷款、保全仓库贷款、无限责任担保贷款、动产和应收账款质押贷款、保付代理业务、联保贷款和小额信贷等贷款创新业务。女性创业者应密切关注银行等金融机构贷款信息和政策，选择最适合自己的机构贷款。

创业者向银行等金融机构申请贷款，需要提供贷款申请书、个人身份证明或企业营业执照、资本和收入状况、经营方案、担保及其他与借款用途和偿债能力相关的材料等。除此之外，还会向创业者提出一些问题进行贷前调查，以判断是否发放贷款。创业者要做好精心准备，让银行充分了解并信任自己的经营和能力。银行等金融机构在评估贷款时，通常采用“6C”原则分析借款人的信用，即品德资信（character），是指借款人的诚实守信或还款意愿，主要通过考察其过去的资信记录及面谈做出判断；经营能力（capacity），是指借款人所具有的法律地位、经营才能和偿债能力，主要通过审查其财务报表，预测现金流和经营业绩；资本（capital），是指借款人的总资产、总负债及其净值、资本结构等，考察借款人的财富积累；经营环境（condition），是指借款人的内部经

① 中投顾问：《2012～2016 年中国风险投资行业投资分析及前景预测报告》，2012 年。

② 风险投资调研机构：《中国风险投资脚步放缓》，http：//finance.ce.cn/rolling/201208/02/t20120802_16918761.shtml，2012 年 8 月 2 日。

营环境与外部经营环境，重点考察其在变动的环境下是否具有适应性、是否能保持经营的持续性和稳定性；担保物（collateral），是指借款人用做借款担保物的种类、质量、流动性和价值；借款人所从事事业的连续性（continuity），是指借款人生存与发展的连续性，主要预测企业产品的寿命周期和市场份额，考察企业的市场前景。

创业初期获得银行等金融机构的贷款较为困难，但并不意味着女性创业者不能得到金融机构的支持。创业者在申请贷款时，向金融机构提供多种形式、可靠的担保物，还可以向专业的信用担保机构申请创业担保，通过信用担保体系进行融资[①]，并尽可能将贷款期限控制一年以内，以减轻银行风险。此外，准备一份值得信赖、十分精细的创业计划，同贷款机构建立良好的业务关系也能大大增加获得贷款的机会。

6. 国家和地方及企业的创业支持资金

各级政府和一些社会团体或企业也是创业资金的重要来源。政府根据相关法律政策，对处于一定阶段的发展前景很好的，对相关领域有重大影响的创业项目直接提供资金支持。这些资金的规模不大，申请的条件与难易程度不一，使用成本通常较低。这类渠道主要有再就业小额担保贷款、科技型中小企业技术创新基金、中小企业国际市场开拓资金、青年创业小额贷款、妇女财政贴息小额担保贷款以及地方和企业资金等。

再就业小额担保贷款是指商业银行（含农村信用社）发放，由政府设立的专门担保机构或再就业专项担保基金提供担保，用于支持下岗失业人员、城镇其他登记失业人员、城镇复员转业退役军人及符合条件的高校毕业生等就业再就业的贷款，以及商业银行对新增就业岗位吸纳上述就业再就业人员达到一定比例的劳动密集型小企业发放的专项贷款。该政策从 2003 年年初陆续在全国推行。其用途限于符合贷款条件的就业再就业人员自谋职业、自主创业或其合伙经营实体及劳动密集型小企业的开办经费和流动资金。凡申请再就业小额担保贷款的个人或单位，须持劳动保障部门核发的《再就业优惠证》《失业证》，或军队核发的《军人复员证》，或《高等院校毕业证》，向商业银行提出申请，并填写《小额担保贷款申请审批表》。放款银行对借款人提供资料的真实性、资信状况、经营场所和项目等进行初审和调查，并由人力资源和社会保障部门备案。该类专项贷款额度一般为 2 万～5 万元妇女创业，有一定的规模的贷款额度可达 8 万元，最高不超过 30 万元，贷款期限最长 2 年。

科技型中小企业技术创新基金是 1999 年经国务院批准设立的，为扶持、促进科技型中小企业技术创新，用于支持科技型中小企业技术创新项目的政府专项基金，由科技部科技型中小企业技术创新基金管理中心实施。该创新基金的支持方式主要有：①贷款贴息，对已具有一定水平、规模和效益的创新项目采取财政贴息的方式支持其使用银行贷款，以扩大生产规模，一般按贷款额年利息的 50%～100%给予补贴，贴息总金额一般不超过 100 万元，个别重大项目不超过 200 万元；②无偿资助，主要用于中小企业技术创

① 信用担保体系主要是指企业在向银行融资的过程中，根据合同约定，由依法成立的担保机构以保证的方式为借款人提供担保，在借款人不能依约履行债务时，由担保机构承担约定的偿还责任，从而保证银行等金融机构债权实现的一种金融支持制度。目前，全世界已近一半的国家和地区建立了中小企业信用担保体系。

新中产品的研究、开发及中试阶段的必要补助，科研人员携带科技成果创办企业进行了成果转化的补助，资助额一般不超过 100 万元，个别重大项目不超过 200 万元；③资本金投入，主要针对少数起点高，具有较广创新内涵，较高创新水平并有后续创新潜力，预计投产后有较大市场，有望形成新兴产业的项目。

中小企业国际市场开拓资金是指中央财政设立的用于支持中小企业开拓国际市场各项业务的专项资金。申请该项目的中国中小企业必须是依法取得进出口经营资格的或依法办理对外贸易经营者备案登记的企业法人，上年度海关统计进出口额在 4 500 万美元以下，近三年在外经贸业务管理、财务管理、税收管理、外汇管理、海关管理等方面无违法、违规行为，具有从事国际市场开拓的专业人员，对开拓国际市场有明确的工作安排和市场开拓计划且未拖欠应缴还的财政性资金。该资金对境外展览会、企业管理体系认证、各类产品认证、境外专利申请、国际市场宣传推介、电子商务、境外广告和商标注册、国际市场考察、境外投（议）标、企业培训、境外收购技术和品牌等且支出不低于 1 万元的项目予以支持，支持金额原则上不超过项目支持内容所需金额的 50%，对中西部地区和东北老工业基地的中小企业的支持比例可提高到 70%①。

青年创业小额贷款项目是 2006 年 4 月起，由共青团中央、国家开发银行联合推出的专项贷款项目，其资金支持对象主要是全国 40 岁以下青年初次创业的小额贷款和 40 岁以下青年企业家二次创业的中小企业贷款。青年创业小额贷款每人单笔额度一般在 10 万元以内，最多不超过 100 万元；青年创办的中小企业贷款单户额度一般在 500 万元以下，最多不超过 3 000 万元；贷款期限一般不超过三年。对于纳入省、地（市）、县政府信用平台的项目，实行优惠利率。该项目在全国各地迅速推广开来，各地团组织纷纷与各商业银行合作开展城镇和农村青年、大学生创业小额贷款项目，创新担保方式，扶持青年创业。

妇女创业就业财政贴息小额担保贷款是为了帮助女性解决创业就业过程中遇到的资金瓶颈问题，鼓励妇女以创业带动就业，支持“三农”发展，2009 年 7 月 27 日，全国妇女联合会（简称妇联）联合财政部、中国人民银行、人力资源社会保障部发布了《关于完善小额担保贷款财政贴息政策，推动妇女创业就业工作的通知》，将妇联组织纳入下岗失业人员小额担保贷款（以下简称小额担保贷款）工作体系，在贷款覆盖面、贷款额度、贷款组织、奖补机制等方面都实现了新的突破：一是提高妇女小额担保贷款额度。经办金融机构对妇女个人新发放的小额担保贷款最高额度由 5 万元提高至 8 万元。对符合条件的妇女合伙经营和组织起来就业的，明确经办金融机构可将人均最高贷款额度提高至 10 万元；二是将小额担保贷款政策覆盖面由城镇失业人员和就业困难人员拓展至农村妇女。符合规定条件的农村妇女均可在自愿基础上，按规定程序向当地妇联组织或人力资源社会保障部门申请小额担保贷款；三是依托妇联组织开展妇女小额担保贷款工作。城镇和农村妇女均可按照自愿原则向当地妇联组织申请小额担保贷款。妇联组织负责农村妇女贷款申请登记和全程指导，调查借款人申请并出具贷款推荐意见，经人力资源社

---

① 中华人民共和国商务部和财政部：《中小企业国际市场开拓资金管理办法》，财企〔2010〕87 号，http://smeimdf.mofcom.gov.cn/news/view.jsp?id=256190，2010 年 7 月 31 日。

会保障部门审核后，提交经办担保机构和金融机构审核。

妇女创业就业财政贴息小额担保贷款的主要当事人有借款妇女、妇联组织、人力资源和社会保障部门、财政部门、担保部门、经办金融机构以及人民银行分支机构。在贷款申请环节，城镇妇女可自行选择向人力资源社会保障部门或妇联组织申请小额担保贷款，农村妇女向当地妇联组织提交贷款申请，人力资源社会保障部门对妇联组织受理的贷款申请进行审核；在贷款管理环节，各相关部门提供小额担保贷款“一条龙”服务。对人力资源社会保障部门审核通过的借款人，妇联组织推荐至担保机构和金融机构审核。担保机构审核通过后承诺提供担保，金融机构审核借款人贷款申请，审核通过后办理贷款手续；在经费保障环节，各级财政部门负责财政贴息资金、奖补资金和担保基金管理工作，确保资金及时到位和专款专用，给予妇联组织必要的工作经费保障。人民银行分支机构负责协调指导经办金融机构落实小额担保贷款政策和贷款的发放管理。在该项贷款中，妇联组织发挥总协调作用，负责组织开展政策宣传和贷前相关创业基础服务，负责妇女贷款登记工作，全程指导贷款申请，跟踪项目实施，帮助承贷妇女解决创业困难，并协助相关部门完成贷前服务、贷中管理和贷后核查及贷款回收工作。妇女财政贴息小额担保贷款体现了国家对创业就业工作和妇女发展权益的高度重视和大力支持，这一融资渠道在女性创业融资中发挥着无可替代的作用。

除上述创业资金外，全国各地许多地方都有一些创业优惠政策与创业扶持资金，如减免税费、租金，孵化基金等。一些有闲置资金的企业出于多方考虑也会直接对新创企业进行投资，或对技术成果转化提供资金支持，或设立创业投资机构或基金。一些企业与银行等金融机构合作推出特许免担保贷款业务，为创业者提供集体担保，合作金融机构向合格的申请人提供贷款，给予创业资金支持。还有企业通过推出免收加盟费、赠送设备或原材料、延期付款、赊销赊购等方式对创业者提供商业信用，供应链融资和商业信用虽然不是直接的资金支持，但对于创业者来说也是一种难得的融资渠道。创业者还可以向小额信贷公司申请贷款，这类机构的贷款程序较简单，但金额有限，利率较高。

7. 其他融资渠道

创业者的其他融资渠道主要有租赁融资、典当融资、补偿贸易融资、代理权融资、发行债券和股票融资等。

8. 创业融资需求与创业融资渠道的匹配

由于不同的融资方式与渠道所能提供的资金数量和要求的风险程度不同，女性创业者必须将融资需求与融资方式、融资渠道进行匹配，选择最恰当的融资方式与渠道，高效地开展创业融资工作。根据企业融资成长周期理论[①]，可以将企业融资周期划分为种子期、创立期、成长早期、成长中期、成长后期、成熟期和衰退期七个阶段，每个阶段的主要融资渠道及潜在风险如表4-2所示。

---

① 20世纪70年代,根据企业不同成长阶段融资的需求特征和渠道变化,Weston和 Brigham提出了企业金融成长周期理论。他们将企业融资周期划分为创立期、成长阶段I、成长阶段II、成长阶段III、成熟期和衰退期六个阶段,并对这六个阶段的融资渠道及潜在风险进行了详细讨论。

表 4-2　企业创业不同阶段的融资渠道与潜在风险

企业创业阶段	主要融资渠道	潜在风险
种子期	创业者、亲朋好友、战略伙伴和天使投资者	不确定性大
创立期	以上来源+创业投资、设备租赁、政府专项基金	低资本化
成长早期	以上来源+留存利润、商业信贷、银行短期贷款	存货过多、流动性风险
成长中期	以上来源+金融机构中长期贷款	存在融资缺口
成长后期	以上来源+证券市场融资	控制权分散
成熟期	以上全部来源	投资回报趋于平衡
衰退期	金融资源撤出，企业并购、股票回购和清盘等	投资回报率下降

资料来源：陈小红和吴运迪（2009）；王苏生和邓运盛（2006）

4.2　创业过程中的财务报表分析

财务报表是企业内部信息的来源，反映了企业在某一特定日期的财务状况和某一特定期间的经营成果与资金变动的情况，决策者在企业创立阶段应该通过财务报表分析获得准确有关经营情况的内部讯息，以做出正确的决策。

4.2.1　财务报表分析概述

财务报表中关键的一种报表是资产负债表，它反映了某个时点企业的财务总体状况。资产负债表满足下列会计恒等式：

资产=负债+所有者权益

资产负债表右边代表资金的来源，资金的来源可能是负债或是所有者权益。左边代表资金的用途，资金可以有各种形式的资产拥有，如货币资金、存货、应收及预付账款、固定资产等。资金的来源与资金的用途间有着密切的关系。例如，保险公司的主要资金来源是客户的保费，如果保险公司经营良好，信誉较高，客户的续约率很高，则客户一旦签订保险合同，就等于为保险公司提供了长期的资金来源，那么保险公司就可以长期投资，而没有短期变现的压力。而不好的资金搭配，是用短期资金来源投资于回收期较长的项目上，这样常常导致企业资金周转不灵，具有很大的风险。

另一个主要的报表是利润表，它为所有者提供了企业经营结果的信息，利润表中的净利代表了在特定期间内财富的增加；利润表中的净损则是特定期间内财富的减少。

现金流量表分析了企业已有现金和现金需求的状况。一个杰出的企业家深深懂得现金流量的重要性。通用电气前首席执行官杰克·韦尔奇（Jack Welch）曾宣称："如果您有三种可以依赖的度量方法，应该就是员工满意度、顾客满意度和现金进账。"具体的创业者的财务术语如表 4-3 所示。

表 4-3　创业者财务术语

名称	含义或内容
责权发生制	当营业活动造成所有者权益增加或减少时，承认有收入或有费用，而不一定有现金的流入或流出。例如，你在 4 月份收到 3 月份的 100 万元货款，在责权发生制下，这 100 万元应记作 3 月的收入（责权发生制是与收付实现制相对应的）
收付实现制	一种核算收入和费用的方法，不论收入和费用属于哪个会计期间，以收到或支付现金作为确认的依据
资产	企业所拥有的任何有价值的资源
负债	应偿还债权人的钱，可能是银行贷款、应付账款等
所有者权益	所有者在企业资产中享有的经济利益。在数量上等于企业全部资产减去全部负债后的余额
流动资产	现金和易于转换为现金的资产，如应收账款和存货，流动资产应大于流动负债
流动负债	一年内应偿还的债务
折旧	一定时期内为弥补固定资产损耗按照规定的固定资产折旧率提取的价值
销售成本	由一段时间的期初存货加原材料购买减去期末存货的差额决定，总销售收入减去销售成本即为利润
经营费用	在经营过程中发生除销售成本以外的所有费用如销售费用、管理费用和财务费用
净利润	特定时期总收入减去总支出的差额
资产负债表	反映企业在一定日期（通常为各会计期末）的财务状况（即资产、负债和业主权益的状况）的主要会计报表
现金流量表	反映现金收入和支出的会计报表
利润表	反映企业在一定会计期间经营成果的报表

4.2.2　新创企业财务报表分析

预算是创业者编制财务运营计划最有力的工具之一。经营预算是对一定时期的收入和支出进行预测，现金流预算是对一定时期的现金收入与支出进行预测。一般企业先编制经营预算，再以此基础编制现金流预算。另一类预算是资本预算，用于新创企业的长期投资决策。

1. 经营预算

创建经营预算的前提是进行销售预测，常用的方法是首先确定目前整个市场容量，然后依据市场需求情况预测未来的增长量，再确定我们新创企业期望达到的市场份额是多少，如初期市场渗透占有的百分比，可望达到多少万元，未来几个月或几年的增长如何？举例来说，李军是一家新创企业的老板，运用趋势分析的方法预测未来的销售量。

通过市场调查分析，李军认为未来市场每年的需求量将上升 30%，企业计划占领 10%的市场份额。按照淡季和旺季的销售额，李军先输入了上一年各期行业销售数据，然后按照 30%的增长率和 10%的市场份额预测下一年各期的销量，如表 4-4 所示。

表 4-4　20××年销售预测表　单位：万元

月份	1	2	3	4	5	6
上年同期销售额	2 200	2 100	2 500	2 150	2 650	2 400
×1.30×10%	286	273	325	279.5	344.5	312
月份	7	8	9	10	11	12
上年同期销售额	3 200	3 400	3 300	3 500	3 700	3 900
×1.30×10%	416	442	429	455	481	507

销售预测之后，就可以估计出支出预算。第一类支出是与产品有关的成本，主要是主营业务成本，包含了直接人工、直接材料、制造费用。直接人工，是指企业直接从事产品生产人员的工资及提取的福利费。直接材料，是指企业生产经营过程中实际消耗的原材料、辅助材料、备品配件、外购半成品、燃料、动力、包装物、低值易耗品的原价和运输、装卸、整理等费用。制造费用，是指各个基本生产车间和辅助生产车间为组织和管理生产所发生的费用和其他生产费用，如车间管理人员的工资及提取的福利费、车间房屋建筑物和机器设备的折旧费、租赁费、修理费、机物料消耗、水电费、办公费等。

另外，日常企业有三项费用支出，分别是管理费用、销售费用和财务费用。管理费用，是企业为组织和管理生产经营活动所发生的各种费用。包括企业管理部门及职工方面的费用、聘请中介机构的费用等。销售费用，是企业在销售产品、自制半成品和提供劳务等过程中发生的费用，包括由企业负担的包装费、运输费、广告费和销售部门人员工资、福利费等。财务费用，是企业在生产经营过程中为筹集资金而发生的各项费用。包括利息支出、汇兑净损失（有的企业如商品流通企业、保险企业进行单独核算，不包括在财务费用）、金融机构手续费，以及筹资发生的其他财务费用等。

在对前几年行业收入分析之后，李军认为他的企业总利润率将达到销售收入的20%，营业税金及附加、管理费用、销售费用和财务费用将各占销售收入的6%、3%、4%、2%，这样，产品的主营业务成本即为销售收入的65%。结果见表4-5。

表4-5　20××年利润表预测表　　单位：万元

月份	1	2	3	4	5	6	7	8	9	10	11	12
一、销售收入	286	273	325	279.5	345	312	416	442	429	455	481	507
减：销售成本	186	177	211	182	224	203	270	287	279	296	313	330
二、毛利	100	96	114	97.5	120.5	109	146	155	150	159	168	177
减：经营费用												
营业税金及附加	17	16	20	17	21	19	25	27	26	27	29	30
销售费用	9	8	10	8	10	9	12	13	13	14	14	15
管理费用	11	11	13	11	14	12	17	18	17	18	19	20
财务费用	6	5	7	6	7	6	8	9	9	9	10	10
三、营业利润	57	55	65	56	69	62	83	88	86	91	96	101
减：所得税	14	14	16	14	17	16	21	22	21	23	24	25
四、净利润	43	41	49	42	52	47	62	66	64	68	72	76

2. 现金流量预估表

创业者应该明白并不是所有企业的销售收入都是现金，为了扩大销售，大多数企业允许消费者赊账，这样，销售收入就不能等同于现金。经常会出现一个可以盈利的企业会因为现金的短缺而破产。因此，如果现金流量出现亏空，仅用利润这个指标来评估新创企业是否成功，可能会得出错误的结论。因此，创业者还要预测现金流量，以应对可能的面临的现金短缺（在现金支出大于现金流入的时候），或者进行短期投资、存入银行，以预防将来现金入不敷出的情况（在现金流入大于现金支出的时候）。表 4-6 揭示了上述例子中这家企业怎样准备现金流预算。

表 4-6 20××年现金流量预测表 单位：万元

月份	1	2	3	4	5	6	7	8	9	10	11	12
收入												
销售收入	172	278	304	298	319	325	374	432	434	445	471	497
支出												
设备	200	200	50	0	0	0	0	0	0	0	0	0
货物成本	167	197	225	206	238	228	284	312	309	322	341	360
销售费用	14	3	16	14	17	15	20	22	21	22	23	24
管理费用	7	6	8	6	8	7	10	10	10	11	11	12
财务费用	9	9	10	9	11	10	14	14	14	14	15	16
税金	5	4	6	5	6	5	6	7	7	7	8	8
支出合计	402	419	315	240	280	265	334	365	361	376	398	420
净现金流量	（230）	（141）	（11）	58	39	61	40	67	74	69	73	77
期初现金	270	40	（101）	（112）	（54）	（15）	45	86	152	226	295	368
期末现金	40	（101）	（112）	（54）	（15）	45	86	152	226	295	368	445

注：括号中数字代表现金净流量是负值

李军在对销售数据和收款情况分析的基础上，估计每月销售收入的 60%是以现金支付的，剩下的 40%则将延期一个月收款。另外，估计 80%的购买支出将在购买月份用现金支付，剩下的 20%则可在下一个月里付款。此外，还应考虑维持存货水平的材料费用的支出（维持当期销售成本 10%的水平作为存货）。李军还估计了销售费用、管理费用和财务费用在各期的现金支出。新创企业还要有原始的资金投入用于购买设备，假设第一年到第三年分别为 200 万元、200 万元和 50 万元。为维持初创时期的经营，该企业从银行借款 200 万元，创业者的个人积蓄投入 70 万元。

3. 资产负债预测表

在编制了利润预测表和现金流量预测表后，创业者也应编制预计的资产负债表。资产负债预测表反映了企业经营的第一年的年末创业者的资产、负债和财产净值，如表 4-7 所示。

表 4-7　20××年资产负债预测表　　单位：万元

项目	金额
资产：	
流动资产	
现金	445
应收账款	253
存货	60
其他	30
流动资产总额	788
固定资产	
设备	450
减：折旧	40
固定资产总额	410
资产总额	1 198
负债及所有者权益：	
流动负债	
应付账款	66
流动资产总额	66
长期负债	
长期借款	
负债总额	0
所有者权益	
股本	450
未分配利润	682
所有者权益总额	1 132
负债及所有者权益总额	1 198

4.2.3　盈亏平衡分析

通常，新创企业需要明确在一个特定的销售价格下出售多少单位的产品才能使盈亏平衡。盈亏平衡分析就是这样一种工具。通过盈亏平衡分析得出的盈亏平衡点就是企业既不盈利也不亏损的销售额度。

一般说来，企业收入=成本+利润，如果利润为零，则有收入=成本=固定成本+变动成本，而收入=销售量×价格，变动成本=单位变动成本×销售量，这样由销售量×价格=固定成本+单位变动成本×销售量，可以推导出盈亏平衡点的计算公式为

$$P \times Q = \mathrm{VC} \times Q + \mathrm{FC} \tag{4-1}$$

得出

$$\mathrm{FC} = (P - \mathrm{VC}) \times Q \tag{4-2}$$

其中，P 为产品销售价格；VC 为单件变动成本；FC 为固定成本总额；Q 为销售数量。得出盈亏平衡点为

$$Q=\frac{\mathrm{FC}}{P-\mathrm{VC}} \tag{4-3}$$

由推导公式可知，只要销售价格 P 大于单位变动成本 VC，每一单位的销售就能冲销部分固定成本，随着销售量的增加，全部固定成本就将全部被补偿，此时，企业就达到了盈亏平衡。

举个例子来说，如果有一家新创企业，其固定成本为 200 万元，单位可变成本为 10 元，销售价格为 20 元，那么，该公司的盈亏平衡点计算如下：

$$Q=\frac{\mathrm{FC}}{P-\mathrm{VC}}=\frac{2\,000\,000}{200-100}=\frac{2\,000\,000}{100} \tag{4-4}$$
$$=2\,000$$

超过 20 000 个单位的产品售出将为企业赢得 100 元的单位利润，以弥补固定成本的支出，而低于 20 000 个单位时，公司就将亏损。

图 4-2 提供了对此结果的图表解释。此外，创业者还可以考察一些变量发生变化（如销售价格、固定成本或可变成本）对盈亏平衡点和利润产生的影响。

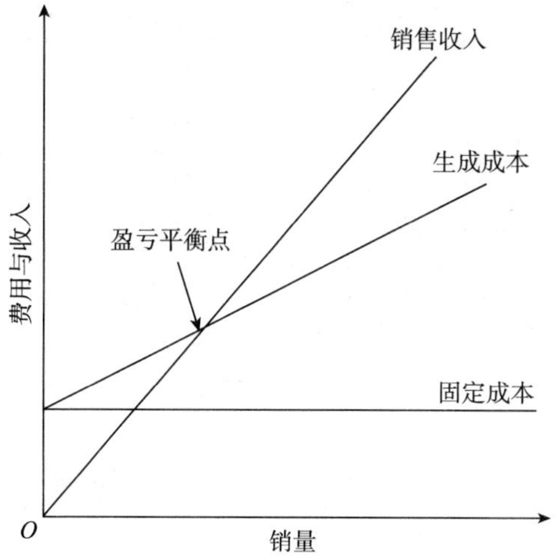

图 4-2　盈亏平衡分析图

4.2.4　比率分析

比率分析法是将有关财务报表上的相关数据加以对比，求出比率，借以说明财务报表上所列项目与项目之间的相互关系，从而予以解释，做出评价的方法。比率分析法中常用的财务比率如表 4-8 所示。

表 4-8　财务比率

项目	比率	公式	衡量什么	它告诉你什么
所有者	净资产收益率	$\frac{\text{净利润}}{\text{平均所有者权益}}$	股东资金被使用的效率	公司投资效果如何
	总资产收益率	$\frac{\text{净利润}+\text{所得税}+\text{利息费用}}{\text{平均总资产}}$	企业总资产的总体盈利能力	总资产利用的水平如何

续表

项目	比率	公式	衡量什么	它告诉你什么
管理者	销售毛利率	$\frac{营业收入-营业成本}{营业收入}$	产品创造收益的能力	在特定的销售水平上，产品能够创造利润足够高的利润吗
	应收账款周转率	$\frac{营业收入}{平均应收账款余额}$	应收账款流动性：应收账款每年周转次数	应收账款是否回收太慢
	存货周转率	$\frac{营业成本}{平均存货成本}$	存货流动性：存货每年周转次数	是否有太多的现金被困在存货上
	应付账款周转率	$\frac{营业成本}{平均应付账款余额}$	采购资金支付的时间长短	企业支撑同样业务量占用的供货商的资金越多，对供应商的话语权越强
短期债权人	营运资本	流动资产–流动负债	短期偿债能力	是否有足够的现金或其他流动资产偿付短期负债
	流动比率	$\frac{流动资产}{流动负债}$	流动资产对流动负债的相对偿债能力	是否有足够的现金或其他流动资产偿付短期负债
	速动比率	$\frac{流动资产-存货-预付账款}{流动负债}$	除存货以外的流动资产对流动负债的偿付能力	体现企业变现能力强的资产覆盖流动负债的能力
	现金比率	$\frac{现金类资产}{流动负债}$	变现强的流动资产对流动负债的偿付能力	现金及现金等价物、有价证券等能够立即用于还短期负债的能力
长期债权人	资产负债率	$\frac{总负债}{总资产}$	公司总资产中有多少是通过负债筹集的	公司债务是否过多
	利息保障倍数	$\frac{税前利润+利息费用}{利息费用}$	用营业利润支付固定利息的能力	收入是否足够偿付利息费用一些需要偿还的款项
	现金利息倍数	$\frac{经营活动现金净流量}{现金利息支出}$	当前支付利息的能力	现金支付现金利息的企业的偿债能力

4.3 女性创业的财务管理

企业初创阶段涉及的财务管理主要是流动资金管理，流动资金是指投放在流动资产上的资金。流动资金的主要项目是现金、应收账款和存货，它们占用了绝大部分的流动资金。流动资金有一个不断投入和收回的循环过程，这一过程没有终止的日期，这就使我们难以直接评价其投资的报酬率。因此，流动资金投资评价的基本方法是以最低的成本满足生产经营周转的需要。

4.3.1 现金管理

现金是可以立即投入流动的交换媒介。它的首要特点是普遍的可接受性，即可以有效地立即用来购买商品、货物、劳务或偿还债务。因此，现金是企业中流动性最强的资产。属于现金内容的项目，包括企业的库存现金、各种形式的银行存款和银行本票、银行汇票。

1. 现金管理的目标

企业置存现金的原因，主要是满足交易性需要、预防性需要和投机性需要。

交易性需要是指满足日常业务的现金支付需要。企业经常得到收入，也经常发生支出，两者不可能同步同量。收入多于支出，形成现金置存；收入少于支出，需要借入现金。企业必须维持适当的现金余额，才能使业务活动正常地进行下去。

预防性需要是指置存现金以防发生意外的支付。企业有时会出现意想不到的开支，现金流量的不确定性越大，预防性现金的数额也就应越大；反之，企业现金流量的可预测性强，预防性现金数额则可小些。此外，预防性现金数额还与企业的借款能力有关，如果企业能够很容易地随时借到短期资金，也可以减少预防性现金的数额；若非如此，则应扩大预防性现金额。

投机性需要是指置存现金用于不寻常的购买机会，如遇有廉价原材料或其他资产供应的机会，便可用手头现金大量购入；又如在适当时机购入价格有利的股票和其他有价证券；等等。当然，除了金融和投资公司外，一般地讲，其他企业专为投机性需要而特殊置存现金的不多，遇到不寻常的购买机会，也常设法临时筹集资金。但拥有相当数额的现金，确实为突然的大批采购提供了方便。

企业缺乏必要的现金，将不能应付业务开支，使企业蒙受损失。企业由此而造成的损失，称之为短缺现金成本。短缺现金成本不考虑企业其他资产的变现能力，仅就不能以充足的现金支付购买费用而言，内容上大致包括：丧失购买机会（甚至会因缺乏现金不能及时购买原材料，而使生产中断造成停工损失）、造成信用损失和得不到折扣好处。其中失去信用而造成的损失难以准确计量，但其影响往往很大，甚至导致供货方拒绝或拖延供货、债权人要求清算等。但是，如果企业置存过量的现金，又会因这些资金不能投入周转无法取得盈利而遭受另一些损失。此外，在市场正常的情况下，一般说来，流动性强的资产，其收益性较低，这意味着企业应尽可能少地置存现金，即使不将其投入本企业的经营周转，也应尽可能多地投资于能产生高收益的其他资产，避免资金闲置或用于低收益资产而带来的损失。这样，企业便面临现金不足和现金过量两方面的威胁。企业现金管理的目标，就是要在资产的流动性和盈利能力之间做出抉择，以获取最大的长期利益。

2. 现金管理的有关规定

按照现行规定，国家有关部门对企业使用现金有如下规定。

（1）规定了现金的使用范围。这里的现金，是指人民币现钞，即企业用现钞从事交易，只能在一定范围内进行。该范围包括：支付职工工资、津贴；支付个人劳务报酬；根据国家规定颁发给个人的科学技术、文化艺术、体育等各种奖金；支付各种劳保、福利费用以及国家规定的对个人的其他支出；向个人收购农副产品和其他物资的价款；出差人员必须随身携带的差旅费；结算起点（1 000元）以下的零星支出；中国人民银行确定需要支付现金的其他支出。

（2）规定了库存现金限额。企业库存现金，由其开户银行根据企业的实际需要核定限额，一般以3～5天的零星开支额为限。

（3）不得坐支现金。即企业不得从本单位的人民币现金收入中直接支付交易款。现金收入应于当日终了时送存开户银行。

（4）不得出租、出借银行账户。

（5）不得签发空头支票和远期支票。

（6）不得套用银行信用。

（7）不得保存账外公款，包括不得将公款以个人名义存入银行和保存账外现金等各种形式的账外公款。

3. 现金收支管理

现金收支管理的目的在于提高现金使用效率，为达到这一目的，应当注意做好以下几方面工作。

（1）力争现金流量同步。如果企业能尽量使它的现金流入与现金流出发生的时间趋于一致，就可以使其所持有的交易性现金余额降到最低水平。这就是所谓现金流量同步。

（2）使用现金浮游量。从企业开出支票，收票人收到支票并存入银行，至银行将款项划出企业账户，中间需要一段时间。现金在这段时间的占用称为现金浮游量。在这段时间里，尽管企业已开出了支票，却仍可动用在活期存款账户上的这笔资金。不过，在使用现金浮游量时，一定要控制好使用的时间，否则会发生银行存款的透支。

（3）加速收款。这主要是指缩短应收账款的时间。发生应收款会增加企业资金的占用；但它又是必要的，因为它可以扩大销售规模，增加销售收入。问题在于如何既利用应收款吸引顾客，又缩短收款时间。这要在两者之间找到适当的平衡点，并需实施妥善的收账策略。

（4）推迟应付款的支付。推迟应付款的支付，是指企业在不影响自己信誉的前提下，尽可能地推迟应付款的支付期，充分运用供货方所提供的信用优惠。如遇企业急需现金，甚至可以放弃供货方的折扣优惠，在信用期的最后一天支付款项。当然，这要权衡折扣优惠与急需现金之间的利弊得失而定。

4. 最佳现金持有量

现金的管理除了做好日常收支，加速现金流转速度外，还需控制好现金持有规模，即确定适当的现金持有量。

企业持有的现金，将会有以下三种成本。

1）机会成本

现金作为企业的一项资金占用，是有代价的，这种代价就是它的机会成本。现金资产的流动性极佳，但盈利性极差。持有现金则不能将其投入生产经营活动，失去因此而获得的收益。企业为了经营业务，有必要持有一定的现金，以应付意外的现金需要。但现金拥有量过多，机会成本代价大幅度上升，就不合算了。

2）管理成本

企业拥有现金，会发生管理费用，如管理人员工资、安全措施费等。这些费用是现金的管理成本。管理成本是一种固定成本，与现金持有量之间无明显的比例关系。

3）短缺成本

现金的短缺成本，是因缺乏必要的现金，不能应付业务开支所需，而使企业蒙受损失或为此付出的代价。现金的短缺成本随现金持有量的增加而下降，随现金持有量的减少而上升。

上述三项成本之和最小的现金持有量，就是最佳现金持有量。如果把以上三种成本线放在一个图上（图 4-3），就能表现出持有现金的总成本（总代价），找出最佳现金持有量的点：机会成本线向右上方倾斜，短缺成本线向右下方倾斜，管理成本线为平行于横轴的平行线，总成本线便是一条抛物线，该抛物线的最低点即为持有现金的最低总成本。超过这一点，机会成本上升的代价又会大于短缺成本下降的好处；这一点之前，短缺成本上升的代价又会大于机会成本下降的好处。这一点横轴上的量，即是最佳现金持有量。

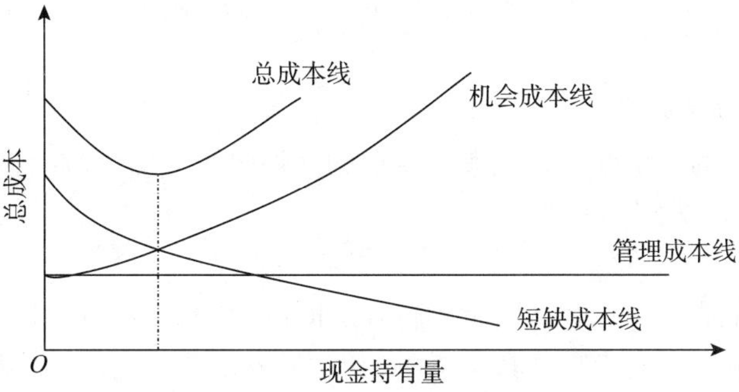

图 4-3　持有现金的总成本

最佳现金持有量的具体计算，可以先分别计算出各种方案的机会成本、管理成本、短缺成本之和，再从中选出总成本之和最低的现金持有量即为最佳现金持有量。

4.3.2　应收账款管理

这里所说的应收账款是指因对外销售产品、材料、供应劳务及其他原因，应向购货单位或接受劳务的单位及其他单位收取的款项，包括应收销售款、其他应收款、应收票据等。

1. 应收账款管理的目标

发生应收账款的原因，主要有以下两种。

第一，商业竞争。这是发生应收账款的主要原因。市场经济条件下，存在着激烈的商业竞争。竞争机制的作用迫使企业以各种手段扩大销售。除了依靠产品质量、价格、售后服务、广告等外，赊销也是扩大销售的手段之一。对于同等的产品价格、类似的质量水平、一样的售后服务，实行赊销的产品或商品的销售额将大于现金销售的产品或商品的销售额。这是因为顾客将从赊销中得到好处。出于扩大销售的竞争需要，企业不得不以赊销或其他优惠方式招揽顾客，于是就产生了应收账款。由竞争引起的应收账款，是一种商业信用。

第二，销售和收款的时间差距。商品成交的时间和收到货款的时间经常不一致，这也导致了应收账款。当然，现实生活中现金销售是很普遍的，特别是零售企业更常见。不过就一般批发和大量生产企业来讲，发货的时间和收到货款的时间往往不同。这是因为货款结算需要时间的缘故。结算手段越是落后，结算所需时间就越长，销售企业只能承认这种现实并承担由此引起的资金垫支。由于销售和收款的时间差而造成的应收账款，不属于商业信用，也不是应收账款的主要内容，不再对它进行深入讨论，而只论述属于商业信用的应收账款的管理。

既然企业发生应收账款的主要原因是扩大销售，增强竞争力，那么其管理的目标就是求得利润。应收账款是企业的一项资金投放，是为了扩大销售和盈利而进行的投资。而投资肯定要发生成本，这就需要在应收账款信用政策所增加的盈利和这种政策的成本之间做出权衡。只有当应收账款所增加的盈利超过所增加的成本时，才应当实施应收账款赊销；如果应收账款赊销有着良好的盈利前景，就应当放宽信用条件增加赊销量。

2. 信用政策的确定

应收账款赊销的效果好坏，依赖于企业的信用政策。信用政策包括：信用期间、信用标准和现金折扣政策。

1）信用期间

信用期间是企业允许顾客从购货到付款之间的时间，或者说是企业给予顾客的付款期间。例如，若某企业允许顾客在购货后的 50 天内付款，则信用期为 50 天。信用期过短，不足以吸引顾客，在竞争中会使销售额下降；信用期过长，对销售额增加固然有利，但只顾及销售增长而盲目放宽信用期，所得的收益有时会被增长的费用抵消，甚至造成利润减少。因此，企业必须慎重研究，确定出恰当的信用期。

信用期的确定，主要是分析改变现行信用期对收入和成本的影响。延长信用期，会使销售额增加，产生有利影响；与此同时，应收账款、收账费用和坏账损失增加，会产生不利影响。当前者大于后者时，可以延长信用期，否则不宜延长。如果缩短信用期，情况与此相反。

2）信用标准

信用标准，是指顾客获得企业的交易信用所应具备的条件。如果顾客达不到信用标准，便不能享受企业的信用或只能享受较低的信用优惠。

企业在设定某一顾客的信用标准时，往往先要评估他赖账的可能性。这可以通过“5C”系统来进行。所谓“5C”系统，是评估顾客信用品质的五个方面，即品质（character）、能力（capacity）、资本（capital）、抵押（collateral）和条件（conditions）。

品质是指顾客的信誉，即履行偿债义务的可能性。企业必须设法了解顾客过去的付款记录，看其是否有按期如数付款的一贯做法，以及与其他供货企业的关系是否良好。这一点经常被视为评价顾客信用的首要因素。

能力是指顾客的偿债能力，即其流动资产的数量和质量以及与流动负债的比例。顾客的流动资产越多，其转换为现金支付款项的能力越强。同时，还应注意顾客流动资产的质量，看是否有存货过多、过时或质量下降，影响其变现能力和支付能力的情况。

资本是指顾客的财务实力和财务状况，表明顾客可能偿还债务的背景。

抵押是指顾客拒付款项或无力支付款项时能被用做抵押的资产。这对于不知底细或信用状况有争议的顾客尤为重要。一旦收不到这些顾客的款项便以抵押品抵补。如果这些顾客提供足够的抵押，就可以考虑向他们提供相应的信用。

条件是指可能影响顾客付款能力的经济环境。例如，万一出现经济不景气，会对顾客的付款产生什么影响，顾客会如何做，等等，这需要了解顾客在过去困难时期的付款历史。

3）现金折扣政策

现金折扣是企业对顾客在商品价格上所做的扣减。向顾客提供这种价格上的优惠，主要目的在于吸引顾客为享受优惠而提前付款，缩短企业的平均收款期。另外，现金折扣也能招揽一些视折扣为减价出售的顾客前来购货，借此扩大销售量。折扣的表示常采用如 5/10、3/20、n/30 这样一些符号形式。这三种符号的含义为：5/10 表示 10 天内付款，可享受 5%的价格优惠，即只需支付原价的 95%，如原价为 10 000 元，只支付 9 500 元；3/20 表示 20 天内付款，可享受 3%的价格优惠，即只需支付原价的 97%，若原价为 10 000 元，只支付 9 700 元；n/30 表示付款的最后期限为 30 天，此时付款无优惠。

企业采用什么程度的现金折扣，要与信用期间结合起来考虑。例如，要求顾客最迟不超过 30 天付款，若希望顾客 20 天、10 天付款，能给予多大折扣？或者给予 5%、3%的折扣，能吸引顾客在多少天内付款？不论是信用期间还是现金折扣，都可能给企业带来收益，但也会增加成本。现金折扣带给企业的好处前面已讲过，它使企业增加的成本，则是指价格折扣损失。当企业给予顾客某种现金折扣时，应当考虑折扣所能带来的收益与成本孰高孰低，权衡利弊，抉择决断。

因为现金折扣是与信用期间结合使用的，所以确定折扣程度的方法与程序实际上与前述确定信用期间的方法与程序一致，只不过要把所提供的延期付款时间和折扣综合起来，看各方案的延期与折扣能取得多大的收益增量，再计算各方案带来的成本变化，最终确定最佳方案。

3. 应收账款的收账

应收账款发生后，企业应采取各种措施，尽量争取按期收回款项，否则会因拖欠时间过长而发生坏账，使企业蒙受损失。这些措施包括对应收账款回收情况的监督、对坏账损失的事先准备和制定适当的收账政策。

1）应收账款回收情况的监督

企业已发生的应收账款时间有长有短，有的尚未超过收款期，有的则超过了收款期。一般来讲，拖欠时间越长，款项收回的可能性越小。形成坏账的可能性越大。对此，企业应实施严密的监督，随时掌握回收情况。实施对应收账款回收情况的监督，可以通过编制账龄分析表进行。

账龄分析表是一张能显示应收账款在外天数（账龄）长短的报告，其格式见表 4-9。

表 4-9　账龄分析表

2014 年 12 月 31 日

应收账款账龄	账户数量/个	金额/万元	百分率/%
信用期内	200	8	40
超过信用期 1～20 天	100	4	20
超过信用期 21～40 天	50	2	10
超过信用期 41～60 天	30	2	10
超过信用期 61～80 天	20	2	10
超过信用期 81～100 天	15	1	5
超过信用期 100 天以上	5	1	5
合计	420	20	100

利用账龄分析表，企业可以了解到以下情况。

有多少欠款尚在信用期内。表中显示，有价值 80 000 元的应收账款处在信用期内，占全部应收账款的 40%。这些款项未到偿付期，欠款是正常的；但到期后能否收回，还要待时再定。故及时的监督仍是必要的。

有多少欠款超过了信用期，超过时间长短的款项各占多少，有多少欠款会因拖欠时间太久而可能成为坏账。表中显示，有价值 120 000 元的应收账款已超过了信用期，占全部应收账款的 60%。不过，其中拖欠时间较短的（20 天内）有 40 000 元，占全部应收账款的 20%，这部分欠款收回的可能性很大；拖欠时间较长的（21～100 天）有 70 000 元，占全部应收账款的 35%，这部分欠款的回收有一定难度；拖欠时间很长的（100 天以上）有 10 000 元，占全部应收账款的 5%，这部分欠款有可能成为坏账。对不同拖欠时间的欠款，企业应采取不同的收账方法，制定出经济、可行的收账政策；对可能发生的坏账损失，则应提前做出准备，充分估计这一因素对损益的影响。

2）收账政策的制定

企业对各种不同过期账款的催收方式，包括准备为此付出的代价，就是它的收账政策。例如，对过期较短的顾客，不过多地打扰，以免将来失去这一市场；对过期稍长的顾客，可措辞婉转地写信催款；对过期较长的顾客，频繁的信件催款并电话催询；对过期很长的顾客，可在催款时措辞严厉，必要时提请有关部门仲裁或提起诉讼；等等。

催收账款要发生费用，某些催款方式的费用还会很高（如诉讼费）。一般说来，收账的花费越大，收账措施越有力，可收回的账款应越多，坏账损失也就越小。因此制定收账政策，又要在收账费用和所减少坏账损失之间做出权衡。制定有效、得当的收账政策很大程度上靠有关人员的经验；从财务管理的角度讲，也有一些数量化的方法可以参照。根据收账政策的优劣在于应收账款总成本最小化的道理，可以通过比较各收账方案成本的大小对其加以选择。

4.3.3 存货管理

1. 存货管理的目标

存货是指企业在生产经营过程中为销售或者耗用而储备的物资，包括材料、燃料、低值易耗品、在产品、半成品、产成品、协作件、商品等。

如果工业企业能在生产投料时随时购入所需的原材料，或者商业企业能在销售时随时购入该项商品，就不需要存货。但实际上，企业总有储存存货的需要，并因此占用或多或少的资金。这种存货的需要出自以下原因。

第一，保证生产或销售的经营需要。实际上，企业很少能做到随时购入生产或销售所需的各种物资，即使是市场供应量充足的物资也如此。这不仅因为不时会出现某种材料的市场断档，还因为企业距供货点较远而需要必要的途中运输及可能出现运输故障。一旦生产或销售所需物资短缺，生产经营将被迫停顿，造成损失。为了避免或减少出现停工待料、停业待货等事故，企业需要储存存货。

第二，出自价格的考虑。零购物资的价格往往较高，而整批购买在价格上常有优惠。但是，过多的存货要占用较多的资金，并且会增加包括仓储费、保险费、维护费、管理人员工资在内的各项开支。存货占用资金是有成本的，占用过多会使利息支出增加并导致利润的损失；各项开支的增加更直接使成本上升。进行存货管理，就要尽力在各种存货成本与存货效益之间做出权衡，达到两者的最佳结合。这也就是存货管理的目标。

2. 储备存货的有关成本

与储备存货有关的成本，包括以下三种。

1）取得成本

取得成本是指为取得某种存货而支出的成本，通常用 TC_a 来表示。其又分为订货成本和购置成本。

（1）订货成本。订货成本是指取得订单的成本，如办公费、差旅费、邮资、电报电话费等支出。订货成本中有一部分与订货次数无关，如常设采购机构的基本开支等，称为订货的固定成本，用 F_1 表示；另一部分与订货次数有关，如差旅费、邮资等，称为订货的变动成本。每次订货的变动成本用 K 表示；订货次数等于存货年需要量 D 与每次进货量 Q 之商。订货成本的计算公式为

$$\text{订货成本}=F_1+\frac{D}{Q}K \tag{4-5}$$

（2）购置成本。购置成本是指存货本身的价值，经常用数量与单价的乘积来确定。年需要量用 D 表示，单价用 U 表示，于是购置成本为 DU。

订货成本加上购置成本，就等于存货的取得成本。其公式可表达为

取得成本=订货成本+购置成本

=订货固定成本+订货变动成本+购置成本

$$TC_a=F_1+\frac{D}{Q}K+DU \tag{4-6}$$

2）储存成本

储存成本是指为保持存货而发生的成本，包括存货占用资金所应计的利息（若企业用现有现金购买存货，便失去了现金存放银行或投资于证券本应取得的利息，视为“放弃利息”；若企业借款购买存货，便要支付利息费用，视为“付出利息”）、仓库费用、保险费用、存货破损和变质损失等，通常用 TC_c 来表示。

储存成本也分为固定成本和变动成本。固定成本与存货数量的多少无关，如仓库折旧、仓库职工的固定月工资等，常用 F_2 表示。变动成本与存货的数量有关，如存货资金的应计利息、存货的破损和变质损失、存货的保险费用等，单位成本用 K_c 来表示。用公式表达的储存成本为

储存成本=储存固定成本+储存变动成本

$$TC_c=F_2+K_c \tag{4-7}$$

3）缺货成本

缺货成本是指由于存货供应中断而造成的损失，包括材料供应中断造成的停工损失、产成品库存缺货造成的拖欠发货损失和丧失销售机会的损失（还应包括需要主观估计的商誉损失）；如果生产企业以紧急采购代用材料解决库存材料中断之急，那么缺货成本表现为紧急额外购入成本（紧急额外购入的开支会大于正常采购的开支）。缺货成本用 TC_s 表示。

如果以 TC 来表示储备存货的总成本，它的计算公式为

$$TC=TC_a+TC_c+TC_s=F_1+\frac{D}{Q}K+DU+F_2+K_c\frac{Q}{2}+TC_s \tag{4-8}$$

企业存货的最优化，即使上式 TC 值最小。

4.4　新创企业的上市问题

公开上市是以出售股票的形式将公司的一部分所有权卖给公众，从而使由一个人或几个人拥有的公司变成公众所拥有的公司。通过公开发行股票，企业将获得更好运用资本市场融资的机会，公众也得以更客观地认识和评价企业的价值。

然而，公开发行股票具有一定的信息披露要求和相当的上市成本，股东数目的增加也对创业者对企业的控制带来影响，所以，创业者需要在启动上市过程之前评估公开发行股票的利弊。

4.4.1　公开发行上市的利弊

1. 公开发行上市的有利之处

1）为公司的未来发展提供长期稳定的资金

新的资金为企业提供所需的营运资金、厂房设备、增加原材料和产成品的库存、进行新产品的研究和开发等。公开发行股票通常是获取所需资本的最佳途径。

2）增加企业后续融资的可能性，并降低融资成本

一家上市公司有着很广泛的股权基础，这就大大增加了它后续融资的可能性。此外，公司的净资产也通过公开上市而大大增加，资产负债率也将大大降低，公司的财务风险大大减弱，这使得它能够从传统的金融机构获得低成本的资金。如果公司的股票在二级市场表现良好，那么公司在第二次融资中只需出让更少的股权便可以取得与首次公开发行时一样多的资金。

3）企业资产的价值和可转让性得到承认

企业公开上市通常被认为是收获创业价值的一种最重要的途径，通过公开发行上市，公司的创始人可以把一部分股权以股票的形式卖给社会公众投资者。社会公众投资者之所以购买股票，是因为他们希望以增量的投资促成公司的高成长，而这种高成长反过来又能提升股票的价值，这样投资者就可以从公司的高成长中分享利益。资本市场通过它自身的杠杆功能实现了原始股权的成倍增长。创业者、风险投资家和其他权益拥有者都可以通过公开发行获得巨大的增值利益。如果没有一个发达完善的股票市场，新创企业就不可能从那些寄希望于通过企业公开上市回收投资的私人投资者那里获取资金。

2. 公开发行上市的不足之处

即使公开上市有众多有利的方面，但仍应明白还有许多缺点，这就是为什么有些经营很好的企业还不愿意公开上市。公开上市带来的负面效应可概括为以下三个方面。

1）信息披露或者更广泛意义上的责任和义务

由于对公众股东负有受托责任，上市公司必须定期向公众披露所有关于公司运营、销售、管理方面的大量信息，有些企业家认为会泄漏公司的商业秘密。

另外，信息披露的义务也会影响公司的日常经营决策。在股票市场上，人们往往看到的只是公司的短期盈利，虽然上市公司做出的一些长期战略规划有利于公司的长远发展，但往往会影响公司的短期盈利，一旦短期内销售额或盈利状况达不到市场的预期水平，那些证券经纪人和股东就会非常不满，甚至抛售公司的股票，造成市场价格下挫，上市公司的管理者常常要受到各方面的压力。

2）控制或失去控制

除了要承担信息披露等责任和义务，公司上市后，原有的主要股东持有的股份所占的比例将会大大减少，股份被稀释，这往往会导致创始人或管理层失去对公司的控制力，这必然会影响公司的经营管理方式。

3）费用支出

发行费用是指发行公司支付给予股票发行相关的中介机构的费用，主要包含承销/保荐费用、审计费用、律师费用等。目前在我国内地发行上市，发行费用一般占融资额的 6%～7%，以融资 2.5 亿元人民币计算，发行费用在 1 500 万元左右。发行费用从股票发行溢价中扣除，不计入发行公司损益。除发行费用外，企业还必须支付 200 万元左右的自有资金以保证相关的材料制作、财经公关等工作。

4.4.2　公开发行股票的时机

选择上市的时机是新创企业面对的最重要的问题，对这个问题的回答并不是越快越好。一般来说，创业者应该寻求熟悉这个领域的财务顾问的建议。首先，创业者应当确立几个评价标准。

1. 公司的规模

公司的规模决定了公司上市时的资本总市值。资本总市值越大，交易量越大，股票越流通，股价波动也就越小。这对企业上市后股价的表现非常重要。对于资本总市值达到多大才适合上市，没有一个可以简单套用的法则。例如，如果在美国创业板纳斯达克市场上市市场总值需要达到 7 500 万美元，而公开发行的市场价值至少达到 2 000 万美元；香港创业板在上市时市值不能少于 4 600 万港元，公开发行的股份不能低于 3 000 万港元或已发行股本的 25%；在我国深圳创业板市场则要求公司股本总额不少于 3 000 万元，而公开发行的股份要达到公司股份总数的 25%以上。可见，上市条件中对上市前的规模和股票发行后的规模上都有明确的限制。即使一个企业也许可以满足创业板上市的要求，但是如果上市后公司的股价不断下跌，那么资本总市值就会低于上市的要求，企业就面临被摘牌的危险。一旦这种情况发生，这个企业的股票价格可能再也无法恢复了。

另外，企业在上市的时候资本总市值过小会造成一系列的问题。首先，一些大的机构投资者（如银行、保险公司、资产管理公司）的投资策略不允许他们购买小盘股。这意味着小盘股的潜在投资者要相对少些。供需关系决定价格，投资者越少，股价就越低。因此，对新创企业来说，在考虑公开上市的时候，必须要衡量一下自己的公司是否能够满足这些条件。

2. 公司的财务业绩如何

这种财务业绩不仅仅是公司价值评估的基础，而且也决定了公司是否能成功的公开发行股票，也决定了愿意承销股票的投资银行的类型。一般来说，一家公司在其股票发行时必须拥有至少 1 年的良好盈余和销售收入增长的历史。例如，在我国创业板上市的企业要求最近两年连续盈利，最近两年净利润累计不少于 1 000 万元，且持续增长；或最近一年盈利，且净利润不少于 500 万元，最近一年营业收入不少于 5 000 万元，最近两年营业收入增长率均不低于 30%；美国纳斯达克市场要求最近一个财政年度或者最近三年中的两年中拥有 100 万美元的税前收入；香港创业板虽然没有最低盈利要求，但是公司须有 24 个月从事“活跃业务纪录”。

另外，企业上市时的估值（企业的估值决定企业融资金额的多少）是利润的倍数，所以，也就很容易理解企业在上市时利润越高越好。举个例子：假设企业上市前一年的利润是 7 500 万元，首次公开募股（initial public offerings，IPO）时的市盈率是 15 倍，那么企业的市值可以达到人民币 11.25 亿元，出售 25%的股权可以融资 2.812 5 亿元的资本。而如果通过私募融资 5 000 万元而推迟 IPO，则一年以后利润达到 1.2 亿元时，企业市值可以达到 18 亿元，而同样出售 25%的股权可以获得 4.5 亿元，比不采用私募融资增加了 60%。

通过 IPO 获得的融资越多，企业就获得越高的利润增长空间。通过延迟上市，企业的规模和利润同时提升，企业就会获得更多的融资，并在今后产生更大的效益。

通常，一个企业只有一次机会上市（IPO），所以选择上市时机非常重要。如果一个企业上市过早，那么这个企业就无法获得足够的资金来支持未来的发展。

对于最好的上市时机，业界早已经有很多研究和分析。广泛被接受的观点是，中小企业最好的上市时机是在企业进入成熟期的时候，也就是增速开始减慢的时候，而不是在高速增长的时候。

在上市之前的一轮私募股权融资，目的是帮助企业老板获得所需资本迅速发展企业，优化战略，扩大规模，增长利润，为日后的 IPO 进行充分的准备，并以充足的资本等待进入市场的最好时机，这样在上市的时候企业就会以更高的价格出售公司股份，在出售相同股份的情况下，也就可以融到更多的资本用于后续的发展。在一个优秀的私募基金的帮助下，企业在上市的时候的股价要远远高于没有私募融资的情况下的股价。这是一个企业和私募基金双赢的结果。

3. 市场条件是否适合股票的公开上市

市场条件不仅影响着股票发行能否成功，还影响着股票的原始价格，另外也影响二级市场，即股票首次销售之后的价格变动情况。股票能否推销出去，从供求总量关系上看，在投资高涨时期，市场对股票的需求旺盛，股票发行成功的机率较大；而且此时市场平均市盈率较高，股票会有更高的发行价。所以，创业者应该努力在最适合的市场条件下进行企业的股票公开发行。

4.4.3　承销商的选择

证券承销商是与发行人签订证券承销协议，协助公开发行证券，借此获取相应的承销费用的证券经营机构。一般来说，证券承销商包括主承销商和承销团其他成员，主承销商在承销团中起牵头的作用。

主承销商的商誉和其为所承销证券所作的宣传对投资者的投资行为影响重大。在我国证券发行中，一般情况下，发行人还会委托承销商制作公开文件，因此，证券承销商是发行过程中的主导者。承销商处于可对发行人的状况予以保证的地位，一流的承销商承销证券时，其声誉即对其所承销的证券做了保证，投资者更加信任一流承销商承销的企业，所以，承销商的声誉有助于证券的成功发行，并支持在二级市场中的股票价格。

证券的成功发行也取决于主承销商的分销能力。一流的承销商拥有广泛的客户和投资者基础及分布在各地的分支网络，与客户和投资者保持着经常的联系。这有助于将证券售予投资者。

在选择主承销商时还应注重承销商对新创企业上市前辅导的能力和上市后的跟踪服务能力。股票发行和上市仅是企业长远发展战略的第一步。承销商在企业上市后应继续为企业提供服务，如为企业接触可能的商业伙伴，与投资者保持密切的联系，定期撰写研究报告向投资者介绍公司情况等。

最后，在主承销商的选择中最后一个要考虑的因素是费用。中国证监会规定券商的承销费为承销金额的一定比例。但这个比例的上下弹性比较大，具体比例或收费标准可以由企业与承销商在规定的范围内谈判确定。费用问题是企业选择承销商时考虑的因素之一，但一般不是最主要的因素。

此外，根据《中华人民共和国证券法》的规定，股票发行的申请人在提出申请之前，还应当聘请会计师事务所、律师事务所、资产评估机构等中介机构，对其资产、资信、财产状况等进行审查和评估，并就有关事宜出具法律意见书。

4.4.4　公开发行股票前的改制和辅导

按照我国的法律规定，公开发行股票的发行人应当是依法设立且合法存续的股份有限公司，因此，对于新创企业如果是以有限责任公司或非公司制企业运营的，在提出上市申请前，首先应改制设立股份有限公司。

改制的基本要求是使拟发行人形成清晰的业务发展目标，以降低经营风险；避免拟发行人与其控股股东及其所控制的企业从事相同或近似的业务，保持拟发行企业的独立性；明确拟发行企业的资产关系，不存在法律障碍，以保证企业具备核心资产的所有权；帮助拟发行企业建立完善的公司治理机制，为企业发行上市后的规范运作和可持续发展打下坚实的基础；使拟发行企业具备独立经营的能力，实现"五"个独立，即业务独立、人员独立、财务独立、机构独立、资产完整。

股份公司依法成立后，按照中国证监会的有关规定，拟公开发行股票的股份有限公司在向中国证监会提出股票发行申请前，还须由具有主承销资格的证券公司进行辅导，期限在三个月以上。所谓辅导就是对拟发行股票并上市的股份有限公司进行的规范化培训、辅导与监督。辅导的主要目的是完善改制遗留的问题、消除影响公司通过发行审核的潜在隐患。内容涉及企业各系统运营是否独立完整、组织机构、会计制度、决策制度和内部治理制度是否健全，运作是否有效、是否具有完善的信息披露制度等。另外，还要对公司董事、监事、高级管理人员及持有 5%以上（含 5%）股份的股东（或其法人代表）进行有关法律法规的培训。

4.4.5　招股说明书

在上述各项工作完成后就进入了公开发行的执行阶段，在这一阶段主要是向证监会提交申报材料，其中招股说明书是公开发行股票时最重要的公司文件，它是供社会公众了解发起人和将要设立公司的情况，说明公司股份发行的有关事宜，指导公众购买公司股份的文件。

招股说明书包括封面、目录、正文、附录和备查部分，下面分别列示了一家在创业板上市的企业的招股说明书的封面和目录。

招股说明书封面

发行股票类型：	人民币普通股（A股）
发行股数：	1 700万股
每股面值：	1.00元
每股发行价格：	24元/股
预计发行日期：	2011年×月×日
拟申请上市证券交易所：	深圳证券交易所
发行后总股本：	6 700万股
本次发行前股东所持股份的流通限制、股东、实际控制人对所持股份自愿锁定的承诺：	（1）公司控股股东及实际控制人××做出承诺：自股票上市之日起36个月内，不转让或者委托他人管理其本次发行前已持有的公司股份，也不由公司回购该部分股份。 （2）公司股东××分别做出承诺：自股票上市之日起36个月内，不转让或者委托他人管理其本次发行前已持有的公司股份，也不由公司回购该部分股份。 （3）公司股东××分别做出承诺：自股票上市之日起12个月内，不转让或者委托他人管理其本次发行前已持有的公司股份，也不由公司回购该部分股份。
保荐人（主承销商）：	××证券股份有限公司
招股说明书签署日期：	2011年×月×日

招股说明书目录

第一章 释义
第二章 概览
一、公司基本情况
二、公司的主要财务数据及指标
三、本次发行情况
四、募集资金用途
五、竞争优势
第三章 本次发行概况
一、公司基本情况
二、本次发行的基本情况
三、本次发行有关当事人
四、本次发行相关事项
五、本次发行上市的重要日期
第四章 风险因素
一、租赁物业的风险

二、加盟商的相关风险
三、制定产品标准，评估外包环节过程中的内部管理风险
四、生产商存在的可能影响公司正常经营的风险
五、原材料的成本或委托加工成本增加的风险
六、仓储保险方面的风险
七、经济增长放缓影响公司业务的风险
八、行业竞争激烈的风险
九、注册商标被侵权以及产品款式被仿制的风险
十、物业抵押的风险
十一、净资产收益率下降的风险
十二、存货余额过大及存在减值的风险
十三、募集资金投资项目实施的风险
十四、直营店铺数量大幅增加带来的管理风险
十五、募投项目新建加盟店与原加盟店不同运营模式可能导致的经营风险
十六、控股股东控制的风险
第五章 发行人基本情况
一、公司基本信息
二、公司改制设立情况
三、公司的资产完整及业务、人员、机构、财务独立情况
四、公司设立以来的重大资产重组情况
五、公司经营范围变更情况
六、公司组织结构
七、控股公司及子公司情况
八、发起人及实际控制人基本情况
九、公司股本情况
十、公司内部职工股情况
十一、工会持股、职工持股会持股、信托持股、委托持股等情况
十二、员工及其社会保障情况
十三、实际控制人以及公司持股5%以上股份的主要股东和作为股东的董事、监事、高级管理人员的重要承诺
十四、关于无协议、信托、代持及一致行动关系的承诺
第六章 业务与技术
一、公司的主营业务及其变化情况
二、行业的基本情况
三、公司在行业中的竞争地位
四、公司的主营业务情况
五、主要固定资产和无形资产情况
六、特许经营权情况

七、公司的技术与研发情况
八、产品的质量控制
第七章　同业竞争与关联交易
一、同业竞争
二、关联方及关联交易
第八章　董事、监事、高级管理人员与其他核心人员
一、董事、监事、高级管理人员及核心技术人员简介
二、公司董事、监事、高级管理人员与核心技术人员及其近亲属直接或间接持有公司股份情况
三、公司董事、监事、高级管理人员及核心技术人员对外投资情况
四、公司董事、监事和高级管理人员及核心技术人员从公司及其关联企业取得收入情况以及享受的其他待遇和退休金计划
五、公司董事、监事和高级管理人员及核心技术人员兼职情况
六、公司与董事、监事、高级管理人员及核心技术人员的协议、承诺及其履行情况
七、公司董事、监事、高级管理人员近三年一期的变动情况
第九章　公司治理
一、概述
二、股东大会制度的建立健全及运行情况
三、董事会制度的建立健全及运行情况
四、监事会制度的建立健全及运行情况
五、独立董事
六、董事会秘书
七、公司接受监管与检查的情况
八、公司主要股东、实际控制人及其控制的其他企业占用公司资金及公司对主要股东、实际控制人及其控制的其他企业的担保情况
九、管理层对公司内部控制的说明以及会计师对公司内部控制的审核报告
十、公司对外投资、担保事项的政策及制度安排，决策权限及程序，以及最近三年执行情况
十一、投资者权益保护
第十章　财务会计信息与管理层分析
一、财务报表
二、财务报表的编制基础、合并财务报表的范围及变化情况
三、审计意见类型
四、主要会计政策和会计估计
五、主要税项
六、分部信息
七、最近一年及一期收购兼并情况
八、非经常性损益情况

九、主要财务指标
十、资产评估情况
十一、历次验资情况
十二、备考利润表
十三、资产负债表日后事项、或有事项及其他重要事项
十四、财务状况分析
十五、盈利能力分析
十六、现金流量分析
十七、公司主要财务优势及困难
十八、股利分配
第十一章 募集资金运用
一、本次发行募集资金的总量及依据
二、本次募集资金投向项目概况
三、募集资金投资项目基本情况
四、募集资金运用对公司财务状况及经营成果的影响
五、募集资金投入对公司业务模式的影响
六、公司已做好充分准备应对门店尤其是直营门店的迅速扩张
第十二章 未来发展与规划
一、公司发展目标
二、发展规划及措施
三、本次募集资金运用对公司增强成长性、提高盈利能力的作用
四、拟定规划依据的假设条件及主要困难
五、发展规划与现有业务的关系
第十三章 其他重要事项
一、信息披露与投资者服务
二、重大合同和债权债务
三、对外担保
四、诉讼与仲裁事项
五、控股股东和公司董事、监事、高级管理人员及核心技术人员涉诉情况
第十四章 董事、监事、高级管理人员及有关中介机构声明
一、公司全体董事、监事、高级管理人员声明
二、保荐人（主承销商）声明
三、公司律师声明
四、审计机构声明
五、验资机构声明
六、评估机构声明
第十五章 附件
一、备查文件

二、文件查阅时间
三、文件查阅地址

从目录中清楚的列示了正文部分的内容概要。首先是对企业基本情况和本次发行情况的介绍，涉及企业的特征、历史、主要产品及本次发行的相关事宜。一些重要问题如生产中可能遇到的不确定性、竞争的激烈程度或者经济波动都是典型的风险因素，这些因素需要明白地披露，这样购买者就会清楚股票发行的不确定性和购买过程中涉及的风险程度。

公司的业务与技术是招股说明书最大的一部分。它提供了关于公司、公司所在行业及其产品的信息。这一部分包括了公司所处行业的发展现状、公司本身竞争优势和劣势、主要产品、市场和销售方式、正在开发的新产品、研发进程、原材料的来源和可得性、目前的收入，以及所拥有的专利、商标、特许权和有形产权的种类等。

下一部分是关于董事、监事和高级管理人员的讨论，这一部分包括董事、监事和高级管理人员的背景信息、经历、报酬和股票持有状况。

公司治理的讨论在于评判企业的公司治理机制是否完善，运行是否有效。如股东大会、董事会、监事会的实际运行情况，包括会议召开次数、出席会议情况及决策事项；独立董事出席相关会议的情况，如提出异议的应披露具体内容；公司各专门委员会成立的时间、人员构成以及实际发挥作用的情况；公司治理完善的具体措施；投资者关心的投资决策制度、内部控制等信息。从投资者角度来说，公司治理的有效是企业为股东带来收益最大化的基本保障。

财务会计信息及管理层分析包含了企业最近三年及一期的财务数据及对经营状况的分析，目的在于强调企业财务状况的基本情况及其变化趋势。这为潜在的购买者提供了可以用于评价企业未来盈利性的信息。

募集资金运用需要仔细准备，潜在的购买者对这一部分有很大的兴趣，因为它指明了公司公开发行股票的原因及其未来发展的方向。

未来发展与规划可以帮助购买者评价企业是否具有发展前景，其他重要事项是将可能影响企业正常经营的重大事件告知潜在的购买者，以帮助购买者做出评判。

对招股说明书这样一个重要文件，创业者必须精心准备，同时还要尊重财务、会计和法律方面专业人员的意见。

4.4.6　发行审核

中国证监会受理申请文件后，将由证监会的发行监管部对申请文件进行初审，初审完成后，发行人预先披露招股说明书，并由证监会的发行审核委员会对发行人股票发行申请进行审核。中国证监会依照法定条件对发行人的发行申请做出予以核准或者不予核准的决定，并出具相关文件。

中国证监会在初审过程中，将征求发行人注册地省级人民政府是否同意发行人发行股票的意见，并就发行人的募集资金投资项目是否符合国家产业政策和投资管理的规定征求国家发改委的意见。

申报审核时间一般在三个月以上，根据发行单位对反馈意见的答复情况而定。在审核阶段证监会主要看重以下几个方面：①发行企业的业务体系和直接面向市场独立经营的能力；②国有资产的转让是否符合国资管理的相关规定；③募集资金是否有明确的使用方向；④发行企业未来是否具有发展前景、核心竞争优势和持续经营能力，并对公司治理等重大事项进行综合分析和判断；⑤发行企业生产经营以及募集资金投资项目是否符合国家或地方的环保要求；⑥发行企业的资产是否完整，如生产型企业是否拥有与生产经营有关的土地、厂房；⑦募集资金的投资项目是否符合国家产业政策土地管理及其他法律、法规和规章的规定；⑧发行企业执行的税种、税率是否合法合规，是否有税务征管部门出具的发行人依法纳税的证明。

4.4.7 公开发行上市

股票发行申请经中国证监会核准后，发行人就可以公告首次公开发行股票招股意向书和发行公告，然后发行人及其主承销商（保荐人）向询价对象进行推介和询价[①]，并通过互联网向公众投资者进行推介。主承销商（保荐人）在询价时向询价对象提供由承销商的研究人员独立撰写并署名的投资价值研究报告。

询价分为初步询价和累计投标询价。发行人及其主承销商（保荐人）通过初步询价确定发行价格区间，在发行价格区间内通过累计投标询价确定发行价格。首次发行的股票在中小企业板上市的，发行人及其主承销商（保荐人）可以根据初步询价结果确定发行价格，不再进行累计投标询价。

发行价格最终确定后，发行人及其主承销商（保荐人）进行网上发行和网下配售[②]。股票发行完成后，发行人向证券交易所提出上市申请，由证券交易所依法审核同意，并由双方签订上市协议。发行人在规定的期限内公告股票上市的有关文件。

发行人股票发行结束办理股份的托管和登记后不超过七个交易日，证券交易所将安排发行人股票挂牌上市交易。根据中国证监会的有关规定，对创业板企业，发行人股票挂牌上市后，保荐人在股票上市当年剩余时间及其后三个完整会计年度内还要对发行人进行持续督导。

4.5 女性创业中的知识产权保护

知识产权是指智力成果的创造人对所创造的智力成果和工商活动的行为人对所拥有的标记依法所享有的权利的总称。以权利发生的领域为划分依据，知识产权可分为工业产权与著作权，其中专利权与商标权被统称为工业产权。知识产权是一种与物权、债权

---

① 国际上的 IPO“询价发行”制度，是企业发起人股东与承销机构向股票市场投资者询问认同本企业股份的价格并且投资者愿意同价同股来入股组建股份制社会公众公司的发行方式。

② 是针对机构投资者的配售。股票发行时，将所需发行的股票分为两个部分，一部分是公开在股票交易系统上发行（就是通常说的新股申购，也叫网上发行），另一部分是分配给机构投资者在股票交易系统以外购买，这部分就称作网下配售。

并列的独立的民事权利，具有无形性、法定性、专有性、地域性和时间性。作为宝贵的知识资源和无形财富，知识产权是创业者的重要资产，女性创业者应该对知识产权有充分的认识，并进行有效保护。

我国没有专门就知识产权制定统一的法律，而是在《中华人民共和国民法通则》规定的总的指导原则下，根据知识产权的不同类型制定了不同的单项法律、法规以及规章。1986 年 4 月全国人民代表大会审议通过的《中华人民共和国民法通则》第五章第三节对知识产权作了专节规定。1982 年 8 月全国人大常委会审议通过了《中华人民共和国商标法》，该法分别于 1993 年 2 月和 2001 年 10 月作了两次修正；1984 年 3 月全国人大常委会审议通过了《中华人民共和国专利法》，该法分别于 1992 年 9 月、2000 年 8 月和 2008 年 12 月作了三次修正；1990 年 9 月全国人民代表大会常务委员会审议通过了《中华人民共和国著作权法》，该法于 2001 年 10 月作了进一步修正。根据上述法律，国务院分别制定并修改了相关的实施条例或细则，并制定了一系列的相关配套的法规。此外，我国还加入了一系列有关保护知识产权的国际公约。

4.5.1　著作权

著作权，亦称版权，是指作者及其他著作权人对其创作的文学、艺术和科学作品依法享有的权利。著作权人包括作者以及其他依法享有著作权的公民、法人或者其他组织。

1. 著作权保护的对象

著作权保护的对象，即作品。作品是指文学、艺术和科学领域内，具有独创性并能以某种有形形式复制的智力创作成果。我国著作权法保护的作品主要有：

（1）文字作品，是指小说、诗词、散文、论文等以文字形式表现的作品。

（2）口述作品，是指即兴的演说、授课、法庭辩论等以口头语言创作、未以任何物质载体固定的作品。

（3）音乐、戏剧、曲艺、舞蹈、杂技艺术作品。音乐作品是指交响乐、歌舞等能够演唱或者演奏的带词或者不带词的作品。戏剧作品是指话剧、歌剧、地方戏曲等供舞台演出的作品。曲艺作品是指相声、快书、大鼓、评书等以说唱为主要形式表演的作品。舞蹈作品是指通过连续的动作、姿势、表情表现的作品。杂技艺术作品是指杂技、魔术、马戏等通过形体动作表现的作品。

（4）美术、建筑作品。美术作品是指绘画、书法、雕塑等以线条、色彩或者其他方式构成的有审美意义的平面或立体的造型艺术作品。建筑作品是指以建筑物或者构筑物形式表现的有审美意义的作品。

（5）摄影作品，是指借助器械，在感光材料上或者其他介质上记录客观物体形象的艺术作品。

（6）电影作品和以类似摄制电影的方法创作的作品，是指摄制在一定介质上，由一系列有伴音或者无伴音的画面组成，并且借助适当装置放映或者以其他方式传播的作品。

（7）工程设计图、产品设计图、地图、示意图等图形作品和模型作品。工程设计图、产品设计图是指为施工和生产绘制的图样及对图样的文字说明。地图、示意图，是指地图、线路图、解剖图等反映地理现象、说明事物原理或者结构的图形。模型作品是指为展示、试验或者观测等用途，根据物体的形状和结构，按照一定比例制成的立体作品。

（8）计算机软件，是指计算机程序及其有关的文档。

（9）法律、行政法规规定的其他作品。

作品除必须是属于文学、艺术和科学领域外，还必须具备以下构成要件：①必须是一种智力创作成果；②必须具有独创性，亦称原创性；③必须具有可复制性。

2. 著作权的内容

根据著作权法的规定，著作权包括两个方面的内容，即著作人身权和著作财产权。具体而言，作者以及其他依法享有著作权的公民、法人或者其他组织享有以下著作权。

（1）发表权。即决定作品是否公之于众的权利。

（2）署名权。即表明作者身份，在作品上署名的权利。

（3）修改权。即修改或者授权他人修改作品的权利。

（4）保护作品完整权。即保护作品不受歪曲、篡改的权利。

（5）复制权。即以印刷、复印、拓印、录音、录像、翻录、翻拍等方式将作品制作一份或者多份的权利。

（6）发行权。即以出售或者赠与方式向公众提供作品的原件或者复制件的权利。

（7）出租权。即有偿许可他人临时使用电影作品和以类似摄制电影的方法创作的作品、计算机软件的权利，计算机软件不是出租主要标的的除外。

（8）展览权。即公开陈列美术作品、摄影作品的原件或者复制件的权利。

（9）表演权。即公开表演作品，以及用各种手段公开播送作品的表演的权利。

（10）放映权。即通过放映机、幻灯机等技术设备公开再现美术、摄影、电影和以类似摄制电影的方法创作的作品等的权利。

（11）广播权。即以无线方式公开广播或者传播作品，以有线传播或者转播的方式向公众传播广播作品以及通过扩音器或者其他传送符号、声音、图像的类似工具向公众传播广播作品的权利。

（12）信息网络传播权。即以有线或者无线方式向公众提供作品，使公众可以在其个人选定的时间和地点获得作品的权利。

（13）摄制权。即以摄制电影或者以类似摄制电影的方法将作品固定在载体上的权利。

（14）改编权。即改编作品，创作出具有独创性的新作品的权利。

（15）翻译权。即将作品从一种语言文字转换成另一种语言文字的权利。

（16）汇编权。即将作品或者作品的片段通过选择或者编排，汇集成新作品的权利。

（17）许可他人使用并获得报酬的权利。即著作权人可以许可他人行使上述规定的权利，并依照约定或者著作权法有关规定获得报酬。

（18）转让权。即著作权人可以全部或者部分转让上述规定的权利，并依照约定或者著作权法有关规定获得报酬。

（19）应当由著作权人享有的其他权利。

上述著作权中，第（1）项至第（4）项属著作人身权，其余各项均属著作财产权。

3. 著作权的申请与保护期限

与专利权和商标权不同，著作权因作品的创作完成而自动产生。专利权、商标权的取得必须经过申请、审批、登记和公告，即必须以行政确认程序来确认权利的取得和归属。而著作权因作品的创作完成而自动产生，一般不必履行任何形式的登记或注册手续，也不论其是否已经发表。

著作权保护期限是指著作权人依法取得的著作权的有效期限。在保护期内，著作权人的著作权受法律保护；超过保护期，该作品即进入公有领域，作者或者其他著作权人不再享有专有使用权。著作权法规定，著作权的保护期限具体为以下几方面。

（1）作者的署名权、修改权、保护作品完整权的保护期不受限制。

（2）公民的作品，其发表权、著作权中的财产权的保护期为作者终生及其死亡后 50 年，截止到作者死亡后第 50 年的 12 月 31 日；如果是合作作品，截止到最后死亡的作者死亡后第 50 年的 12 月 31 日。

（3）法人或者其他组织的作品、著作权（署名权除外）由法人或者其他组织享有的职务作品，其发表权、著作权中的财产权的保护期为 50 年，截止到作品首次发表后第 50 年的 12 月 31 日，但作品自创作完成后 50 年内未发表的，不再受著作权法的保护。

（4）电影作品和以类似摄制电影的方法创作的作品、摄影作品，其发表权、著作权中的财产权的保护期为 50 年，截止到作品首次发表后第 50 年的 12 月 31 日，但作品自创作完成后 50 年内未发表的，不再受著作权法的保护。

4. 著作权的侵权行为与法律责任

为有效地制止著作权的侵权行为，保护著作权人的合法权益，我国著作权法中规定了应当承担民事责任、行政责任及刑事责任的著作权侵权行为。著作权人如果发现自己的著作权遭到侵害，可以与侵权人协商解决，可以进行第三方调解，也可以根据当事人达成的书面仲裁协议或者著作权合同中的仲裁条款，向仲裁机构申请仲裁。当事人没有书面仲裁协议，也没有在著作权合同中订立仲裁条款的，可以直接向人民法院起诉。侵犯著作权的诉讼时效为两年，自著作权人知道或者应当知道侵权行为之日起计算。

著作权侵权行为的法律责任包括民事责任、行政责任和刑事责任。民事责任主要包括停止侵害、消除影响、赔礼道歉、赔偿损失等。其中，著作权法规定，侵犯著作权或者与著作权有关的权利的，侵权人应当按照权利人的实际损失给予赔偿。实际损失难以计算的，可以按照侵权人的违法所得给予赔偿。赔偿数额还应当包括权利人为制止侵权行为所支付的合理开支。权利人的实际损失或者侵权人的违法所得不能确定的，由人民法院根据侵权行为的情节，判决给予 50 万元以下的赔偿。行政责任主要包括责令停止侵权行为，没收违法所得，没收、销毁侵权复制品，并可处以罚款；情节严重的，可以没收主要用于制作侵权复制品的材料、工具、设备等。刑事责任包括侵犯著作权罪、销售侵权复制品罪。

4.5.2 专利权

专利权，是指专利权人在法定期限内对其发明创造成果享有的专有权利。它是国家专利行政部门授予发明人或申请人生产经营其发明创造并禁止他人生产经营其发明创造的某种特权，是对发明创造的独占的排他权。专利权人，即专利权的主体，是指具体参加特定的专利权法律关系并享有专利权的人。根据《中华人民共和国专利法》，发明人或者设计人、职务发明创造的单位、外国人和外国企业或者外国其他组织都可以成为专利权的主体。

1. 专利法保护的对象

专利法保护的对象，即专利权的客体，是指可以获得专利法保护的发明创造。《中华人民共和国专利法》规定的发明创造是指发明、实用新型和外观设计。

（1）发明，是指对产品、方法或者其改进所提出的新的技术方案。发明一般分为产品发明和方法发明两类。产品发明是指人们通过研究开发出来的关于各种新产品、新材料、新物质等的技术方案，如电子计算机、超导材料等。方法发明是指人们为制造产品或者解决某个技术课题而研究开发出来的操作方法、制造方法以及工艺流程等技术方案，如汉字输入方法、无铅汽油的提炼方法等。发明与发现不同，发现是对自然规律本身的新的认识，并不是利用，发明创造则是前所未有的东西。因此，发现不能称为发明。

（2）实用新型，是指对产品的形状、构造或者其结合所提出的适于实用的新的技术方案。

（3）外观设计，是指对产品的形状、图案或者其结合以及色彩与形状、图案的结合所做出的富有美感并适于工业应用的新设计。

《中华人民共和国专利法》规定，授予专利权的发明和实用新型，应当具备新颖性、创造性和实用性。由于外观设计是产品的一种新设计，是产品外在的东西，其本身并不涉及技术上的创造，对于外观设计授予专利权的条件更多地体现在与同类产品比较上是否具有新颖性。对科学发现、智力活动的规则和方法、疾病的诊断和治疗方法、动物和植物品种、用原子核变换方法获得的物质、对平面印刷品的图案、色彩或者两者的结合做出的主要起标识作用的设计以及违反国家法律、社会公德或者妨害公共利益的发明创造不授予专利权。

2. 专利权的取得

专利权不能自动取得，必须依法经过专利申请和审查批准的全部过程。

1）专利的申请

我国专利申请遵循先申请原则、单一性原则和优先权原则。申请人必须履行《中华人民共和国专利法》规定的专利申请手续，向国务院专利行政部门提交必要的申请文件。以书面形式申请专利的，应当向国务院专利行政部门提交申请文件一式两份。以国务院专利行政部门规定的其他形式申请专利的，应当符合规定的要求。申请人委托专利代理机构向国务院专利行政部门申请专利和办理其他专利事务的，应当同时提交委托书，写明委托权限。申请人有二人以上且未委托专利代理机构的，除请求书中另有声明的外，以请求书中指明的第一申请人为代表人。根据《中华人民共和国专利法》的规定，申请发明或者实用新型专利的，应当提交请求书、说明书及其摘要和权利要求书等文件。请求书应当写明发明或者实用新型的名称，发明人的姓名，申请人姓名或者名称、地址，以及其他事项。说明书应当清楚、完整的说明发明或者实用新型，以所属技术领域的技术人员能够实现为准；必要的时候，应当有附图。摘要应当简要说明发明或者实用新型的技术要点。权利要求书应当以说明书为依据，清楚、简要地限定要求专利保护的范围。依赖遗传资源完成的发明创造，申请人应当在专利申请文件中说明该遗传资源的直接来源和原始来源；申请人无法说明原始来源的，应当陈述理由。申请外观设计专利的，应当提交请求书、该外观设计的图片或者照片以及对该外观设计的简要说明等文件。外观设计的简要说明应当写明外观设计产品的名称、用途和设计要点，并指定一幅最能表明设计要点的图片或者照片。省略视图或请求保护色彩的，应当在简要说明中写明。对同一产品的多项相似外观设计提出一件外观设计专利申请的，应当在简要说明中指定其中一项作为基本设计。申请人提交的有关图片或者照片应当清楚显示要求专利保护的产品的外观设计。专利申请可以依法进行修改或撤回。

2）专利申请的审查批准

发明专利申请的审查批准，一般经过如下程序：①初步审查。国务院专利行政部门对收到发明专利申请的依法进行初步审查。②申请公开。国务院专利行政部门对发明专利申请经初步审查认为符合《中华人民共和国专利法》规定要求的，自申请日起满 18 个月，即行公布，还可以根据申请人的请求早日公布其申请。③实质审查。国务院专利行政部门根据申请人的请求，对发明的新颖性、创造性、实用性等实质性条件进行的审查。发明专利申请自申请日起三年内，国务院专利行政部门可以根据申请人随时提出的请求，对其申请进行实质审查；申请人无正当理由逾期不请求实质审查的，该申请即被视为撤回。国务院专利行政部门认为必要时，可以自行对发明专利申请进行实质审查。发明专利的申请人请求实质审查的时候，应当提交在申请日前与其发明有关的参考资料。④授权决定。国务院专利行政部门对发明专利申请进行实质审查后，认为不符合专利法规定的，应当通知申请人，要求其在指定的期限内陈述意见，或者对其申请进行修改；无正当理由逾期不答复的，该申请即被视为撤回。发明专利申请经申请人陈述意见或者进行修改后，仍然被认为不符合《中华人民共和国专利法》规定的，应当予以驳回。发明专利申请经实质审查没有发现驳回理由的，由国务院专利行政部门做出授予发明专利权的决定，发给发明专利证书，同时予以登记和公告。发明专利权自公告之日起生效。

实用新型和外观设计专利申请的审查批准。国务院专利行政部门受理实用新型和外观设计专利申请后，只进行初步审查，不进行申请公开和实质审查程序。实用新型和外观设计专利申请经初步审查没有发现驳回理由的，由国务院专利行政部门做出授予实用新型专利权或者外观设计专利权的决定，发给相应的专利证书，同时予以登记和公告。实用新型专利权和外观设计专利权自公告之日起生效。授予实用新型或者外观设计专利权的决定公告后，专利权人或者利害关系人可以请求国务院专利行政部门做出专利权评价报告。请求做出专利权评价报告的，应当提交专利权评价报告请求书，写明专利号。每项请求限于一项专利权。

专利申请人对国务院专利行政部门驳回申请的决定不服的，可以自收到通知之日起三个月内，向专利复审委员会请求复审。国务院专利行政部门设立专利复审委员会，专利复审委员会复审后，做出复审决定，并通知专利申请人。专利申请人对专利复审委员会的复审决定不服的，可以自收到通知之日起三个月内向人民法院起诉。

3. 专利权的保护

1）专利权的期限

专利权的期限，又称专利保护期。专利法规定，发明专利权的期限为 20 年，实用新型专利权和外观设计专利权的期限为 10 年，均自申请日起计算。国务院专利行政部门收到专利申请文件之日为申请日。如果申请文件是邮寄的，以寄出的邮戳日为申请日。邮戳日不清晰的，除当事人能够提出证明外，以国务院专利行政部门收到日为申请日。在保护期内，专利权必须依法行使和转让。

2）专利权的保护范围

专利权的保护范围是指专利权效力所及的发明创造的技术特征和技术幅度。因此，专利权的范围即是专利权的保护范围。专利法规定，发明或者实用新型专利权的保护范围以其权利要求的内容为准，说明书及附图可以用于解释权利要求。外观设计专利权的保护范围以表示在图片或者照片中的该外观设计专利产品为准。最高人民法院《关于审理专利纠纷案件适用法律问题的若干规定》规定，专利权的保护范围应当以权利要求书中明确记载的必要技术特征所确定的范围为准，也包括与该必要技术特征相等同的特征所确定的范围。等同特征是指与所记载的技术特征以基本相同的手段，实现基本相同的功能，达到基本相同的效果，并且本领域的普通技术人员无须经过创造性劳动就能够联想到的特征。

3）侵害专利权的行为和法律责任

根据《中华人民共和国专利法》的规定，侵害专利权的行为主要包括：①未经专利权人许可，实施其专利的行为。②假冒专利的行为。③以非专利产品冒充专利产品、以非专利方法冒充专利方法的行为。④侵夺发明人或者设计人的非职务发明创造专利申请权以及其他权益的行为。

未经专利权人许可，实施其专利，即侵犯其专利权，引起纠纷的，由当事人协商解决；不愿协商或者协商不成的，专利权人或者利害关系人可以向人民法院起诉，也可以请求管理专利工作的部门处理。侵害专利权行为的法律责任包括民事责任、行政责任和刑事责任。民事责任主要包括停止侵害、赔偿损失、消除影响、恢复名誉等。其中，侵犯专利权的赔偿数额按照权利人因被侵权所受到的实际损失确定；实际损失难以确定的，可以按照侵权人因侵权所获得的利益确定。权利人的损失或者侵权人获得的利益难以确定的，参照该专利许可使用费的倍数合理确定。赔偿数额还应当包括权利人为制止侵权行为所支付的合理开支。权利人的损失、侵权人获得的利益和专利许可使用费均难以确定的，人民法院可以根据专利权的类型、侵权行为的性质和情节等因素，确定给予 1 万元以上 100 万元以下的赔偿。为生产经营的使用、许诺销售或者销售不知道是未经专利权人许可而制造并售出的专利侵权产品，能证明该产品合法来源的，不承担赔偿责任。

行政责任根据不同的专利侵权行为，主要包括责令停止侵权行为、没收违法所得、并处罚款、责令停止销售及行政处分等。刑事责任只限于假冒他人专利且情节严重的情形。《中华人民共和国刑法》第二百一十六条规定，假冒他人专利，情节严重的，处三年以下有期徒刑或者拘役，并处或者单处罚金。

4.5.3 商标权

商标权是指商标所有人对其商标拥有的独占的、排他的权利。由于我国在商标权的取得方面实行的是注册原则，商标权实际上是因商标所有人申请，经政府主管部门认可的专有权利，即因商标注册而产生的权利。商标权与所有权一样，属于绝对权的范围，即权利主体对其注册商标享有完全的使用权和排他的权利。我国的商标法规定，自然人、法人或者其他组织依法享有商标专用权。

1. 商标与商标法

商标是指由文字、图形、字母、数字、三维标志和颜色组合，以及上述要素的组合，使用于一定的商品或者服务项目，用以区别商标使用者与同类商品的生产经营者或者同类服务业经营者的显著标记。

根据不同的划分标准，可以将商标分成不同的种类。经商标局核准注册的商标，即注册商标。注册商标包括：①商品商标。商品商标是用于生产销售的商品上的标记。②服务商标是用于服务行业，以便与其他服务行业相区别的标记。③集体商标。集体商标是指以团体、协会或者其他组织名义注册，供该组织成员在商事活动中使用，以表明使用者在该组织中的成员资格的标志。④证明商标。证明商标是指由对某种商品或者服务具有监督能力的组织所控制，而由该组织以外的单位或者个人使用于其商品或者服务，用以证明该商品或者服务的原产地、原料、制造方法、质量或者其他特定品质的标志。注册商标是商标权的客体。

商标法是指调整商标的组成、注册、使用、管理和商标专用权的保护等的法律规范的总称。商标法遵循以下基本原则：①保护商标专用权与维护消费者利益相结合的原则。②注册取得商标专用权原则。③自愿注册原则。

2. 申请注册的商标具备的条件

1）商标应当具备显著性

《中华人民共和国商标法》规定，申请注册的商标，应当有显著特征，便于识别，并不得与他人在先取得的合法权利相冲突。商标具备的这种显著性，可以通过两种方式产生，一是商标本身具有显著性；二是通过长期的使用获得商标的显著性。

2）商标应当符合可视性要求

任何能够将自然人、法人或者其他组织的商品与他人的商品区别开的可视性标志，包括文字、图形、字母、数字、三维标志和颜色组合，以及上述要素的组合，均可以作为商标申请注册。气味标志、音响标志不能成为注册商标。

根据《中华人民共和国商标法》的规定，下列标志不得作为商标使用：

（1）同中华人民共和国的国家名称、国旗、国徽、军旗、勋章相同或者近似的，以及同中央国家机关所在地特定地点的名称或者标志性建筑物的名称、图形相同的。

（2）同外国的国家名称、国旗、国徽、军旗相同或者近似的，但该国政府同意的除外。

（3）同政府间国际组织的名称、旗帜、徽记相同或者近似的，但经该组织同意或者不易误导公众的除外。

（4）与表明实施控制、予以保证的官方标志、检验印记相同或者近似的，但经授权的除外。

（5）同“红十字”“红新月”的名称、标志相同或者近似的。

（6）带有民族歧视性的。

（7）夸大宣传并带有欺骗性的。

（8）有害于社会主义道德风尚或者有其他不良影响的。

（9）县级以上行政区划的地名或者公众知晓的外国地名。但是，地名具有其他含义或者作为集体商标、证明商标组成部分的除外。已经注册的使用地名的商标继续有效。

下列标志不得作为商标注册：

（1）仅有本商品的通用名称、图形、型号的。

（2）仅仅直接表示商品的质量、主要原料、功能、用途、重量、数量及其他特点的。

（3）缺乏显著特征的。上述所列标志经过使用取得显著特征，并便于识别的，可以作为商标注册。

此外，根据《中华人民共和国商标法》的规定，以三维标志申请注册商标的，仅由商品自身的性质产生的形状、为获得技术效果而需有的商品形状或者使商品具有实质性价值的形状，不得注册。就相同或者类似商品申请注册的商标是复制、摹仿或者翻译他人未在中国注册的驰名商标，容易导致混淆的，不予注册并禁止使用。就不相同或者不相类似商品申请注册的商标是复制、摹仿或者翻译他人已经在中国注册的驰名商标，误导公众，致使该驰名商标注册人的利益可能受到损害的，不予注册并禁止使用。未经授权，代理人或者代表人以自己的名义将被代理人或者被代表人的商标进行注册，被代理人或者被代表人提出异议的，不予注册并禁止使用。商标中有商品的地理标志，而该商品并非来源于该标志所标志的地区，误导公众的，不予注册并禁止使用。但是，已经善意取得注册的继续有效。

3. 商标注册的申请和审查核准

1）商标注册的申请

我国商标注册申请遵循申请在先原则和优先权原则，由商标申请人依法向商标主管机关提出注册申请。商标注册申请的方法：①按规定的商品分类表填报使用商标的商品类别和商品名称。商品分类表是划分商品或服务类别和进行商标注册管理的重要依据。我国 1988 年 11 月 1 日开始采用《尼斯协定》的商品分类表申请商标注册，1994 年加入尼斯同盟。该协定将商品和服务分为 45 类，其中 34 类商品、11 类服务项目，覆盖了 1 万多个商品和服务项目。②商标注册申请人在不同类别的商品上申请注册同一商标的，应当按商品分类表提出注册申请。③注册商标需要在同一类的其他商品上使用的，应当另行提出注册申请。④注册商标需要改变其标志的，应当重新提出注册申请。⑤注册商标需要变更注册人的名义、地址或者其他注册事项的，应当提出变更申请。

2）商标注册的审查核准

商标注册的审查核准，是商标主管机关就申请注册的商标是否符合商标法的规定所进行的一系列活动，主要包括形式审查、实质审查、公告核准阶段。对于有争议的商标，还可能发生复审或者裁定。商标注册的审查核准阶段的具体内容为：①形式审查。商标局对收到的商标注册申请文件依法进行形式审查。②实质审查。商标局对受理的申请，依法进行实质审查，其内容主要包括申请注册的商标是否具有显著特征，便于识别；申请注册的商标是否与已注册在相同或类似商品或服务上的商标相同或近似；申请注册的商标是否违背商标法的禁止规定；等等。③公告核准。申请注册的商标，凡符合商标法规定的，由商标局初步审定，予以公告；凡不符合商标法规定的，由商标局驳回申请，不予公告。对初步审定的商标，自公告之日起三个月内，任何人均可以提出异议，公告期满无异议的，予以核准注册，发给商标注册证，并予以公告。此外，商标局认为商标注册申请内容可以修正的，发给审查意见书，限其在收到通知之日起 15 日内予以修正，未作修正的，超过期限修正或者修正后仍不符合商标法规定的，驳回申请，发给申请人驳回通知书。④复审或者裁定。对驳回申请、不予公告的商标，商标局书面通知商标注册申请人。商标注册申请人不服的，可以自收到通知之日起 15 日内向商标评审委员会申请复审，由商标评审委员会做出决定，并书面通知申请人。当事人对商标评审委员会的决定不服的，可以自收到通知之日起 30 日内向人民法院起诉。当事人在法定期限内对商标局做出的裁定不申请复审或者对商标评审委员会做出的裁定不向人民法院起诉的，裁定生效。经裁定异议不能成立的，予以核准注册，发给商标注册证，并予以公告；经裁定异议成立的，不予核准注册。经裁定异议不能成立而核准注册的，商标注册申请人取得商标专用权的时间自初审公告三个月期满之日起计算。

4. 注册商标专用权的保护

1）注册商标专用权的保护期与范围

根据《中华人民共和国商标法》的规定，注册商标的有效期限为 10 年，自核准注册之日起计算。注册商标有效期满，需要继续使用的，应当在期满前六个月内申请续展注册；在此期间未能提出申请的，可以给予六个月的宽展期。宽展期满仍未提出申请的，注销其注册商标。续展注册可以无限制地重复进行，每次续展注册的有效期为 10 年，自该商标上一次有效期满次日起计算。申请商标续展注册的，每一个申请应当向商标局交送商标续展注册申请书。商标局应当对续展注册申请进行审查。续展注册符合商标法规定的，经核准后，发给相应证明，并予以公告。不符合商标法规定的，不予核准，予以驳回。

注册商标的专用权，以核准注册的商标和核定使用的商品为限。根据这一规定，注册商标专用权的保护范围主要限定在三个方面：①核准注册的商标。商标因注册而取得专用权，从而得到法律保护，未注册的商标一般情况下是不受法律保护的。②核定使用的商品或者服务。③注册商标在有效期限内。注册商标的有效期限为 10 年，可无限续展。

注册商标超过有效期限没有续展的，即不再受到法律的保护。注册商标中含有的本商品的通用名称、图形、型号，或者直接表示商品的质量、主要原料、功能、用途、重量、数量及其他特点，或者含有地名，注册商标专用权人无权禁止他人正当使用。

2）侵犯注册商标专用权的行为及法律责任

根据《中华人民共和国商标法》的规定，有下列行为之一的，均属侵犯注册商标专用权：①未经商标注册人的许可，在同一种商品或者类似商品上使用与其注册商标相同或者近似的商标的。②销售侵犯注册商标专用权的商品的。③伪造、擅自制造他人注册商标标识或者销售伪造、擅自制造的注册商标标识的。④未经商标注册人同意，更换其注册商标并将该更换商标的商品又投入市场的。⑤给他人的注册商标专用权造成其他损害的。

对侵犯注册商标专用权的案件，首先由当事人协商解决；当事人不愿协商或者协商不成的，可以有两种处理方式：一是由商标注册人或者利害关系人请求工商行政管理部门处理；二是由商标注册人或者利害关系人向人民法院起诉。

侵犯注册商标专用权的法律责任包括民事责任、行政责任和刑事责任。民事责任主要包括：停止侵犯、消除影响、赔偿损失等。其中，根据《中华人民共和国商标法》的规定，侵犯商标专用权的赔偿数额，为侵权人在侵权期间因侵权所获得的利益，或者被侵权人在被侵权期间因被侵权所受到的损失，包括被侵权人为制止侵权行为所支付的合理的开支，如权利人或者委托代理人对侵权行为进行调查、取证的费用等。上述所称侵权人因侵权所得利益，或者被侵权人因被侵权所受损失难以确定的，由人民法院根据侵权行为的情节判决给予 50 万元以下的赔偿。销售不知道是侵犯注册商标专用权的商品，能证明该商品是自己合法取得的并说明提供者的，不承担赔偿责任。行政责任主要包括责令立即停止侵权行为、没收或销毁侵权商品和专门用于制造侵权商品、伪造注册商标标识的工具以及罚款。

4.5.4 女性创业中的其他相关法律问题

除知识产权外，女性创业者在创业的过程还需要注意许多法律问题，如合同、税收、劳动与产品安全与责任等法律制度。这里仅介绍与知识产权保护关系密切的反不正当竞争法。女性创业者在市场竞争中要坚持自愿、平等、公平、诚实信用的原则和公认的商业道德，合理竞争，避免并防范不正当竞争行为，积极维护自身合法权益与社会经济秩序。

1. 竞争与竞争法

竞争即市场竞争，是指具有不同经济利益的两个以上的经营者，为争取自身利益最大化，以其他利益关系人为对手，采用各种商业策略，争取交易机会的行为。

由于市场中经营者的理性和趋利，市场竞争的自由发展必然导致不正当竞争及垄断或限制竞争现象的出现。不正当竞争、垄断或限制竞争会扭曲竞争，严重侵蚀市场机制的基础，使中小企业和消费者深受其害。因此，为了保护竞争，维护市场秩序和市场主体的合法权益，竞争法便应运而生。在我国，一般认为竞争法是反不正当竞争法和反垄断法的合称。因此，竞争法是指调整在反对垄断和反对不正当竞争过程中发生的社会关系的法律规范的总称。

2. 不正当竞争行为

不正当竞争行为是指经营者违背自愿、平等、公平、诚实信用的原则和公认的商业道德，损害其他经营者的合法权益，扰乱社会经济秩序的行为。根据《中华人民共和国反不正当竞争法》的规定，不正当竞争行为主要包括以下几种。

1）仿冒行为

仿冒行为是指行为人通过使用与他人商品相同或相似的标识或表征，使人将其商品或服务误认为他人商品或服务的行为。仿冒行为具体表现为：①假冒他人的注册商标。②擅自使用知名商品特有的名称、包装、装潢，或者使用与知名商品近似的名称、包装、装潢，造成和他人的知名商品相混淆，使购买者误认为是该知名商品。③擅自使用他人的企业名称或者姓名，引人误认为是他人的商品。④在商品上伪造或者冒用认证标志、名优标志等质量标志，伪造产地，对商品质量作引人误解的虚假表示。

2）商业贿赂行为

商业贿赂是指经营者为了销售或购买商品而采用财物或者其他手段贿赂对方单位或者个人的行为。这类行为具有对合性[①]，以排斥竞争为目的，方式灵活性等特征。商业贿赂行为主要包括：①经营者采用财物或者其他手段进行贿赂以销售或者购买商品。②经营者在销售或者购买商品时，在账外暗中给予对方单位或者说个人回扣，或者给予非合法的中间人佣金以及对方单位或者个人在账外暗中收受回扣的行为。

3）虚假宣传行为

虚假宣传行为是指经营者利用广告或者其他方法，对商品的质量、制作方法、性能、用途、生产者、有效期限、产地等作引人误解的虚假宣传的行为。这些行为具有主体是经营者、宣传的内容与客观事实不符以及足以引人误解等特征。

4）侵犯商业秘密行为

商业秘密是指不为公众所知悉，能为权利人带来经济利益，具有实用性并经权利人采取保密措施的技术信息和经营信息。侵犯商业秘密，就是指经营者不正当获取、披露或使用权利人商业秘密的行为。侵犯商业秘密的行为主要包括：①以盗窃、利诱、胁迫或者其他不正当手段获取权利人的商业秘密。②披露、使用或者允许他人使用以盗窃、利诱、胁迫或其他不正当手段获取的权利人的商业秘密。③违反约定或者违反权利人有关保守商业秘密的要求，披露、使用或者允许他人使用其所掌握的商业秘密。④第三人明知或者应当知道上述所列违法行为，获取、使用或者披露他人的商业秘密，视为侵犯商业秘密。

5）不正当的有奖销售行为

①采用谎称有奖或者故意让内定人员中奖的欺骗方式进行有奖销售；②利用有奖销售的手段推销质次价高的商品；③抽奖式的有奖销售，最高奖的金额超过 5 000 元。

---

① 有行贿才有受贿，因此，商业贿赂包括行贿和受贿两个对合性行为。商业贿赂的行为主体也就包括行贿者和受贿者两个方面。

6）诋毁商誉行为

诋毁商誉行为是指经营者捏造、散布虚假事实，损害竞争对手的商业信誉、商品声誉的行为。这类行为具有以下特征：行为人有诋毁竞争对手的故意；诋毁行为的客体是竞争者商业信誉和商品声誉；行为人采取了捏造、散布虚假事实的手段。

此外，限制正常市场竞争的行为、不正当的贱卖行为和串通招标、投标行为等行为也是反不正当竞争法所禁止的行为。

3. 不正当竞争行为的法律责任

不正当竞争行为应承担的法律责任包括民事责任、行政责任和刑事责任三种。民事责任是不正当竞争行为应承担的主要法律责任。经营者违反反不正当竞争法的规定，给被侵害的经营者造成损害的，应当承担损害赔偿责任，被侵害的经营者的损失难以计算的，赔偿额为侵权人在侵权期间因侵权所获得的利润，并应当承担被侵害的经营者因调查该经营者侵害其合法权益的不正当竞争行为所支付的合理费用。被侵害的经营者的合法权益受到不正当竞争行为损害的，可以向人民法院提起民事诉讼。《中华人民共和国反不正当竞争法》规定，县级以上工商行政管理部门对不正当竞争行为可进行监督检查。监督检查部门可根据不同的不正当行为和情节，给予当事人以责令停止违法行为、没收违法所得、罚款及吊销营业执照的行政处罚。反不正当竞争法原则地规定了对个别情节严重的不正当竞争行为的刑事责任，但未涉及侵犯商业秘密等与知识产权有关的不正当竞争行为的刑事责任。刑法和有关法释规定了侵犯商业秘密，损害他人商业信誉、商品声誉等不正当竞争行为的刑事责任，如侵犯商业秘密罪，生产、销售伪劣商品罪等。

本章小结

本章首先分析了女性创业的融资困境，讨论了融资需求、融资成本、融资渠道等问题。

其次讨论了新创企业如何根据销售收入和成本支出编制预测的财务报表，以及相应的财务分析。利润预测表是根据市场营销计划的目标，通过预算得出，盈亏平衡点从预测的收益得出，给出了总收入等于总支出的销售额。

现金流不能等同于利润，它反映的是真实收到的现金与现金支出的差额。许多新创企业就因缺乏现金而失败，这种情况甚至在企业能够盈利之时也会发生。资产负债预测表反映的是在一段特定的时间内企业的状况，包括企业的资产负债和净价值方面的信息。比率分析能够帮助创业者了解在经营一段时期后企业的盈利能力、资产运用能力、经营效率及偿债能力。

创业者需要熟悉现金的适用范围，制定合理的应收账款政策，了解存货定价模型。

公开发行股票是使一家少数人持有企业向一般公众持有企业转变的过程，其任务相当艰巨。创业者必须考虑公司的规模、盈利能力、市场条件、资金需求的紧迫性以及现有股东的期望。创业者还要考虑公开发行股票的优势——获取更多的资本、流动性、融资平台以及威信，以及不利的方面——费用、信息的公开、失去控制权和市场的压力。

一旦决定进行公开发行股票，就必须选择投资银行，准备招股说明书。投资银行的经验是公开发行成功的一个主要因素。在选择投资银行时，创业者应当遵循下面的标准，即声誉、分销能力、咨询服务、经验和成本。下一步就是准备上市资料，企业需要召集公司有关人员、会计师事务所、律师、承销商及其顾问，共同确定登记注册的有效日期和招股说明书。创业者必须按照相关法律的要求精心准备这些材料。

创业者需要熟悉与企业经营管理有关的知识产权法，如专利法、著作权法等。

复习思考题

1. 即使你的新创企业符合公开发行股票的条件，你可能不希望公开发行股票，为什么？

2. 假如你决定公开发行公司股票，你需要选择一家投资银行。有三家投资银行可供选择：A 投行的声誉和总体经验都很好，但成本最高；B 投行有优秀的分销能力，但是没有过任何与你的公司类似的公司业务；C 企业有最低的成本，但不能在本地区以外进行分销。请问你如何对 A、B 和 C 做出选择，并说明理由。

3. 利润预测表与现金流量预测表有何主要区别？

4. 经验表明许多新创企业能够获利但却未能成功，试给予说明。

5. 什么是盈亏平衡点？销售价格上升对盈亏平衡点有何影响？

6. 现金的适用范围有哪些？

推荐阅读资料

刘顺仁. 2007. 财报就像一本故事书，山西：山西人民出版社.

深圳证券交易所. 2014. 中小企业股票发行上市指南.

香港联合交易所. 2000. 香港创业板上市指南. 北京：机械工业出版社.

阅读链接

1. http：//www.szse.cn/main/rule/jysywgz/fxywgz/39741700.shtml。

2. http：//www.hkex.com.hk/eng/index.htm。

参 考 文 献

毕海德 A. 2004. 新企业的起源与演进. 魏如山译. 北京：中国人民大学出版社.

陈小红，吴运迪. 2009. 创业与中小企业管理. 北京：清华大学出版社.

高建，姜彦福，李习保，等. 2006. 全球创业观察中国报告. 北京：清华大学出版社.

李时椿. 2010. 创业管理. 北京：清华大学出版社.

李志能，郁义鸿，希斯瑞克 R D. 2000. 创业学. 上海：复旦大学出版社.

卢亚娟，刘妍. 2009. 基于女性视角的中国小额信贷分析. 金融纵横，(1)：56-58.

明郡. 2010. 创业板投资入门手册. 深圳：海天出版社.

唐红娟. 2010. 小额信贷对女性创业的金融支持研究. 金融理论与实践，(11)：112-115.

王苏生，邓运盛. 2006. 创业金融学. 北京：清华大学出版社.

夏清华. 2007. 创业管理. 武汉：武汉大学出版社.

张玉利. 2008. 创业管理. 北京：机械工业出版社.

中国注册会计师协会. 2012. 经济法. 北京：中国财政经济出版社.

Aldrich H，Reese P R，Dubini P，et al. 1989. Women on the verge of a breakthrough：networking among entrepreneurs in the United States and Italy. Frontiers of Entrepreneurial Research，1（4）：339-356..

Coleman S. 2000. Access to capital and terms of credit：a comparison of men and women owned small business. Journal of Small Business Management，38（3）：37-52.

Greene P，Brush C，Hart M，et al. 1999. Exploration of the venture capital industry：is gender an issue // Bygrave W，et al. Forontiers of Entrepreneurship，1999：Proceedings of the 19th Annual Entrepreneurship Research Conference. Babson Park：Babson College.

Haynes P J，Helms M M. 2000. When bank loans launch new ventures：a profile of the growing female entrepreneur segment. Bank Marketing，（5）：28-34.

Hisrich R D，Brush C G. 1987. Women entrepreneurs：a longtitudinal study. Frontiers of Entrepreneurial Research，12（2）：187-200.

John W. 2003. Failure rates for female-controlled business：are they different? Journal of Small Business Management，41（3）：262-277.

Shelton M. 2006. Female entrepreneurs，work-family conflict，and venture performance：new insights into the work-family interface. Journal of Small Business Management，44（2）：285-297.

第5章 创业营销

学习目标：

1. 掌握企业进行市场细分以及选择目标市场的方法。
2. 理解企业进行市场定位的方法。
3. 了解影响消费者行为的因素以及消费者的决策过程。
4. 学习应用营销策略组合。

引导案例

维络城的商业故事

这家起步于上海的企业开创了优惠券打印行业，甚至一度成这个行业代名词。在业务最火爆的时候，它的2 000多个终端机，深入北上广乃至香港等10个城市，吸引了500多万用户和3 000多个商家。

而到了2013年，维络城仅剩不到20个终端机，散落在北京上海两地不起眼的角落，无人问津。直至2013年3月，维络城与嘀嗒团宣布合并。弱者抱团式的合并后，原嘀嗒团 CEO 宋中杰成为新任掌舵者，而维络城创始人张毅斌却远走异国，他已不再是这座“城”的主人。

2004年，张毅斌还是华东师范大学的一名研究生。偶然间，张毅斌留意到一个现象：上海各个商圈里，商家们将优惠券盲目派发，缺少针对性，很难博得消费者的好感。同时，网络上各种打折信息吸引了不少消费者，却因为没有纸质优惠券那么具有信任感，很难形成线下消费。于是，张毅斌的脑海里浮现出一种前所未有的商业模式：一个可以打印优惠券的终端机，如同 ATM 机一般，遍布于各个人群聚集的角落。商家可以在上面发布打折信息、推广品牌，用户可以通过 RFID 射频识别卡获取优惠券，终端机运营商则主要通过向商家收取广告费来实现盈利。

2006年年末，张毅斌率领团队研制出了这种终端机，将其命名为维络城，并注册了专利。他首先找到 DQ 冰淇淋等几个品牌，为其提供免费试用。上海地铁站里，维络城一经问世，便迅速吸引了很多新潮的年轻人。

维络城的横空出世，的确在一段时间内改变了年轻人的消费习惯，也为商家提供了一个前所未有的营销平台。随后，维络城广布终端，不仅占据了上海各个商圈与地铁站，还向全国铺开。而肯德基、麦当劳等商家则随之纷至沓来，维络城对商家的政策也从“免费”变成了“每个小灯箱每月收费3 000元”。2008年，维络城在上海滩坐拥会员近200万人，1 000多台终端机一年吐出2 000万张优惠券，商家投放价格也升至每个小灯箱每月 4 000 元。这颗冉冉升起的商业新星，引发了媒体争相报道，“最有潜力的科技公司”、“最具投资价值的创新公司”和“最佳新锐营销平台”等赞誉接连而至。直至 2011 年，维络城收入近亿元，一时间风光无限。

2011 年，移动互联网时代悄然而至，以苹果、三星为代表的智能手机，将曾经的全球手机业霸主诺基亚逼上绝境。智能手机的功能越发强大，随着团购在手机实现支付，消费者们几秒钟就能在手机上拿到折扣优惠，而不再需要移步到维络城的终端机上打印优惠券。变幻莫测的趋势之中，究竟该进还是退，究竟该坚守还是改变？拥有计算机博士学位的张毅斌，无法参透个中玄机。正在他精心策划着如何“巩固线下”时，移动互联网这个“隐形对手”已经开始强势来临。

在对手的冲击之下，维络城始终没有采用看上去更炫的触摸屏。只因张毅斌坚持认为，触摸屏的精度和灵敏度较低，而其 Windows 系统的维护成本和不稳定性，都会造成极大的后台压力。但事实上，优惠券的触摸屏就像智能手机一样，随着技术的快速提升，张毅斌担心的问题很快得到了解决。反而，维络城按钮式的终端机，不仅在年轻消费者心中显得落后，而且因为只能呈现 15 个品牌 logo，而遭到商家们的嫌弃。

2011 年，维络城曾与 F 团进行合作，用户可以通过维络城终端机下单，到商家直接支付。而借助维络城，F 团打破了单一的线上经营，搭建了线下平台，使线上线下实现互补。可惜这只是一次单个项目的业务合作，基于张毅斌固执的“线下为重”，维络城对于线上的探索也就戛然而止。

直至 2012 年 10 月，张毅斌不再担任维络城 CEO，也退出了公司管理层，仅仅保留了一些公司股份。此后，维络城彻底失去了“灵魂”，当初追随张毅斌的一些老员工也陆续离职，维络城的衰退速度进一步加快，其员工数量从最高峰的 2 000 多人缩减到如今不到 200 人。

2013 年 2 月，维络城正式宣布与嘀嗒团合并，新公司名称仍然是维络城，嘀嗒团的名字作为独立品牌保留。合并后，原嘀嗒团 CEO 宋中杰出任新公司 CEO，NEA 投资全球合伙人、中国董事总经理蒋晓冬出任董事长。

从 2006 年到 2013 年，维络城问世七年，却犹如跨过七百年。时代的新陈代谢实在太快，花还没来得及开放便已迅速凋谢，甚至没有一个优势可以永存。就如这座“城”，才开始繁荣，就匆匆落寞。

资料来源：http://www.cyzone.cn/a/20140306/254896.html

5.1 新企业目标市场战略

新企业成立之后，想要获得市场成功必须回答两个问题：谁是我们的顾客？我们该如何吸引顾客？为此，新企业需要开展市场细分（segmenting）、目标市场选择（targeting），以及市场定位（positioning），这是市场营销中的目标市场战略（STP 战略）全过程。

5.1.1 市场细分

尽管市场细分非常重要，但常被创业者所忽视。忽视市场细分会导致对新产品和服务的潜在市场规模进行错误的判断。例如，2014年手机市场规模有望达到150亿元。如果一个新创企业打算面向手机用户开发游戏软件，那么认为该产品的整个市场潜力是150亿元，这种判断是错误的。新企业需要识别150亿元的手机游戏市场中的不同细分市场，这样才能更好地服务于具有独特优势的目标市场。

识别市场细分的依据有以下几个方面。

1. 选择识别市场细分的特征变量

在市场营销工作中，经常使用的消费者市场细分标量主要有地理变量、人口变量、心理变量和行为变量，新创企业可以利用这些变量进行消费者市场细分，也可以运用组合效用进行更综合的考虑。

地理细分是按照消费者所在的地理位置及其他地理变量（包括位于城市还是农村、气候条件、交通运输状况等）来细分消费者市场；人口细分是企业按照人口统计变量（包括年龄、性别、收入、职业、教育水平、家庭规模、家庭生命周期、宗教、种族、国籍等）来细分消费者市场；心理细分就是按照消费者的生活方式、个性等心理标量来细分消费者市场；行为细分就是新创企业需要按照消费购买或使用某种产品的实际、消费者所追求的利益、使用者情况、消费者对某种产品的使用率、消费者对品牌的忠诚度、消费者待购阶段和消费者对产品的态度等行为变量来细分消费者市场；组合细分是目前国际上流行的市场细分综合方法，即使用组合效用进行细分。

2. 识别市场细分的有效标志

从企业市场营销的角度看，并不是所有的子市场都有意义。创业者要能够识别市场细分的有效标志，必须使细分后的市场具备如下特性。

（1）可区分性。可区分性是指在不同的子市场之间，在概念上可清楚地加以区分。例如，女性化妆品市场可依据年龄层次和肌肤的类型等变量加以区分。

（2）可测量性。可测量性是指细分后的子市场的大小及其购买力的数据资料应能够加以测量和推算，否则，将不能作为制订市场营销方案的依据。例如，在我国电冰箱市场上，在重视产品质量的情况下，有多少人更注重价格，有多少人更重视耗电量，有多少人更注重外观，或者兼得几个方面。

（3）可进入性。即新创企业细分后的子市场应能够借助营销努力达到进入的目的，企业的营销组合策略能够在该市场上发挥作用。例如，通过适当的营销渠道，产品可以进入所选中的目标市场；通过适当的媒体可以将产品信息传达到目标市场，并使有兴趣的消费者通过适当的购买方式得到产品。

（4）可盈利性。可盈利性即细分后的市场足够的需求潜量且有一定的发展潜力，其规模足以使企业有利可图。这是因为消费者的数量与新创企业利润密切相关。

5.1.2 选择目标市场

市场细分的目的在于有效地选择并进入目标市场。所谓目标市场，就是企业拟投其所好，为之服务，且其需要具有相似性的顾客群。

1. 新企业选择目标市场的原因

在市场细分的基础上，正确选择目标市场是目标市场营销战略成败的关键。选择目标市场包括比较不同细分市场的吸引力，然后选择最具有吸引力的市场作为目标市场。即便某个细分市场具有一定规模和发展特征，并且其结构也很有吸引力，创业者仍需将其自身的目标和资源与该细分市场的情况结合在一起考虑。有些细分市场虽然有较大的吸引力，但不符合创业者的长远目标，因此不得不放弃。这是因为这些细分市场本身可能具有吸引力，但是他们不能推动创业者完成自己的目标，甚至会分散创业者的精力，使之无法完成主要目标。即使这个细分市场符合创业者的目标，创业者也必须考虑新企业初创阶段是否具备在该细分市场获胜所必需的技术和资源。无论哪个细分市场，要在其中取得成功，必须具备某些条件。如果创业者在某个细分市场中的某个或某些方面缺乏必要的能力，并且无法获得必要的能力，那么创业者也要放弃这个细分市场。即使创业者具备必要的能力，也还不够。如果创业者确实能在该细分市场取得成功，也需要建立优势，以压倒竞争对手。如果创业无法在细分市场创造某种形式的优势地位，就不应贸然而入。

2. 新企业目标市场涵盖战略

1）无差异市场营销

无差异市场营销是指企业在市场细分之后，不考虑各个子市场的特性，而只注重子市场的共性，决定只推出单一产品，运用单一的市场营销组合，力求满足尽可能多的顾客需求。这种战略的优点是产品的品种、规格、款式简单统一有利于标准化及大规模生产，有利于降低生产、存货、运输、研发、促销等成本费用。其缺点是单一产品要以同样的方式广泛销售并让所有购买者满意是不可能的。特别是当同行业中有几家企业都实行无差异市场营销时，在较大的子市场中的竞争将会日益激烈，而在较小的子市场中的需求却得不到满足。因此，对于创业者来说，如果没有雄厚的资金支持和规模生产条件，要慎重选择无差异市场营销策略，避免陷入这种异常激烈的竞争。

2）差异市场营销

差异市场营销是指企业决定同时为几个子市场服务，设计不同的产品，并在渠道、促销和定价方面都加以相依的改变，以适应各个子市场的需要。差异市场营销会提高消费者对企业的信任感，进而提高重复购买率。差异市场营销的缺点是会使企业的生产成本和市场营销费用增加。对于新创企业来说，要注意避免超细分战略的误区，慎重选择差异市场营销策略。

3）集中市场营销

集中市场营销是指企业集中所有力量，以一个或少数几个性质相似的子市场作为目标市场，试图在较少的子市场上实现较大的市场占有率。新创企业较为适合采用集中市场营销策略。由于服务对象比较集中，创业者可以对一个或几个特定子市场进行深入的了解，并在生产和市场营销方面实行专业化，可以比较容易地在这一特定市场取得有利地位。如果子市场选择得当，新创企业可以获得较高的投资效率。但是，实行集中市场营销有较大的风险，因为目标市场范围比较狭窄，一旦市场情况突变、竞争加剧或消费偏好发生改变，新创企业可能陷入困境。

新创企业在选择目标市场时面临的最大挑战是，选择一个具有足够吸引力和差异性的市场，采用合适的集中市场营销策略，避免与其他企业拥挤在一起产生激烈的竞争。

5.1.3 建立独特市场定位

随着市场经济的发展，在同一市场上有许多同种产品的出现。新创企业为使自己生产或销售的产品获得稳定的销路，要从各个方面赋予产品一定的特色，树立产品鲜明的市场形象，以求在顾客心目中形成稳定的认知和特殊的偏爱，这就是建立独特的市场定位。

市场定位是指企业针对前置的顾客的心理进行营销设计，创立产品、品牌或企业在目标顾客心目中的某种形象或个性特征，保留深刻的印象和独特的位置，从而取得竞争优势。市场定位的实质是指本企业与其他企业严格区分开来，使顾客明显感觉和认识到这种差别，从而在顾客心中占有特殊的位置。例如，七喜汽水在广告中称它是“非可乐”饮料，暗示其他可乐饮料含有咖啡因，对消费者有害。

在营销实践中，新创企业可以根据产品的属性、利益、价格、质量、用途、使用者、使用场合、竞争者等多种因素或组合进行定位。

（1）产品属性定位。即在重要属性上，新创企业需要确定本产品或服务在消费者心目中相对于竞争品而言的地位。通过了解当前消费者如何看待公司的产品和品牌，新创企业可以改变他未来在消费者心目中的地位。例如，某家啤酒企业格局自身产品在消费者心目中是清新的形象，推出枯萎湿度的啤酒，用来满足那些喜欢淡味啤酒的消费者的需求。对于新创企业来说，因为其产品在消费者心中的地位并没有实际形成，创业者要经过更为周全的市场调查和试用来预判，以获得更好的市场属性定位。

（2）顾客利益定位。即根据产品带给消费者的某种特殊利益进行定位。例如，一些连锁超市强调“天天平价”，以吸引很多精于算计的顾客。

（3）产品用途定位。即根据产品的某项用途定位。例如，广告词“怕上火喝王老吉”的凉茶广告，把自己定位于消暑降火的功能饮料。

（4）使用者定位。即针对不同的产品使用者进行定位，从而把产品引导给某一特定顾客群。例如，有的企业将性质温和的婴儿洗发水推荐给留长发的天天洗头的年轻人。

（5）使用场合定位。即一些产品可以用多种不同的使用场合进行定位。例如，小苏打可以作为冰箱除味剂，也可以作为调味汁和卤肉的配料，不同的企业可以据此进行不同的定位。

（6）竞争者定位。即以某种知名度较高的竞争者为参考点来定位，在消费者心目中占据明确的位置。例如，七喜饮料的广告“七喜非可乐”在一定程度上强化七喜在消费者心目中的形象；恒大冰泉的广告语“我们搬运的不是地表水”用以针对竞争品农夫山泉。

5.2 新企业消费者行为分析

5.2.1 消费者行为影响因素

人们的消费行为、购买决策在很大程度上受到文化、社会、个人和心理等因素的影响。

1. 文化因素

1）文化

文化是区分一个社会群体与另一个社会群体的主要因素，是人们通过学习获得的区别于其他群体行为特征的集合。文化所包含的潜在元素有：价值观、文字、语言、伦理道德、风俗习惯、宗教仪式等。它是人类欲望和行为最基本的决定因素。

2）亚文化

亚文化是在较大文化内与其他群体共存的一个群体，其成员具有共同的信仰、特征或经历等，能提供更为具体的认同感，如民族亚文化、宗教亚文化、种族亚文化、区域亚文化和社会阶层亚文化等。

（1）民族亚文化。民族文化在预测消费者购买习惯、消费偏好时是非常重要的参考依据，它就像一个标签，标识出自己和其他人。

（2）宗教亚文化。世界上存在许多不同的宗教，不同的宗教信仰有不同的文化倾向和戒律，从而形成对商品的不同偏好和禁忌，使分属不同宗教群体的消费者在购买行为和习惯上表现出各自的特征。

（3）种族亚文化。各个种族都有自己独特的生活习惯和文化传统，他们的购买行为各不相同。例如，向亚裔美国人提供产品时，文化敏感度对营销效果很关键，需要注意不同数字、颜色所代表的不同含义。

（4）区域亚文化。不同的区域具有不同的地理特征、气候特点，赋予了人们不同的体质和性格。例如，我国南北方的人们在生活习惯和购物习惯上就有较大差异。

（5）社会阶层。社会阶层是指一个社会具有相对同质性和持久性的群体，他们是按等级排列的，每一个阶层成员具有类似的价值观、兴趣爱好和行为规范。

2. 社会因素

人们做出购买决策时，一般乐于听取信赖之人的意见以降低购买决策中的潜在风险，并从了解他人的想法和行为中获取慰藉。因此，消费者购买行为也受到诸如参照群体、家庭、社会角色与地位等一系列社会因素的影响。

1）参照群体

参照群体是指个人在形成其购买或消费决策时用以作为参照、比较的个人或群体。

参照群体可分为直接参照群体和间接参照群体。

直接参照群体又称为成员群体，即某人所属的群体或与其有直接关系的群体。成员群体又分为首要群体和次要群体。首要群体是指某人直接和经常接触的一群人，一般都是非正式群体，如家庭成员、亲戚朋友、同事、邻居等。次要群体是并不经常影响其成员但一般较为正式的群体，如宗教组织、职业协会等。

间接群体是指某人的非成员群体，即此人不属于其中的成员，但又受其影响的一群人。这种参照群体又分为向往群体和厌恶群体。向往群体是指某人推崇的一些人或希望加入的集团，如体育明星、影视明星就是其推崇的群体。厌恶群体是指某些人讨厌或反对的一群人。一个人总是不愿意与厌恶群体发生任何联系，在各方面都希望与之保持一定距离，经常反其道而行之，如图 5-1 所示。

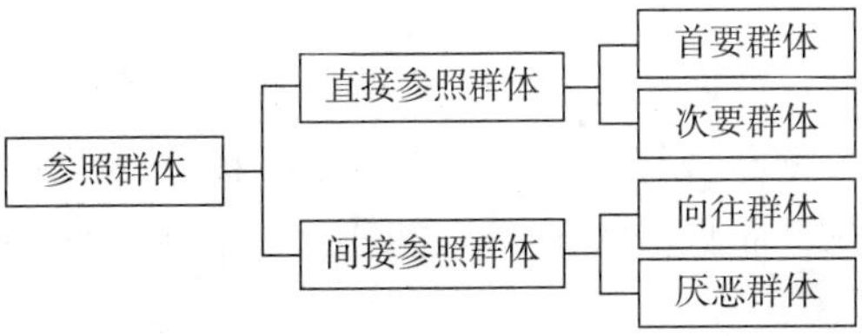

图 5-1　参照群体表

2）家庭

家庭是指居住在一起，由拥有血缘、婚姻或者领养关系的两个人或更多人组成的群体。家庭是社会的基本单位，也是社会中最重要的消费者购买组织，它强烈地影响着人们的价值观、人生态度和购买行为。

3）社会角色与地位

社会角色是指个人在群体、组织及社会中的地位和作用。一个人在其一生中会参加许多群体如家庭、俱乐部及其各种组织。每个人在各个群体中的位置可用角色和地位来表示。社会角色的不同在某种程度上也会影响消费者的购买行为。

3. 个人因素

消费者购买决策也受个人特性的影响，尤其是受其年龄、职业、经济状况、生活方式、个性及自我观念的影响。

1）年龄

消费者的年龄和性别会对消费者行为产生明显的影响。年龄不同，消费者对产品和服务的需求也不同。通常某种产品或服务只吸引部分年龄段的人群。

男性和女性由于生理上的先天差别也导致了不同的心理和行为，使两性的消费产品及购买决策过程差异显著。

2）职业与经济状况

不同的职业的消费者扮演着不同的社会角色，承担并履行各自的责任和义务，有不同的价值观和行为准则，对商品的需求和兴趣也各不相同。经济状况的好坏、收入水平的高低对消费者的购买行为有更直接的影响，人们的消费心理和购买模式往往随着其经济状况的变化而变化。

3）生活方式、个性及自我观念

生活方式是理解消费者行为的通俗概念，是人们生活、花费时间和金钱的方式的统称。它反映了人们的个人活动、兴趣和态度。个性是一个人所有的心理特征，它导致一个人对其环境的相对一致和持续不断的认知，从而形成自己是属于哪类人的观点，自我观念包括理想自我观念和现实自我观念，二者都影响消费者选择过程的重要因素。

4. 心理因素

1）动机

动机是一种驱使人满足需要、达到目的的内在动力，是一种升华到足够强度的需要，它能够及时引导人们去探求满足需要的目标。马斯洛认为，人是有欲望的动物，需要什么取决于已经有了什么，只有尚未被满足的需要才影响人的行为。

2）知觉

具有相同的激励和目标的两个人，其行为可能不大一样，这是由于他们对情况的知觉各异。所谓知觉是指感觉器官与大脑对刺激做出解释、分析和整合的创造性过程，它不仅取决于刺激物的特征，而且依赖于刺激物同周围环境的关系以及个人所处的状况。

3）学习

人们要行动就得学习。学习是指由于经验而引起的个人行为或行为潜能的持续性改变。人类行为大都来源于学习。由于市场营销环境不断变化，新产品、新品牌不断涌现，消费者必须习惯经过多方收集信息之后，才能做出购买决策，这本身是一个学习过程。

4）信念与态度

通过学习，人们获得了信念与态度，而信念与态度又反过来影响人们的购买行为。所谓信念是指一个人对事物所持有的确定性看法。企业应该关注人们头脑中对其产品或服务所持有的信念，即本企业产品和品牌形象的看法。

专栏　新产品的采用者类型

在新产品的市场扩散过程中，由于个人性格、文化背景、受教育程度和社会地位等因素的影响，不同的消费者对新产品接受的快慢程度不同。罗杰斯根据这种接受程度快慢的差异，把采用者分成五种类型，即创新采用者、早期采用者、早期大众、晚期大众和落后采用者。同时，从新产品上市算起，采用者的采用时间大体服从统计学的正态分布。

（1）创新采用者。该采用者处于距离平均采用时间两个标准差以左的区域内，占全部潜在采用者的2.5%。任何新产品都是由少数创新采用者率先使用，因此，他们具备如下特征：①极富冒险精神；②收入水平、社会地位和受教育程度较高；③一般是年轻人，交际广泛且信息灵通。

（2）早期采用者。早期采用者是第二类采用新产品的群体，占全部潜在采用者的13.5%。他们大多是某个群体中具有很高威信的人，受到周围朋友的拥护和尊敬。正因为如此，他们常常去收集有关新产品的各种信息资料，称为某些领域的意见领袖。这类采用者多数在产品的导入期和成长期采用新产品，并对后面的采用者影响较大，他们对新产品扩散有决定性的影响。

（3）早期大众。这类采用者的平均采用时间要早，占全部潜在采用者的 34%。其特征是：①深思熟虑，态度谨慎；②决策时间较长；③受过一定教育；④有较好的工作环境和固定收入；⑤对意见领袖的消费行为有较强的模仿心理。

（4）晚期大众。这类采用者的采用时间较平均采用时间稍晚，占全部潜在采用者的34%，其特征是多疑。他们的信息多来自周围的朋友或同事，很少借助媒体收集所需要的信息，其受教育程度和收入状况相对较差，所以，他们从不主动采用或者接受新产品，直到多数人都采用且反映良好时才行动。显然，这类采用者进行新产品扩散是极为困难的。

（5）落后采用者。这类采用者是采用新产品的落伍者，占全部潜在采用者的16%。他们思想保守，拘泥于传统的消费行为模式。他们与其他的落后采用者关系密切，极少借助媒体，其社会地位和收入水平最低。因此，他们在产品进入成熟期后期乃至进入衰退期时才会采用。与一般人比，在社会经济地位、个人因素和沟通行为等三个方面存在差异。

新创企业在进行新产品投放市场时，要抓住创新采用者和早期采用者这两个重要群体，获得他们的青睐和认可，因为只有这两个群体认可了才有可能将产品扩散到其他的群体中去，新产品的开发才能够获得成功。

5.2.2 消费者类型

但凡推销过产品的人都知道，每一笔生意都涉及若干客户，他们分别在不同的程度上影响着销售的结果。新创企业首先要考虑的问题是：目标客户是否由不同类型的客户组成的？他们在决策过程中的角色是什么？

（1）最终用户。最终用户是产品的实际使用者，是直接操作产品的人，也是对产品感触最多的人。了解最终用户的需求当然是必要的，但应该指出，在决定是否购买产品这个问题上，最终用户可能最没有发言权。例如，企业客户的决策权掌握在管理层手里，儿童消费者的购买权掌握在父母手里。

（2）影响决策者。影响决策者虽然不是产品的实际使用者，但是公司购买什么样的产品与他们的利益休戚相关。他们属于利益相关者，如公司 IT 部门的员工，又如家里的小孩，他们的喜好多少会影响父母对日用品的选择。

（3）推荐者。推荐者的意见有时比影响决策者的意见更重要。

（4）出资者。出资者掌握资金预算并决定实际开支的人。就大众消费市场而言，有实力购买正版音乐的青少年和攒够钱计划去旅游的大学生都可以看做出资者。

（5）决策者。无论最终用户、影响决策者、推荐者怎么想，最终决定购买什么产品的人是决策者。一般情况下，决策者就是出资者，但不能一概而论。在某些情况下，决策者比出资者具有更高的决策权。

（6）作梗者。除了以上这些客户的类型外，还有一种类型作梗者。例如，公司里难免有一些安于现状的人，使用新产品可能会损害他们的既得利益，甚至导致部门裁员。针对这些人唯一办法就是调查他们的背景，制定更有效的销售策略。

新创企业需要了解目标客户的工作（生活）细节，我们会发现客户在工作和生活中要与他人协作，甚至请他人代劳。所以需要尽可能地发现影响客户购买决策的人，然后围绕最终用户画出他们之间的关系图，标示出有关联的人（最终用户、影响决策者、推荐者、出资者、决策者、作梗者）之间的相互影响关系。然后决定企业的销售决策，为了把产品推销出去，要说服哪些人？

消费者的购买行为按照购物目的的不同可分为个人购物和家庭购物两种模式。个人购物为了个人消费而购买产品，而家庭购物是为了家庭成员共同使用购买产品。当消费者进行个人购物时，可能同时扮演前五种角色，而在家庭购物时，往往由家庭成员承担不同的决策与角色，而且随着购买环境和产品的不同，家庭成员在购买决策过程中的角色往往也会发生变化。

5.2.3 消费者购买行为

消费者购买行为决策随其购买行为的类型的不同而变化。较为复杂和花钱多的决策往往凝结着购买者的反复权衡和众多人的参与决策。根据参与者的介入程度和品牌间的差异程度，可将消费者购买行为分为四种类型，如表 5-1 所示。

表 5-1 消费者购买行为类型

介入程度 品牌差异	高度介入	低度介入
品牌差异大	复杂型购买行为	变换型购买行为
品牌差异小	协调型购买行为	习惯型购买行为

（1）习惯型购买行为。它是一种对于价格低廉、经常购买、品牌差异小的产品，不需要时间进行选择，也不进行信息收集、产品评价就进行购买的最为简单的购买行为类型。消费者只是被动的接受信息，出于熟悉而购买，也不一定进行购后评价。

（2）变换型购买行为。它是一种对于产品品牌差异明显的产品，不愿意花长时间来选择和评估，而是不断变换所购产品品牌的购买行为类型。消费者这样做并不是因为对产品不满意，而是为了寻求更多的尝试、比较和评价。

（3）协调型购买行为。它是一种面对品牌差异小而购买风险大的产品时，花费大量时间和精力去选购，购后又出现不满意不平衡的心理，为寻求协调平衡而在使用过程中继续收集产品信息的购买行为类型。

（4）复杂型购买行为。它是一种面对品牌差异大的产品，广泛收集相关信息，慎重选择，仔细比较后才购买，以求降低风险的购买行为类型。当消费者购买一种贵重的、不常买的、有风险的且又非常有意义的产品时，由于产品品牌差异大，消费者对产品缺乏了解，因而需要有一个学习的过程，以广泛了解产品性能、特点，从而对产品产生某种评价，最后决定购买。

新创企业在研究消费者对本企业产品或服务的购买行为时，要根据产品或服务的特点，以及在市场中与竞争对手的比较分析消费者是哪一种购买行为类型，针对不同的类型采取不同的营销策略。例如，对于习惯型的购买行为，企业可以用价格优惠、电视广告、独特包装、销售促进等方式鼓励消费者试用、购买和续购其产品。对于变换型购买行为类型，企业可以采用销售促进和占据有利货架位置等办法，保证供应，鼓励消费者购买。对于协调型购买行为，企业应该注意运用价格策略和人员推销策略，选择最佳销售地点，并向消费者提供有关产品评价的充分信息，使其在购买后坚信自己做了正确的决定。对于复杂型购买行为，企业应该采取有效措施帮助消费者了解产品性能及其相对重要性，并介绍产品优势及其给消费者的利益，从而影响最终选择。

早期阶段的创业活动需要在新颖的机会与看到该机会价值的顾客之间建立链接。那么,创业者是如何发挥自己的想象力,超于现有的事物并创造人们实际会购买的东西呢?他们是通过了解自己的顾客做到这一点的。学生们可以通过建立顾客人物原型工作表单来了解顾客，见表 5-2。顾客人物原型工作表单有助于学生站在顾客的角度，建立一种顾客是谁、顾客如何思考、顾客做什么、顾客要去哪里以及何时去的移情性理解，最终会发现顾客面临的问题，这些问题则会揭示出机会。

表 5-2　顾客人物原型工作表单

表单内容	描述一个典型顾客，给他命名一个名字。顾客有多大年龄？居住在何处？家庭如何？顾客在做什么以及在哪里做？顾客的背景（经历、教育）？顾客有某种兴趣或爱好吗？顾客的信仰？你能说出顾客的其他一些事情吗？
	关于你的机会，顾客如何花费时间？讲一个有关典型使用情境的故事
	对于你的机会，顾客存在的问题是什么？为什么？ 顾客解决该问题的不同方法是什么？顾客对这些不同解决方案的感觉如何？

5.3　新企业营销策略

新创企业在确定了目标市场并在市场上建立了独特的市场定位，就需要开始市场营销组合策略了。营销组合（即 4ps）主要分为四类，即产品（product）、价格（price）、促销（promotion）和渠道（place）。

5.3.1　产品

产品最重要的特性是为目标顾客增加价值。要使目标市场接受这种产品，企业就必须提供能够满足顾客真正需求的核心利益。因此，新创企业必须把注意力放在为顾客提供的价值主张上，以确保产品差异最大，并且对顾客而言非常明显。

对于大多数创业者来说，都是基于新的产品进行创业。当开发用于支持创业的新产品和新项目时，创业者必须要保证这是在满足顾客还未被满足的需求，也就是说创业者是在为顾客提供真实的顾客价值主张。创业者需要了解哪些产品属性是顾客认为重要的，以及顾客在每一个属性上是如何评价本企业产品和竞争性产品的。创业者在创业成功后，仍然要不断开发新的产品以不断满足顾客新的价值主张。

5.3.2　价格

定价是创业者在将产品推向市场之前需要考虑一项重要营销策略。对于大多数产品来说，通常使用的方法有：成本定价法，即在成本的基础上加上预期的毛利润；竞争导向定价法，是参考竞争对手的价格进行定价；感知价值定价法，在估计顾客购买产品愿意支付的金额基础上制定价格。与成本定价法和竞争性定价法相比，感知价值定价法更适合新产品和服务。

值得注意的是，创业者一定要抵制住索要低价以扩大市场份额的诱惑，因为价格不仅反映了企业的收入和利润，而且对于顾客如何感知该产品在市场上的地位起到一定的作用。价格对于顾客来说是一种质量的暗示，即顾客通常以产品的价格来评价其质量，尤其是当顾客对该产品了解很少的时候。因此，创业者要掌握顾客的心理，采用适当的心理定价，避免由于价格定位过低，在顾客心中形成产品质量较差的感知印象。

总之，创业者可以灵活用于相关的定价知识，进行初步定价，并根据市场反应及时对价格做出调整。在价格调整中，降价更容易获得消费者的支持，扩大市场份额。而提价容易产生消费者的抵触情绪，使得消费者放弃本产品。所以创业者要了解顾客对该产品的感知价值，进而进行价格调整。

5.3.3 促销

促销是指企业向目标市场传达产品特征时所采取的活动，其最终目的在于说服人们购买产品。尽管促销活动的种类较多，但大多数新企业资源有限，因此在选择打算采用的促销活动之前必须仔细研究促销活动。创业者可以参考市场营销教材中介绍的一些方法，包括人员推销、销售促进、广告、公共关系等。

创业者要善于利用新媒体进行促销。近年来，以微博、微信、Facebook 为代表的新媒体成为人们日常交流和获取信息的新渠道。由于新媒体更容易锁定目标顾客，并且运营成本较低，新创企业可以利用目标顾客群体所喜欢使用的新媒体渠道进行促销活动，以及促销信息的发布。创业教父雷军，在小米的营销推广中广泛的使用了 QQ 空间、微博、微信等渠道，避开传统媒体，并取得非常大的成功。

创业者要善于利用新的影响方法。例如，近些年病毒营销（viral marketing）被广泛使用。病毒营销是利用公众传递有关产品或服务的营销信息。通常认为病毒营销是无成本的，它主要是利用了目标消费者的参与热情，目标消费者受企业的信息刺激自愿参加到后续的传播过程中，原本应有企业承担的广告成本转嫁到了目标消费者的身上。目标消费者之所以自愿提供传播渠道，原因在于企业传递给目标群的信息不是赤裸裸的广告信息，而是经过加工的、具有很大吸引力的产品和品牌信息，而正是这一披在广告信息外面的漂亮外衣，突破了消费者戒备心理的“防火墙”，促使其完成从纯粹受众到积极传播者的转化。病毒营销的促销方式可以帮助创业者最大限度地降低促销成本，适合初创企业使用，与之类似的还有游击营销等。

5.3.4 渠道

渠道是产品和服务从生产者向消费者转移过程的具体通道或路径。建立营销渠道对新企业而言是极为困难的，因为自己的产品或品牌由于缺乏知名度，并受资金的限制，很难得到分销商的认可。

新创企业在渠道选择上做的第一项决策就是将产品直接卖给顾客还是通过中间商卖

给顾客。对于很多产业，其产品的分销通过两种途径都可以实现。企业在选择分销渠道时，要考虑目标顾客群体的购买习惯。例如，青少年群体的计算机使用技能普遍较好，企业可以通过互联网进行产品的直营销售。而中老年群体很少接触计算机，通常需要通过实体零售商来购买。

1. 直接销售

直接销售的主要优势是能够控制产品从企业转移到最终用户的整个过程，不必依赖第三方。其劣势在于必须雇用庞大的销售队伍，或者建立直营其产品的电子商务网站。

网络的出现为新创企业提供了直销产品的新机会。许多以前只通过零售店出售产品的企业现在也通过网络直接销售产品。同时，现在越来越多的消费者已经习惯通过网络来购买产品，这是顾客消费习惯的巨大转型，创业者要善于利用。

2. 通过中间商销售

通过中间商销售的企业一般将产品运送给批发商，批发商再将产品放到零售渠道上进行销售。这种方法的优势在于企业无须拥有自己的大部分销售渠道。例如，一家服装生产企业通过百货大楼和服装城进行销售，就可以避免建立和维护零售店的成本。它还可以依靠批发商来管理与百货大楼和服装城的关系并寻求新的产品零售渠道。使用这种方法的关键是要找到合适的中间商并对其进行管理。新企业必须经常向中间商兜售自己以获得他们的支持和合作。

通过中间商销售的劣势在于企业丧失了对产品的控制。企业并不能把百货大楼和服装城像自己的零售店一样努力向顾客推销。有时，通过中间商进行销售可能要比直接销售付出的代价高。

对于新创企业来说，渠道是决定其成功的双刃剑。如果能了解目标顾客，设计出符合其需求的分销渠道，会使得企业更好的发展。而新企业一般会倾向于过分依赖中间商，并缺乏对行业内的渠道行为的了解。所以，创业者有必要花费一定的时间来了解渠道，实事求是地制定渠道设计和渠道合作伙伴关系的决策，以便消除威胁，制定有效的渠道战略。

本章小结

目标市场战略由三个步骤组成：市场细分、目标市场选择、定位。市场细分要依据一定的细分变量来进行。企业根据自身的资源、产品的特点以及市场的同质性等选择目标市场涵盖战略，同时通过确定企业的竞争优势来进行市场定位。

企业在制定营销决策之前要了解消费者的购买行为。消费者购买决策在很大程度上受到文化、社会、个人和心理因素的影响。人们在购买决策过程中可能扮演不同的角色，包括推荐者、影响者、出资者、决策者等。企业营销管理的重点是针对购买决策过程中的不同参与者、消费者购买行为的不同类型，采取不同的营销策略。企业可以综合运用产品、定价、渠道和促销策略的组合来赢得市场。

复习思考题

1. 市场细分的依据是什么？

2. 企业在制定目标市场涵盖战略时应该考虑哪些因素？
3. 影响消费者行为的因素有哪些？
4. 参照群体对消费者购买决策产生何种影响？

推荐阅读资料

商业模式设计框架

如何为新创企业设计一套切实可行，又具有独特竞争优势的商业模式，这是所有创业者在创建企业前都必须做的一项工作。《商业模式新生代》一书提供了一个简洁且具有可操作性的商业模式设计框架——商业模式画布。该书中，作者提出商业模式设计要考虑九个构造块，每个构造块需要回答如下核心问题：

1. 客户细分

我们在为谁创造价值？

谁是我们最重要的客户？

2. 价值主张

我们该向客户们传递什么样的价值？

我们正在帮助我们的客户解决哪一类难题？

我们正在满足哪些客户需求？

我们正在提供给客户细分群体哪些系列的产品和服务？

3. 渠道通路

通过哪些渠道可以接触我们的客户细分群体？

我们现在如何接触他们？我们的渠道如何整合？

哪些渠道最有效？哪些渠道成本效益最好？

如何把我们的渠道与客户的例行程序进行整合？

4. 客户关系

我们每个客户细分群体希望我们与之建立和保持何种关系？

哪些关系我们已经建立了？

这些关系成本如何？

如何把它们与商业模式的其余部分进行整合？

5. 渠道通路

什么样的价值能让客户愿意付费？

他们在付费买什么？

他们是如何支付费用的？

他们更愿意如何支付费用？

每个收入来源占总收入的比例是多少？

6. 核心资源

我们的价值主张需要什么样的核心资源？

我们的渠道通路需要什么样的核心资源？

7. 关键业务

我们的价值主张需要什么样的关键业务?

我们的渠道通路需要什么样的关键业务?

8. 关键合作

谁是我们的重要伙伴?

谁是我们的重要供应商?

我们正从伙伴那里获得哪些核心资源?

合作伙伴都执行哪些关键业务?

9. 成本结构

什么是我们商业模式中最重要的固有成本?

哪些核心资源花费最多?

哪些关键业务花费最多?

参 考 文 献

奥斯特瓦德 A，皮尼厄 Y. 2011. 商业模式新生代. 王帅，毛心宇，严威译. 北京：机械工业出版社.

郭国庆. 2014. 市场营销通论. 第六版. 北京：中国人民大学出版社.

内克，格林，布拉什. 2015. 如何教创业——基于实践的百森教学法. 薛红志，李华晶，张慧玉，等译. 北京：机械工业出版社.

任荣伟，梁西章，余雷. 2014. 创新创业案例教程. 北京：清华大学出版社.

张玉利. 2014. 创业管理. 第三版. 北京：机械工业出版社.

Blank S G. 2013. 四步创业法. 七印部落译. 武汉：华中科技大学出版社.

第三篇　女性新企业创办与成长管理

第 6 章　女性创业者

学习目标：

1. 了解女性创业者与创业动机。
2. 理解女性创业者的心理及性格特质。
3. 掌握女性创业者的能力要求。

引导案例

琚　翠　薇

琚翠薇，江西景德镇人，1989 年生，翠薇阁艺术馆馆长、画家、收藏家。 中国首家艺术品拍卖平台上市公司；珠海首家受访央视 CCTV《影响力对话》栏目组企业；成功入围《中国品牌影响力提升计划》品牌扶持发扬企业；荣获“2014 年十大经济杰出女性”。翠薇阁艺术馆是由琚翠薇女士创办，迄今已逾八年，目前已成功上市。翠薇阁总部在珠海，于全国共八间分馆，融汇玉器、珠宝、沉香、红木、陶瓷、禅学等，是专业的古董、艺术品、奢侈品的鉴赏中心。

翠薇阁怀以敬畏之心、精益之心、优雅之心、虔诚之心，以物载道。坚持以收藏、分享、传播传统文化为己任，秉承“专业、鉴赏、分享、禅心”的宗旨。原创品牌“慈悲喜舍”“慧质禅心”，将外师造化、中得心源的无限意蕴赋予其中，复兴文化，兼济天下。

琚翠薇女子堪称当代年轻女性创业的典范。

资料来源：在中华女子学院的讲座和访谈整理

6.1　创业者与女性创业者的动机

6.1.1　创业者

创业者即创业的主体。人们对创业有不同的理解，也就导致了对创业者的不同界定。西方学者将创业狭义地理解为“创办企业等经济实体”，与此相联系，也将创业者等同于企业家。创业者和企业家英文为同一词“entrepreneur”，这是一个法语词汇，因为这个词最早是由法国人提出来的。早在 1803 年，法国经济学家萨伊（Say，1767 ~ 1832 年）就曾说过：“创业家能够把经济资源从生产效益较低和产量较少的领域，转移到生产效益较高和产量较大的领域。”他认为，企业家是预见特定产品的需求以及生产手段，发现顾客，克服许多困难，将一切生产要素结合的经济行为者。

20 世纪的经济学家熊彼特（Schumpeter，1883 ~ 1950 年）专门研究了创业者创新和追求进步的积极性所导致的动荡和变化，强调了创业者的创新精神。熊彼特将创业精神看做是一股“创造性的破坏”力量。创业者采用的“新组合”使旧产业遭到淘汰。原有的经营方式被新的、更好的方式所摧毁。

管理学专家彼得·德鲁克（Peter Drucker，1909 ~ 2005 年）将这一理念更推进了一步，称创业者是主动寻求变化，对变化做出反应并将变化视为机会的人。

综上可见，在西方学者那里，创业者即企业家，是指在没有拥有多少资源的情况下，锐意创新，发掘并实现潜在机会价值的人。

在我国，对于创业和创业家虽有广义的理解，但由于对创业学的研究较晚，所用教材也是从西方引进的，因此，在大多数场合，还是在西方创业学的范围来理解和运用的。

6.1.2　女性创业者的动机

创业动机是指引起和维持个体从事创业活动，并使活动朝向某些目标的内部动力。它是鼓励和引导个体为实现创业成功而行动的内在力量。女性创业动机研究的两种主要理论为“推拉”说和计划行动理论。创业动机的“推拉”说受到女性创业动机研究者的广泛追捧。基于现实或自身的某种困境而被动地被“推”向创业的女性创业动机似乎受到更普遍的认同和更多实证研究的证明。这些“推”的因素一般包括难以渗透的障碍（如升迁）、工作中的挫折感和对工作的厌烦、对大机构环境的不满等。也有研究结果表明，不少女性是被创业过程或创业结果所吸引（创业收益大于受雇收益的知觉）而被“拉”进创业行列的。“拉”的因素包括成就感、独立自主、理想的工作、商业机会、改善经济状况、掌控命运以及实现自我等，但有时推和拉又不能截然分开。计划行动理论（theory of planned behavior，TPB）也被一些研究者用于创业动机的研究。在 TPB 理论中，人的行为意愿是对结果信念、规范信念和控制信念综合考虑的结果。影响人的行为意愿的这三种信念具体到创业行为中就表现为创业能力、创业资源和价值取向，综合权衡和考虑之下再决定是否创业（王飞绒，2011）。

需要产生动机，进而导致行为。基于需要的创业动机可分为以下几个方面。

（1）基于生存需要的创业动机。生存是人类的第一需要。在劳动就业还是人们谋生的手段的情况下，当人们失去就业机会时，被“逼上梁山”，为了谋生混口饭吃，不得不发奋自己创业。下岗工人、失去土地或因为种种原因不愿困守乡村的农民，以及刚刚毕业找不到工作的大学生，都属于这类创业者。在我国这类创业者占多数。

（2）基于谋求发展的需要的创业动机。当人们的生存有了基本保障之后，就会谋求满足发展需要并为此而走上创业之路。改革开放以来，在党、政、军、行政、事业单位或国企、民营企业中，既有较好的工作，也有不菲的收入的一些人，认为现有行业或职业中的官僚作风或政治人事关系、论资排辈的晋升奖励制度、企业的体制和文化不利于自己的发展，辞职而自主创业以谋求更好的发展。这种谋求满足否则需要的创业与为了生存的创业相比，创业者的素质，创业的水平都高出一筹，创业活动也有较好的社会效果。

（3）基于获得独立的需要的创业动机。人生具有向往独立和自由的天性，每一个人都有当家做主的愿望，没有谁愿意长居人下，任其呵斥。一些人讨厌替别人干活而喜欢自己当老板，自行作决定，自己选择商业伙伴和确定业务内容，自己决定工作时间、薪水和休假。因此，不愿意到机关和其他企业就业，而自愿走上自主创业之路。目的就是通过创业使自己获得更大的独立和自由。

（4）基于赢得尊重的需要的创业动机。在人们的物质需要获得满足后，就会转向追求精神上的尊重和爱戴。对于大多数人来说，通过发家致富，有能力去帮助亲友和社会，从而获得亲友和社会的尊重，甚至还可以获得一定的名望和地位。据调查，大部分新兴企业家能扶助地方经济发展。少数企业家能通过自己的创新而对整个社会做出贡献。

（5）基于实现人生价值需要的创业动机。任何社会都有一些具有崇高思想境界的人，这种人以改造社会，造福人类为己任，把对社会的贡献作为实现自我人生价值的目标。他们在对自己所在地的就业和职业前景进行估量后，有意识地决定走创业之路。"穷则独善其身，达则兼济天下"，正是这些人的心理特征，这种创业者就属于较高思想境界的"达者"。

6.2　女性创业者的心理及性格特质

心理学的众多研究表明，创业者被认为拥有一些特定的个性特质。个性特质对创业动机形成、创立阶段和创业成功阶段均有影响，并且在各个阶段的影响程度有所差异（Rauch et al.，2005）。Frank 等（2007）通过对维也纳四个概念类似的研究的对比分析，研究了个性特质在创业意向形成、企业创业成功和以后的商业成功中的作用，发现个性因素在创业过程中的作用逐渐降低。在意向形成阶段，创业者个性的影响能解释 20%以上的变量差异，而在以后的商业成功中作用几乎为零。但无论如何，特质对创业的影响已被许多实证研究证明。个性特质对女性创业者的研究一般是基于对男女创业者的对比研究得出，众多研究表明，开创新企业的女性创业者在个性因素、心理特征方面，如风险承担倾向、动机（独立性、成就感、工作满意度等）与男性的共性大于差异，而 Sexton 和 Bowman（1987）发现，男女的显著差异仅仅表现在女性企业家的风险承担倾向和低体力水平。

创业研究几十年来的研究发现创业者具备一些典型的个人特质，如成就需求、风险偏好、控制倾向、对不确定性的容忍度、自我效能等。有研究发现服务业女性创业者表现出的典型个性特质主要有成就需求、内控源、风险倾向和自我效能（孙国翠和王兴元，2012）。

总之，创业者要创业成功，以下心理即性格特质非常重要。

6.2.1　强烈的成功欲望

"欲"实际上就是一种生活目标，一种人生理想。创业者的欲望同普通人的欲望不同之处在于，他们的欲望往往超出他们的现实，往往需要打破他们现在的立足点，打破眼前的樊笼，才能够实现。所以，创业的欲望往往伴随着行动力和牺牲精神。这不是普通人能够做到的。因为欲望，而不甘心，而创业，而行动，而成功，这是大多数白手起家的创业者走过的共同道路。或许我们可以套用一句伟人的话："欲望是创业的最大推动力。"

6.2.2 独立行动的心理品质

创业既为社会积累物质财富和精神财富，又是谋生和立业。女性创业者首先要走出依附于他人的生活圈子，走上独立的生活道路。因此，独立性是创业者最基本的个性品质。这种品质主要体现在：一是自主抉择，即在选择人生道路，选择创业目标时，有自己的见解和主张；二是自主行为，即在行动上很少受他人影响和支配，能按自己主张将决策贯彻到底；三是行为独创，即能够开拓创新，不因循守旧，步人后尘。

当然，我们提倡创业者具有独立性的人格，但这种独立性并不等于孤独，也不是孤僻。因为，创业活动尽管是个体的实践活动，但其本质是社会性的活动，是人与人之间的交往、配合，协调中发生、发展并且取得成功的。因此，创业者具有独立性品质的同时还应具有善于交流、合作的心理品质。

6.2.3 敢于承担风险

创业机会与风险共存。只要从事创业活动，就必然会有某种风险伴随，且事业的范围和规模越大，取得成就越大，伴随的风险也越大，需要承受风险的心理负担也就越大。立志创业，必须敢闯敢干，有胆有识，才能变理想为现实。只要瞄准目标，判断有据，方法得当，就应敢于实践，敢冒风险。对瞄准的目标敢于起步，选定的事业敢冒风险的心理品质又称敢为性。

敢为性的人对事业总是表现出一种积极的心理状态，不断地寻找新的起点并及时付诸行动，表现出自信、果断、大胆和一定的冒险精神，当机会出现的时候，往往能激起心理冲动。敢为不是盲目冲动、任意妄为，不能凭感觉冲动冒进，而是建立在对主客观条件科学分析的基础上的。成功的创业者总是事先对成功的可能性和失败的风险性进行分析比较，选择那些成功的可能性大而失败的可能性小的目标。创业者还要具备评估风险程度的能力，具有驾驭风险的有效方法和策略。

6.2.4 顽强意志力

创业者需要百折不挠，坚持不懈的毅力和意志。能够根据市场的需要和变化，确定正确而且令人奋进的目标，并带领员工战胜逆境实现目标。创业者必须有一颗永远持之以恒的进取心，三心二意，知难而退，或虎头蛇尾，见异思迁，终将一事无成。

创业者的恒心、毅力和坚忍不拔的意志，是十分可贵的个性品质。遇事沉着冷静，思虑周全，一旦做出行动决定，便咬住目标，坚持不懈。创业过程是一个长期坚持努力奋斗的过程，立竿见影，迅速见效的事是极少的。在方向目标确定后，创业者就要朝着既定的目标一步步走下去，纵有千难万险，迂回挫折，也不轻易改变初衷，半途而废。

6.2.5　善于交流与合作

在创业道路上，必须摒弃“同行是冤家”的狭隘观念，学会合作与交往。通过语言、文字等多种形式与周围的人们进行有效的交流与沟通，可以提高办事效率，增加成功的机会。在创业过程中，需要与客户和顾客打交道，与公众媒体打交道，与外界销售商打交道，与企业内部员工打交道，这些交往、沟通，可以排除障碍，化解矛盾，降低工作难度，增加信任度，有助于创业的发展。

6.2.6　善于进行自我调节

“水因地而制流，兵因敌而制胜。故兵无常势，水无常形；能因敌变化而取胜者，谓之神。”面对市场的变化多端，竞争激烈，创业者能否因客观变化而“动”，灵活地适应变化，成为创业成功的关键所在。因而，创业者必须以极强的信息意识和对市场走向的敏锐洞察力，瞅准行情，抓住机遇，不失时机地、灵活地进行调整。在外部环境和创业条件变化时，能以变应变。善于进行自我调节还应处理各种压力。能用积极态度看待来自工作和生活的压力，冷静分析，控制压力，找出原因，缓解压力，甚至消除压力。能够保持良好的心理，勇敢地面对压力，力争将不利变有利，将被动变主动，将压力变动力。具有较强的适应性，还应做到胜不骄，败不馁。

在创业之初，就应做好失败的准备。要善于总结和吸取失败的教训，承认暂时的失败现实，做出适当的调整和退却，为将来的进攻积蓄力量。准备失败，认识失败，承认失败，利用失败，在困难和挫折中前进，才能步步为营，转败为胜。在创业中，面对取得的成绩和阶段性的成功，要善于总结，看到存在的问题，明确今后努力的方向，找出保持成功势头和继续不断发展壮大的成功经验，避免骄傲自满，方能做到善胜者不败。

良好的创业心态，是每个创业者理智步入成熟、走向成功的基础。成功得意而不忘形，遇挫临危而不慌乱，这些都是创业者保持良好心态的准则。

6.3　女性创业者的能力与培养

6.3.1　女性创业者的能力

不管是男性还是女性创业者，要成功创业需要具备以下能力。

1. 较强的经营能力和业务能力

通常小企业初创时期都要求创业者自己动手解决企业中的所有工作，这就要求企业者必须是个既懂技术又懂经营管理的通才，这样才能使企业的生产和经营向着同一目标发展。

2. 开阔的视野

对于创业者来说，只有真正见多识广，广博的见识，开阔的视野，才能有效地拉近自己与成功的距离，使创业活动少走弯路。对于一个创业者来说开阔的视野意味着不但在创业伊始可以有一个比别人更好的起步，有时候它甚至可以挽救创业者和企业的命运。

视野的作用，不仅表现在创业者的创业之初，它会一直贯穿于创业者的整个创业历程。一个创业者的视野有多宽，他的事业也就会有多大。

3. 商业敏感性

创业者的敏感，是对外界变化的敏感，尤其是对商业机会的快速反应。潘石屹现在是商场的红人，潘石屹成为红人有他成为红人的理由。他能够从别人的一句话里听出 8 亿元的商机，而且是隔着桌子的一句话。1992 年，潘石屹还在海南万通集团任财务部经理。万通集团由冯仑、王功权等于 1991 年在海南创立。冯仑、王功权都曾在南德集团做过事，当年都是中国首富牟其中的手下谋士。万通成立的头两年，通过在海南炒楼赚了不少钱。1992 年，随着海南楼市泡沫的破灭，冯仑等决定将万通移师北京，派潘石屹打前锋。

潘石屹奉冯仑的将令，带着 5 万元差旅费来到了北京。这天，他（指潘石屹）在怀柔县政府食堂吃饭，听旁边吃饭的人说北京市给了怀柔四个定向募集资金的股份制公司指标，但没人愿意做。在深圳待过的潘石屹知道指标就是钱，他不动声色地跟怀柔县体制改革委员会办公室（简称体改办）主任边吃边聊："我们来做一个行不行？"体改办主任说："好哇，可是现在来不及了，要准备六份材料，下星期就报上去。"

潘石屹立即将这个信息告诉了冯仑，冯仑马上让他找北京市体改委的一位负责人。这位领导说："这是件好事，你们愿意做就是积极支持改革，可以给你们宽限几天。"做定向募集资金的股份制公司，按要求需要找两个中字头的发起单位。通过各种关系，潘石屹最后找到中国工程学会联合会和中国煤炭科学研究院作为发起单位。万事俱备，潘石屹用刚刚买的 4 万元一部的手机打电话问冯仑："准备做多大？"冯仑说："要和王功权商量一下。"王功权说："咱们现在做事情，肯定要上亿。"

潘石屹在电话那边催促冯仑快做决定，"这边还等着上报材料呢。"冯仑就在电话那头告诉潘石屹："8 最吉利，就注册 8 个亿吧。"北京万通就这样，在什么都没做的情况下，拿到了 8 个亿的现金融资。

这就是潘石屹那个"一言 8 亿"的传奇故事。后来万通在海南做赔了本，多亏了潘石屹这一耳朵"听"来的 8 个亿，才有了万通的今天。后来兄弟几个又闹分家，于是诞生了潘石屹现在的红石和北京大北窑旁边的现代城。

潘石屹能赚到这笔钱不是出自偶然，而是源于他的商业敏感。

有些人的商业感觉是天生的，如胡雪岩，更多人的商业感觉则依靠后天培养。如果有心做一个商人，那就应该加强训练自己的商业感觉。良好的商业感觉，是创业者成功的最好保证。

4. 谋略

商场如战场，一个有勇无谋的人，早晚会成为别人的盘中餐。创业者的智谋，将在很大程度上决定其创业成败。尤其是在目前产品日益同质化，市场有限，竞争激烈的情况下，创业者不但要能够守正，更要有能力出奇。

对创业者来说，无所谓大智慧小智慧，能把事情做好，能赚到钱就是好智慧。京城白领没有几个没有吃过丽华快餐的，京城的大街小巷，经常能看见漆着丽华快餐标志的自行车送餐队。丽华快餐由一个叫蒋建平的人创立，起家地是江苏常州，开始不过是常州丽华新村里的一个小作坊，在蒋建平的精心打理下，很快发展为常州第一快餐公司。几年前，当蒋建平决定进军北京时，北京快餐业市场已近饱和。蒋建平剑走偏锋，从承包中国科学院（简称中科院）电子所的食堂做起，做职工餐兼做快餐，这样投入少而见效快。由此推而广之，好像星火燎原，迅速将丽华快餐打入了北京市。假如蒋建平当初进入北京，依循常规，租门面，招员工，拉开架式从头做起，恐怕丽华快餐不会有今天。

谋略或者说智慧，贯穿于创业者的每一个创业行动中。谋略其实就是一种思维的方式，一种处理问题和解决问题的方法。对于创业者来说，智慧是不分等级的，它没有好坏、高明不高明的区别，只有好用不好用，适用不适用的问题。创业者智慧——不拘一格，出奇制胜。作为创业者，其思维是否至今依然因循守旧？

5. 自我反省的能力

反省其实是一种学习能力。创业既然是一个不断摸索的过程，创业者就难免在此过程中不断地犯错误。反省，正是认识错误、改正错误的前提。对创业者来说，反省的过程，就是学习的过程。有没有自我反省的能力，具不具备自我反省的精神，决定了创业者能不能认识到自己所犯的错误，能不能改正所犯的错误，是否能够不断地学到新东西。

成功创业者有一个共通之处，就是都非常善于学习，非常勇于进行自我反省。作为一个创业者，遭遇挫折，碰上低潮都是常有的事，在这种时候，反省能力和自我反省精神能够很好地帮助其渡过难关。曾子说："吾日三省吾身"。对创业者来说，问题不是一日三省吾身、四省吾身，而是应该时时刻刻警醒、反省自己，唯有如此，才能时刻保持清醒。

当然，创业者需要的能力还有很多如想象力、前瞻力等。

6.3.2　女性创业者的能力培养[①]

1. 创业知识与技能的培养

创业知识与技能可以通过后天的教育和培养建立性别平等的创业培训与辅导机制，开展女性创业教育，举办研讨班，讲授有关营销和女性企业家精神的课程，尤其要加强创业教育的实践活动培训，培育女性良好的创业理念和较高的创业技能。

2. 开发并维护女性创业者的社会关系网络

创业者个人社会关系网络对创业资源的获取与利用起着关键性作用。首先，女性创业者自身要尽可能挖掘并充分利用周边关系网络中的各种资源，争取更多信息交流、资源共享的机会，力求这些资源发挥最大化的效能；其次，政府要搭建更多女企业家交流、

① 谢雅萍、周芳：《女性创业特征及其促进策略》，《广西大学学报》（哲学社会科学版），2012 年第 4 期，第 79-87 页。

互助的平台，形成多探讨、多学习、多吸收、多创新的女企业家关系网络氛围，建立一些如行业咨询、管理咨询、女性创业培训辅导、创业信息提供和传播等的服务机构。最后，要加大女企业家关系网络的维护力度，重视社会关系网络的管理。

本章小结

创业动机是指引起和维持个体从事创业活动，并使活动朝向某些目标的内部动力。创业动机按需要可分为：生存需要、谋求发展的需要、获得独立的需要、赢得尊重的需要、实现人生价值的需要等。

创业者要创业成功，以下心理即性格特质非常重要：强烈的成功欲望、独立行动的心理品质、敢于承担风险、顽强意志力、善于交流与合作、善于进行自我调节等。

要成功创业需要具备以下能力：较强的经营能力和业务能力、开阔的视野、商业敏感性、谋略、自我反省的能力等。

复习思考题

1. 女性创业动机按需要可分为哪些类型？
2. 女性创业者需要具备怎样的心理性格特质？
3. 女性要成功创业需要具备怎样的能力？
4. 找出女性创业失败案例，试分析女性创业者的哪些特质导致了最后的失败？
5. 女性创业者如何积累和培养创业所需要的知识和技能？

创业素质测试

创业动机类型测试

测验题由 11 道题目组成，应试者根据个人观点从选择项中做出选择（表 6-1）。测验时间约为 10 分钟，要求应试者凭直觉作答，不用过多考虑。

表 6-1　创业动机类型测试

序号	问题及选项
1	灵活的时间对我来说 A. 非常重要　　B. 重要　　C. 不重要
2	我喜欢花在生意上的时间是 A. 每周 5～30 小时　　B. 每周 30～60 小时 C. 每周 40～60 小时　　D. 多长时间都行
3	我愿意为创业欠债的数额是 A. 不欠债或一点儿　　B. 不多或很多
4	说到控制生意，我想 A. 自己控制它　　B. 自己控制或找一个合作者帮忙 C. 我愿意和合作者或投资人一起控制它
5	我喜欢雇用的员工数量是 A. 0～1 人　　B. 2～50 人　　C. 超过一百人
6	如果有必要，在没有收入的情况下，我也可以坚持 A. 永远　　B. 几个月　　C. 一两年　　D. 几年

续表

序号	问题及选项
7	就能够让我支付日常花销来说，该生意 A. 不重要　B. 重要　C. 至关重要　D. 不是急需的
8	创业对于我来说最重要的是 A. 满足感　B. 可观的收入　C. 致富
9	休假对我来说 A. 非常重要　B. 有些重要　C. 重要但并不是必要的
10	我希望把自己的生意发展到 A. 不再花我的钱　B. 很好地给我和我的家人提供经济支持 C. 很好地给我、我的家人和雇员提供经济支持　D. 让我非常富有
11	我喜欢的工作的地点是 A. 家里　B. 家里或一个单独的办公室　C. 办公室、商店或工厂

记分规则：

选择各题选项中的任何一个都是记一分，未选记 0 分，根据表 6-2 将测验题目归类，然后把本类型的各题目得分合计后即为该创业动机类型的得分。

表 6-2　创业动机类型与相关题号

动机类型	相关题号	试题数/个	得分
实现活动型	1A，2A，3A，4A，5A，6A，7A，8A，9A，10A，11A	11	0～11 分
独自维持型	1B，2B，3A，4B，5A，6B，7B，8B，9B，10B，11B	11	0～11 分
平稳型	1C，2C，3B，4B，5B，6B，7C，8B，9C，10C，11C	11	0～11 分
梦想型	1C，2D，3B，4C，5C，6C，7D，8C，9C，10D，11C	11	0～11 分

依据得分，所得的最高分即为该个体最具代表性的创业动机类型，再依据表 6-3 进行相应的评价。

表 6-3　创业动机类型的特点、可能的融资来源及适合职业

动机类型	特点
实现活动型	创业的目的是实现自己的兴趣或某些个人目的，创业动机是个人满足感，创业所赚的钱对于企业家的经济生活来说并不是至关重要的
独自维持型	典型的自雇型企业，常被称为“独资经营企业”。公司的收入是企业家唯一的收入来源，常被政府和私人统计低估
平衡型	企业是所有人的事业，企业给他人提供就业机会，企业可以为企业家带来收入，没有了企业家的个人参与，企业也能获利，一般所有人的数量为 1～3 人，雇员数量在 2～50 人
梦想型	企业家有野心计划把企业发展壮大，不太考虑个人利益，企业充满潜力也面临高风险，须要求较高的起步资金

阅读链接

创业故事网：http：//www.cyegushi.com/tag/女性创业成功案例/。

参考文献

孙国翠，王兴元. 2012. 女性创业成功影响因素分析. 东岳论丛，(2)：153-157.

王飞绒. 2011. 国内女性创业研究的现状及展望. 中华女子学院学报，(5)：49-55.

Frank H, Lueger M, Korunka C. 2007. The significance of personality in business start-up intentions, start-up realization and business success. Entrepreneurship and Regional Development，19（3）：227-251.

Rauch A, Frese M, Utsch A. 2005. Effects of human capital and long-term human resources development and utilization on employment growth of small-cale businesses：a causal analysis. Entrepreneurship Theory and Practice，29（6）：681-698.

Sexton D L，Bowman U N. 1987. Evaluation of an innovative approach to teaching entrepreneurship. Journal of Small Business Management，25（1）：35-44.

第 7 章　女性创业团队管理

学习目标：

1. 了解女性创业团队的内涵。
2. 了解女性创业团队组建的原则。
3. 学会如何组建高绩效的女性创业团队。
4. 了解如何解决女性创业团队存在的问题。
5. 了解女性创业团队激励原则。

引导案例

谁的本领大

大象和猴子本来是一对要好的朋友。有一天，他们为争论谁的本领大而吵了起来。吵来吵去也分不出高低，这时乌鸦飞来了，它们就请乌鸦来裁决。乌鸦说："河对岸有一颗桃树，谁能把桃子摘下来，就算谁的本领大。"它们想，这还不容易，就来到了河边。猴子望着那滚滚的河水，害怕极了。这时候大象大摇大摆地走过来说："猴子，难道你不知道我的力气大吗，跳到我背上来，我背你过去。"到了对岸，大象用鼻子去够桃子，可是树太高，大象够不到。猴子说："大象，难道你不知道我善于爬树吗？这下该看我的了吧。"说着就爬上了树，把桃子一个个的摘下里。猴子下了树，和大象一起过了河，把桃子给了乌鸦。乌鸦说："你们各有各的长处和短处，你们团结起来发挥自己的长处不是很好吗？"

资料来源：小学语文湘教版教材改编

7.1　女性创业团队的组建

7.1.1　女性创业团队内涵

1. 团队的概念

Alchian 和 Demsetz（1972）发表的《生产、信息费用与组织经济》文章中第一次提出了团队生产（team production）的概念，认为企业中的效益不能用每个人的简单相加来衡量，团队生产利用团队成员间的合作来获得收益。Henry（1988）认为，团队是由个人组成的群体，其中每个成员都拥有共同目标，并且他们承诺有共同的行为目标，并保持相互负责的工作关系。Salas 等（1999）将团队定义为一个可分辨的集合，由两个或者两个以上的、动态的，通过适当的互动达成共同的、有价值的目标、目的和任务的人组成。罗宾斯（2001）认为，团队是通过其成员的共同努力能够产生积极协同作用，其团队成员努力的结果使团队的绩效水平远大于个体成员绩效的总和。我们认为，团队就是组织为了实现某个既定目标，由不同背景、不同技能、不同知识的人相互协作所组成的一个特殊类型的群体。团队的构成要素包括目标、团队成员、定位、权限和计划。

由定义可知，团队有自己的特征，主要有以下几个方面。

第一，团队是以完成共同目标为第一要务。一个高效的团队，首先要很明确自己的目标，同时该目标可以激励团队成员把个人目标和团队目标相结合，增加对团队的归属感；同时还可以使得团队成员清楚地知道团队希望他们做什么，从而做出对组织有利的事情来。

第二，团队成员相互信任。团队成员存在着相互依赖性，双方存在利益相关性。团队成员之间存在最大程度的善意，因为共同的目标使他们紧密地团结起来，在这样的目标指引下，团队成员开诚布公，相互信任。

第三，团队成员之间沟通良好。良好的沟通是一个高效团队必不可少的，这个沟通包含语言沟通、文字沟通、非语言沟通和电子沟通等多种沟通。良好的沟通有助于管理者知道团队成员的行动，消除误解。

第四，全面的技能。团队是由不同技能的员工组成的，他们具有的技术都是实现团队目标必不可少的。一个团队成员的技术，是一个团队最基本最重要的资源，是实现团队目标的基本保证。拥有高技术的团队成员，是综合素质较高的成员，他们之间的合作应该是良好的，这是团队高效的重要保证。

2. 创业团队的内涵

创业团队（entrepreneurial team）是一种特殊的团队，也是容易引起混淆的概念。创业团队是建立在团队概念基础上的，目前国内外学者对创业团队的概念还没有一个公认的标准。

Kamm 等（1990）认为，创业团队是指两个或两个以上的个人参与企业创立的过程并投入相同比例的资金。这个定义更多地强调创业团队的所有权，要求成员在创立企业过程中拥有相同的股份，在管理过程中处于相同的地位。

一些学者从智能的角度来定义创业团队。他们认为，创业团队是指在企业的启动阶段，两个或者更多的人，共同努力同时投入个人资源以达到目标，对企业的创立和管理负责。

一些学者从参与时间的角度指出，创业团队是指在公司成立之初，执掌公司的人或者在公司营运的前两年加盟公司的成员，但是不包括没有公司股票的一般雇员。

创业团队的概念，随着创业理念的发展变化而变化，一般来说，主要从人员构成的角度和职能的角度来研究创业团队的定义。创业团队的概念应该从狭义和广义两个角度来界定。狭义的创业团队是指具有共同目标、共享创业收益、共担创业风险的一群创新企业的群体。广义的创业团队不仅包括狭义创业团队的内涵，还包括与创业过程有关的各种利益相关者，如风险投资商、供应商、专家咨询群体等，在新创企业成长过程中的某几个阶段起着至关重要的作用，同时为社会提供了一定的新增价值。

3. 女性创业团队的内涵

针对女性创业团队的研究非常少见。本书认为，女性创业团队与一般的创业团队相比，最突出的特点是，团队的主导者是女性。企业成立之初，是由女性通过各种形式组织各种资源，成立企业组织，女性是新创企业的负责人，主导着整个团队的运行和发展。由此，我们给出女性创业团队的内涵是，两个或者两个以上具有一定利益关系的、彼此间通过分享认知的合作行动以共同承担创建新企业责任的、处在新创企业高层主管位置的女性人员共同组建形成的有效工作群体。女性创业团队的最大特点是，女性在团队里居于主导地位。女性创业团队的成员可以是女性也可以是男性，但是居于主导地位的是女性，才能够称得上是女性创业团队。

7.1.2　组建创业团队的意义

许多实践和研究都表明，团队工作方式能够提高工作绩效。罗宾斯（2001）认为，在企业中采用团队形式有很多优势：首先，能促进团结合作，鼓舞员工士气，增加员工的工作满意度。其次，使得管理者有时间思考管理问题，因为团队成员帮他解决了很多问题。再次，提高了决策的速度，因为团队成员距离较近，所以团队决策的速度比较快。最后，团队成员的多样化，可以提高组织和团队的绩效。

越来越多的实践和研究表明，一个好的创业团队对于新创企业的成功起着举足轻重的作用。新创立的企业，既有可能成为一个仅仅为创始人提供一种替代就业的方式，为几个家人和几个外人提供就业机会的公司，也有可能成长为一个具有较高发展潜力的公司。能否拥有一个高质量的创业团队，决定了新创公司成长为前者还是后者。一般来说，一个创业团队，能够把一个新创企业发展成为具有高潜力的企业。单凭一个创业者，很难实现这一目标。

通过对美国波士顿市郊地区沿着 128 号公路上的 100 强企业的调查，得出了以下统计结果：成立 5 年的企业，年平均年销售额达到 1 600 万美元；成立 6 ~ 10 年的企业，年平均销售额达到 4 900 万美元，而那些更成熟的企业，年销售额可达到几亿美元，数额十分可观。这些企业中，有 70%的企业有数位创始人。86 家企业中有 38%的企业有三位以上的创始人，17%的企业创始人在四位以上，9%的在五位以上，还有一家公司是由一个八人的团队组建的。

正因为创业团队对新创企业的成功起到至关重要的作用，因此风险投资家在帮助组建创业团队方面变得更加积极。同时组建团队与管理团队也是成功的创业者需要具备的主要能力之一。对于创业者来说，组建创业团队是非常重要的一个任务，要遵循一些原则。

7.1.3　女性创业团队的组建原则

创业成功的团队能够获得创业的成功，具有多方面的原因，在创业初期团队组建的时候，其成员按照什么样的原则组建团队，对团队的可持续、高效的运转起到至关重要的作用。没有一种现成的、适用于所有行业所有领域的创业团队的组建方式，可以这么说，有多少家具有团队创业的企业就有多少种组建团队的方式。也许是基于共同的兴趣，几个成员一起组建了一个企业；也许是因为曾经有共同的工作经历，在工作过程中发现创业机会，双方合作组建了一个创业团队。一般来说，具有可持续性发展的创业团队在组建的时候，一般遵循以下原则。

1. 互补性原则

很多人都信奉物以类聚人以群分，但是在团队创业的过程中，需要应对来自各个方面工作的挑战，团队成员的“相似性”存在很多缺陷。相似的人员越多，他们的知识、培训、技能和欲望相互重合的地方越多。例如，一群工程师组成的创业团队，都是技术专家，但是对待企业运作中所需要的人事管理、财务管理、市场营销、法律法规等，可能会束手无策。因此，创业团队成员的互补性是一个新创企业得以持续发展并且壮大的非常重要的因素。

很多创业者在组建创业团队的时候，都本着不要和那些背景、教育、经历状况和自己相似的人一起工作，因为他们不能提供新创企业所要求的各类能力，可以说建立优势互补的团队是创业成功的关键。实践表明，创业团队规模越大，团队成员的经验越是各不相同，新创企业成功的可能性就越高。创业团队为获得成功，必须包容和掌握非常宽泛的信息、知识和能力。理想的状况是，一个团队成员所缺少的东西可以由另一个或者更多的其他成员提供，即大家具有互补性，那么整体必将大于各部分之和，因为团队能够整合人们的知识和专长。

团队成员的互补性对企业绩效具有积极的影响。A. I. Murray 发现创业团队成员之间在技能和经验方面的差异对于企业长期绩效有正面的影响，尽管短期的影响可能是负面的，因为差异性有助于创造性，可以为团队决策提供多种选择，但是同时会阻碍成员之间的交流和信息分享。Micheal D. Ensley 教授以美国 Inc.500 企业的资料进行了实证研究，他从团队成员业务专长、教育水平、受教育专业以及技能的差异性这四个方面界定创业团队的互补性，从市场、产业中的企业数量以及技术三方面的变化界定环境的动荡性，用销售收入、销售收入的增长率和利润率来衡量企业绩效。实证结果发现，团队的互补性如果与环境的动荡性交互在一起，能够共同促进企业的成长与利润的提升。可以肯定的是，随着初创企业的发展，如果团队成员之间能够坚持任务和工作导向，互补性成员组成的创业团队将更富有灵活性和适应性的特征，对企业绩效将产生积极的影响。

2. 共同创业理念原则

共同的创业理念决定着创业团队的性质、目的和行为准则，指导着团队成员如何工作和取得成功。

共同的创业理念是形成企业凝聚力和合作精神的基础。可持续发展的公司，需要员工之间的亲密无间的合作和对员工具有非常强的凝聚力。团队所有成员都认同整个团队是一股密切联系而又缺一不可的力量，唯有公司整体的成功才能使团队中的每一个人获益，这是企业凝聚力。成功的初创企业最显著的特点是拥有一支能整体协同的团队，而不仅仅是培养一两个杰出人物。团队成员注重相互配合，注重在创业者和关键成员中培养核心人物。团队成员的创业理念相同，则在实际工作过程中，会求同存异和而不同，不会因为相互之间有差异而出现损伤公司利益的事情；共同的创业理念，使得成员之间相互配合更加默契，工作绩效也会提高。

共同的创业理念有助于实现公司目标。创业团队成员的创业理念相同，大家就会拧成一股绳，心往一处想，劲儿往一处使，以公司的目标为自己的目标，这样公司的目标不想实现都难。同时，在任何类型的新创企业中，团队成员都会建立起某种心理契约和创业氛围。如果团队成员的创业理念一致，则更加容易建立起相一致的心理契约。

3. 共同成功原则

凡是参与到创业团队的成员，都是具有强烈成就动机的人，大家都有成功的渴望。团队主导者应该在保障新创企业成功的基础上,尽可能地满足创业团队成员的成功欲望。迈克尔·乔丹说过这样的话“一名伟大的球星最突出的能力是让周围的队友变得更好。”只有团队成员的成功才能创造出企业的成功，只有团队成员的成功，才能保证企业的可持续发展。企业的任何成功都是建立在员工踏实工作中的点滴成功积累的基础上的。

共同成功原则还有一个体现就是，团队中没有个人英雄主义，每一位成员的价值，形成了团队整体价值。每一个成员都应该将团队利益置于个人利益之上，个人利益是建立在团队利益基础上的。实现了团队的利益，个人的利益也将会随之实现。这样的团队必然会取得成功。

4. 动态性原则

在企业发展的过程中，会发生成员的流动问题。团队成员的流动，可能是由于个人具有更好的发展机会，也可能是团队成员个人能力无法满足企业的需求，被动离职。对于创业企业来说，在创业团队组建之初，就应该料到，团队成员可能主动离职或者被动离职，因此应该建立大家一致认同的团队成员流动规则。例如，有的员工随着企业的发展壮大而获得了锻炼，拥有了较强的能力，在企业外获得更好的成长机会。此时创业企业应该给团队成员以自由，企业应该建立相应的替补机制，以避免员工离职后导致企业运转出现障碍。同时，当成员的能力不再能够满足创业企业日益发展的需要的时候，个人主动请辞，让位于更合适的人才。当然，对于创业企业来说，应该充分肯定这部分员工的贡献，如承认其股份、任命有相应级别的“虚职”以及合理的经济补偿等。所以在团队组建的时候，要设立较为清晰的股权分配制度，而且应该尽可能的预留一些股份，用来奖励贡献大的成员，以及用来预留给未来的团队成员和重要的员工。特别是女性，由于个人见识等原因，在企业发展壮大的过程中，创业团队成员可能无法满足企业的需要，那么这部分员工需要一个良好的退出机制。

5. 公平团队报酬原则

对任何一个团队来说，利益分配都是至关重要的问题。因此团队组建之初，就要把利益分配原则阐释清楚，并且以制度的方式规范下来。对于一个团队来说，建立在合理的公平的利益分配关系上的团队才具有稳定性和可发展性。

创业企业在不同时期应该具有不同的利益分配方式。例如，自我发展机会和自我实现机会这样的激励可以贯彻企业生命的始终，而财务激励在企业发展的不同阶段则可以采取不同的策略。企业在早期给予报酬的能力有限，因此，创业者必须仔细而全面的考虑企业在整个生命周期的总体报酬制度，而且必须确保企业具备长期支付报酬的能力，不会出现新员工加入的情况下或者是员工贡献提高了无力支付报酬的情况。

创业团队的主导者，要对企业外部环境可能发生的变化做一个较为合理的预测，然后调整利益分享计划。

7.1.4 女性创业团队的类型

一般来说，创业团队大体上可以分为星状创业团队（star team）和网状创业团队（nesh team）两大类型，以及有这两种团队类型演化出虚拟星状创业团队（virtual star team）。

1. 星状创业团队

在星状创业团队中，一般是有一个核心人物，充当了领军的角色。在女性创业团队中，毫无疑问，这个领军人物是名女性。核心领导可能是在工作过程中发现了创业机会，有了创业的想法，然后随之开始创业，组建创业团队。女性在创业初期，面临的困难可能要远远高于男性。能坚持下来的女性，一般都会成长为一个团队的非常优秀的核心领导。女性创业中，星状创业团队是最为常见的类型。

以女性创业者为核心，与女性创业者筛选过的合适的合作者组成的星状创业团队一般具有以下特点：组织结构紧密，向心力强，核心人物在组织中的行为对其他个体影响巨大；容易形成权力过分集中的局面，从而使决策失误的风险加大；决策程序相对简单，组织效率较高；当团队里发生冲突的时候，由于核心主导人物的特殊权威，使得其他成员可能会处于被动地位，进而导致一些成员的离开。

2. 网状创业团队

在网状创业团队里，一般没有星状创业团队里那样的核心主导人物，其团队成员在创业之初一般都有密切的关系，如同学、亲友、同事、朋友等，大家根据各自的特点进行自发的组织角色定位。这种类型的创业团队，在创业初期，各位成员基本上扮演着协作者或者伙伴的角色。

网状创业团队的特点是，没有明显的核心人物，组织结构较为松散，一般采取集体决策的方式，通过大量的沟通和讨论达成一致意见，决策效率较低。在团队管理中，容易形成多头领导的局面，因为团队成员在团队里的地位相似。当团队发生冲突时，一般采取平等协商的方式，这样团队成员一般不会离开。但是一旦团队成员之间的冲突升级，使某些团队成员撤出团队，就容易导致整个团队的涣散。

一般来说，女性创业团队中，使用这种类型的创业团队相对较少。一群女性，或者是亲人、同事、朋友，因为共同的兴趣或者是经历，组建成了一个创业团队，有事一起协商，共同决策。

3 虚拟星状创业团队

虚拟星状创业团队是从星状创业团队和网状创业团队演变而来。在团队里，大家共同协商，推举一个团队成员，作为团队的核心人员，在某种意义上是团队的代言人，而不是主导者。女性虚拟星状创业团队里，这个代言人应该是女性，她一定程度上代表着整个团队，尽管在做决策的时候，大部分时候仍然是团队协商。

7.1.5　女性创业团队的人员组成

从 20 世纪 80 年代末开始，创业团队的成功带来巨大的经济效益以及产生广泛的社会影响，引起了学者们对创业团队研究的兴趣。创业团队常常被看做取得成功的最基本的单位，能够有效突破单个创业者在能力、经验、资源等方面所受到的限制，因此创业团队的成员的个性和能力最好都是有所差距的，同时他们在团队中承担的角色也各有不同。

一般来说，一个优秀的创业团队必须包括以下几种人：一个创新意识非常强的人，可以决定公司未来发展方向；一个策划能力非常强的人，能够全面周到的分析整个公司面临的机遇和风险，考虑成本、投资、收益的来源和预期收益；一个执行能力很强的成员，具体负责执行过程。如果是技术类的公司，还要有一个技术能手。同时，财务、人事等职能部门，也需要相应的人员，这样的团队成员组成算是比较合格的。

对于任何一个组织来说，领导者的作用都是至关重要的，这点在创业团队里体现的更明显。创业团队需要一个核心领导者，或者叫主导者。这样的主导者，可以把团队里的各种人才凝聚起来，能调动各方面资源，保证新创企业的正常运转。一般的，这个核心领导者是由创业者来担当的，创业者在创办企业的过程中，自然承担了这一职责。创业者成了创业团队，吸收各方面人才，弥补自身的不足，满足新创企业的要求。一般来说，给潜在投资者、合伙人和员工留下深刻印象的做法是组建尽可能强大的团队。一般来说，一个创业团队应该包含创建者、核心员工。

1. 创建者

一个新创企业的创建者可能是一个个人，也可能是一个团队。研究表明，50%～70%的新创企业是由一个以上的创业者创建。人们普遍认为，团队创业要比个人创业更有优势，因为团队里的人优势互补，同时团队里的成员带来的才能、创意和资源等，远大于一个人。同时，如果创建者团队成员，在成立创业团队之前已经有过共事经历，则比第一次合作更加有效。团队成员之间的异质性，也增加了团队对技术、竞争策略、雇用策略等活动的不同观点，可能会引起团队成员之间的建设性冲突。实践表明，创建者团队超过四人，则成员之间的相互沟通成本增加，导致了团队的决策效率下降等。

创建者的素质对新创企业的发展至关重要。企业初创的时候，创业者的知识、技能和经验是企业所具有的最有价值资源。创建者的受教育水平被认为是决定初建者素质的重要因素，因为大学教育可以有效地提高一个人的研究能力、洞察力、创造力等。初建者的社会和网络关系也被看做其素质的重要内容。对于一个新创企业来说，面临的问题是多方面的，并且新创企业的生命力相比较而言都是比较脆弱的，因此需要初建者个人或者团队利用各方面的社会关系来帮助新创企业获得发展。

2. 核心员工

新创企业雇用的核心员工，应该是能够为企业带来价值增值的员工，而不仅仅是人品好、态度好。对于新创企业来说，员工的能力是第一位的。创业团队中的每一个人都是重要的，每一个人都可能独当一面，如果有一名成员能力不够，则可能会使新创企业陷入困境，甚至会举步维艰，进而破产。

创业者一项非常重要的工作就是招募到新创企业成功经营所需要的员工。创业团队不是一蹴而就的，而是随着新创企业的成长，需要不断的物色和招募优秀的核心员工，并最终将其吸收到创业团队中来。可以说，核心员工一定意义上是创业者的合作伙伴。

7.1.6 组建高绩效的女性创业团队

1. 建立创业团队目标

创业团队目标是组织的发展方向和团队成员的共同追求，目标可以提高个体绩效水平，从而增加团队的活力和群体绩效。首先，要建立一个对组织和全体成员都非常有意义和有价值的共同愿景，这个愿景应该是较高层面的、有远见的目标。这个愿景为每个成员指引方向、提供推动力，让团队成员为之奋斗。其次，还要设置一些具体的目标来实现组织的共同愿景。这些具体的目标，是可以衡量的、现实可行的，团队成员可以通过自己的努力能够在近期实现的目标。设置具体目标的时候，要通过明确的沟通，这样制定出来的目标，一方面更加完善，另一方面该目标的可执行性也更强。

在设计具体的目标时候，要注意把握以下原则：第一，具有可实现性。具体的目标要根据创业团队及其所处的内外环境，综合分析，并且是建立在共同愿景基础之上。目标不宜过高，也不宜过低。第二，目标体现激励性。制定的目标，应该是能够激励创业团队中每位成员的，激励每位成员都相信团队的愿景并愿意努力的实现。第三，全体成员达成共识。制定目标时候，通过良好的沟通，使得每位成员对目标达成共识，大家认可了目标，也就会积极努力的工作，从而高绩效的完成计划。

2. 选择合适的人员

团队成员承载着实现团队目标的任务，因此团队成员的选择至关重要。

1）团队成员数量

最好的创业团队，是有人员数量限制的，团队不是越大越好。如果团队成员过多，则他们的有效沟通将难以进行，并且也难以形成团队凝聚力，对成员的忠诚度和相互信任等都会有很大影响。所以，创业者要适当控制团队规模，根据团队目标，选择合适的成员数量，一般以不超过八人为宜。

2）团队成员能力

团队有效的运作，需要三类人员。第一，具有实现团队目标所需技术的人员。第二，具有解决问题和决策技能，能够发现问题，提出问题的建议，并能做出选择的成员。第三，善于聆听、反馈、解决冲突及其他人际关系技能的成员。这三类人员都具备了，还得根据三类人员的比例进行合理搭配。如果团队成立之初，三类人员尚不完全具备，可以选派一些成员出去进修或者培训。

3）合理分配角色

团队创业者挑选成员给成员进行角色分配的时候，要以员工的人格特点和个人偏好为基础，如表 7-1 所示。

表 7-1　团队角色类型

角色类型	角色分工
创造者——革新者	产生创新思想
探索者——倡导者	倡导和拥护所产生的新思想
评价者——开发者	分析决策方案
推动者——组织者	提供结构
总结者——生产者	提供指导并坚持到底
控制者——核查者	检查具体细节
支持者——维护者	处理外部冲突和矛盾
汇报者——建议者	寻求全面的信息
联络者	合作与综合

资料来源：罗宾斯（2001）

创业者要了解每个员工的自身优势，用其所长，安排在适合他的位置上，这样，才会人尽其才，员工的能力得到极大发挥，组织的目标才能够更好的实现。团队不成功的很大原因在于：不同才能的人搭配不当，导致某些领域投入过多，某些领域投入过少，木桶原理中的短板效应出来后，组织的绩效则很难实现。

3. 提高团队的领导力

美国俄亥俄州立大学通过研究，认为领导具有三大职能，即保持团体关系，达到团体目标，增进部署的交互行为。哈佛大学著名的领导学专家科特教授认为，领导的三大职能是：确定前进方向与决策；联合群众；激励和鼓舞群众战胜困难，向着正确的既定方向前进。美国管理学家彼得·德鲁克认为，领导的基本职能是：创造让部署发挥其才华的机会；使部署的潜能得以发展；消除管理过程中的障碍；鼓舞部署的清雪，给予部署晋升的机会；提供部署工作的明确方向（刘银花和姜法奎，2008）。从以上领导的职能可以看出，高绩效的团队离不开领导，因此团队的领导力需要提高。领导要带领大家，以大家都认同的方式，确认团队在达到目标的手段、方式等。还需要大家都确认的有，如何安排工作日程，如何解决冲突，如何做出修改和决定等。这些都需要团队领导带领大家一起来做。

4. 构建良好团队氛围

1）提升团队协调能力

团队目标确立后，高绩效的团队开始计划、沟通、解决冲突等来促进团队工作的开展，达成团队目标，这些工作的实现都需要团队的协调。一般的，将计划和沟通作为基本的团队协调机制。团队使用一系列的时间和方法，如确定时间节点、制订计划和日程安排等去管理更为稳定和可预测的工作。沟通协调机制包括反馈过程和人际协调，更为关注的是团队成员之间通过正式和非正式、口头或书面方式进行交流，以整合各自贡献。

2）促使成员承担双层责任

高绩效的工作团队，能够使其成员各自和共同为团队的目的、目标和行动方式承担责任，使成员在清楚哪些是个人的责任，哪些是大家共同的责任基础上，承担自己应该承担的双层责任。

3）建立适当的绩效评估和奖励体系

团队采用的激励手段是影响团队成员的积极性和创造力的重要因素。绩效评估机制，可以确保员工受到公平、公正的对待；并且在绩效评估的基础上，建立起来的奖励机制，可以激发团队成员为组织目标的实现做出最大的贡献。但是，单纯的以个人导向为基础的评估与奖惩体系是不够的，必须考虑以团队为基础进行绩效评估、利润分享、小群体激励以及其他方面的变革，来实现团队目标。

4）建立相互信任的氛围

高绩效的团队，离不开全体成员之间的相互信任。信任的关系建立起来很难，却很容易就遭到破坏，破坏了的信任关系，很难再修复。因此创业者对于团队成员之间的信任要多加注意。

怎么样才能培养创业团队的信任氛围呢？创业者作为团队领导起到重要作用。具体来看，创业者应该标明既是在为自己的利益而工作，又是在为别人的利益而工作；创业者对待任何人都开诚布公，让大家充分了解各种信息，面临的问题等；创业者公平、公正的对待每一位成员，奖惩分明；对于信赖自己的员工的信任，要保守他们的秘密；创业者要表现出比一般成员高的能力，因为在一个团队里，团队成员为了顺利完成任务，会对有能力的人给予好感和信任；最重要的是表现出自己的正直的人格，因为一般人对他人的道德性格和基本的诚实缺乏把握的话，那么信任是不可能的。

7.2 女性创业团队的管理

女性创业团队组建完成后，随着新创企业的发展，创业团队会遇到很多问题，同时创业团队自身也会遇到各种各样的问题。为此，需要对女性创业团队进行有效的管理。

7.2.1 高绩效创业团队的特征

高效团队，即高绩效团队，是指能够高效的实现团队绩效的团队，该团队成员具有高度责任感，不仅对整个团队的成功负责，而且关注个人的成长和发展。

高绩效团队的作用体现在以下方面。

（1）应对环境变化。高绩效的工作团队，可以应对组织由于技术、设备、人员以及组织外部的经济环境变化所带来的挑战。当前组织面临的内外部环境都瞬息万变，对组织的生存和发展带来了机遇也带来挑战。因此，应对环境变化，增强组织竞争力，是高绩效团队首要的作用。

（2）提高员工素质。高绩效工作团队在运作过程中，一方面帮助组织应对挑战，实现目标，一方面提高了员工素质。可以说，高绩效工作团队使得组织和员工实现了共赢。

高绩效的创业团队一般具有以下特征。

1. 具有一致的创业理念和创业思路

一致的创业理念和创业思路是形成团队凝聚力、相互信任和有效沟通的基础。如果没有形成一致的创业理念和创业思路，即使由再多的高级能人组合在一起也难以保证创业目标的实现。许多创业团队后来的分化和解体，根本原因就在于缺乏共同的创业思路，使得企业只好解散。

2. 团队成员坚持团队利益至上原则

每一个创业团队的成员，都能充分认识到团队利益是实现个人利益的基础。因此每个成员都会自觉地将团队利益置于个人利益之上，团队的每一位成员都为实现团队利益尽自己最大努力。

3. 团队对成员具有很强的凝聚力

创业团队是由几个志同道合、能力差异、优势互补的人组成的，大家为了共同的目标走到了一起。团队对每个个体具有非常强的凝聚力，这样每个人都为了团队目标的实现竭尽所能，这样的团队必定是高绩效的。

4. 建立了明确的分工体系

初创企业规模较小，在最初时候分工模糊，有了问题大家一起解决，通力合作。分工不明确会导致各人定位的模糊。团队失败的一个重要原因并非因为害怕、恐惧和不相信他人，而是因为成员对自己在其中担任的角色感到十分迷茫。高绩效的创业团队有一个很重要的特征就是，核心成员的分工明确，权责对等，这样每个人都清楚自己主要的工作职责是什么，主要负责的领域是什么。当然，做到分工明确，有一个前提是对每个成员的能力进行客观评价。

5. 建立了权责对等原则

职责和职权对等，是一项古老而重要的管理法则，是指必须设法使职务和职责权限保持一致。也就是说，分派某人去干某项工作，必须明确他的工作职责，同时相应的授予他履行该职责的职权。在高绩效的创业团队里，职责和职权的对等，有利于创业团队成员知道什么该做什么不该做，做具体的工作时候，应该承担什么责任，拥有什么权力。

6. 创业团队成员之间相互信任沟通无障碍

成员的目标和团队的目标是一致的，每个成员之间的个人愿望是统一的，在此基础上形成的良好的信任关系是稳定的，每个成员对其他人的品性和能力都确信不疑。只有相互信任才能形成良好的高绩效的工作氛围，实现团队目标。创业之初的团队成员之间没有建立起相互的信任感，这种信任危机往往在利益分配阶段，随着矛盾的激化而会逐渐突显出来，产生一系列的破坏后果。

在团队内部，相互信任很大程度上来源于有效的沟通。在成员之间以及成员和创业团队的主导者之间，形成较为通畅的沟通渠道，包括语言和非语言信息的沟通，这种有效的沟通，有助于知道和协调团队成员的行为，消除误解，使得成员之间能够迅速而准确的了解对方的想法和情感，从而达到相互信任。

7.2.2　女性创业团队管理中存在的问题

女性创业团队在运作过程中，会存在这样那样的问题。

1. 团队目标不明确

目标可以分为长期目标和短期目标。长期目标是创业团队的未来发展方向和愿景，起到指引团队前行的作用。创业团队目标要想实现，需要员工的坚持不懈的努力，如果方向是错误的或者方向是不清晰的，则付出的努力越多，实现目标的可能性越小。因此，选择正确的方向是第一位的，长期的愿景就是给创业团队前行指明了方向。很多创业团队具有非常优秀的队员和创业者，可惜的是大方向错了，导致了创业团队目标没有实现。

短期目标是对长期目标的分解，分解成一个个小的、清晰的目标。这些短期目标，应该循序渐进，相互连接又易于操作，最终帮助实现长期目标。如果短期目标出了错，轻则使得实现长期目标的过程会更加曲折，事半功倍，而重则无法实现长期目标。

因此，创业团队可能是目标不明确，造成了团队绩效无法实现。当然，在当今瞬息万变的市场环境下，团队的长短期目标不是一成不变的，团队要增强自己的适应力，就必须要适时地调整自己的目标，但是不管怎样调整目标，都要确保目标的清晰明确。

2. 成员选择失误

创业团队的规模可能过大或者过小，和实现创业团队任务不相匹配。规模过小的时候，人员少，任务重，每个人身兼数职，这样可能会导致团队的管理出现问题，最终导致影响团队总目标的实现。创业团队规模过大的时候，会容易引起团队成员信息沟通不畅，办事效率低下，创业团队的凝聚力减弱。

创业团队成员的能力不足，或者是能力分配不均。创业团队的成员能力普遍不高，不足以完成团队的目标。或者是部分成员有能力，一部分成员能力不够，会出现有能力的成员工作负担过重，而能力不足的成员则无所事事。还有一种可能性是，创业团队成员的能力分配不均匀。团队需要的各种能力的人员，现有人员可能大部分都是技术型人才，而管理型人才不足，造成了管理的混乱等，这都会影响团队的绩效。

创业团队的主导者——创业者，没有根据员工的个性特点给员工进行合适的定位。例如，安排倡导和拥有新思想的成员去做核查者，而适合做组织者的员工被分配去做建议者，总之员工角色分配不合理，造成了人没有尽其用，这样的结果，一方面是员工的满意度很低，员工的绩效不高，同时组织的绩效也没有实现。

3. 领导力不足

领导是一个团队的灵魂，不同风格的团队，应该选择具有不同风格类型的领导。团队领导的风格如果和团队类型不相匹配的话，造成的后果比员工没有放在合适的位置上的后果要严重得多，可能会直接导致团队绩效的失败。女性创业团队的领导是一名女性，女性和男性相比，有可能柔性有余魄力不足。

还有一种可能性是创业者盲目自信，觉得自己很有能力，完美无缺。这样，她不愿意或者不能指出自己的缺陷和弱点，并增补合适的团队成员来弥补，甚至根本不知道为将新创企业发展成为成功公司所必需的资源是什么，这样公司就会陷入危险境地。

4. 创业团队没有意识到创建并发展企业是一个动态的过程

在创业企业发展过程中，创业者可能想不到调整团队成员的薪酬水平和结构，企业新成立时候的水平和结构已经不适用了，因为最初的薪酬结构和水平已经不能反映团队成员的实际贡献了，尽管创业者在团队组建过程中花费了很多的时间，尽管团队成员在企业刚成立时候都同意了这份协议。并且，团队成员的组成也会发生变化，企业初创时期的成员可能离职了，后来又有新的成员加入。因此，必须要有动态的理念。没有动态发展观念的创业团队不可能建立起一套完善的机制让团队随着企业的发展进行必要的内部调节。

5. 团队成员之间的相互信任危机

女性创业团队的创始者可能认为新创业团队的团队成员之间相互信任是理所当然的，在长期的创业中，诚信是至关重要的，成员之间的信任是大家在一起合作的基础。但是，有可能团队员工之间的相互信任感没有建立起来。可能是领导能力等的原因，成员对创业团队的领导者本身存在不信任感，同时引发了对同事的不信任感。团队内部没有建立起相互信任的氛围，对团队实现高绩效影响是很大的，因为团队的工作需要相互配合，很难想象，相互不信任的人怎么在一起合作，合作的效果怎么可能会好。

7.2.3　女性创业团队保持高绩效的方法

为了保持女性创业团队的高效，创业团队应该首先完善制度建设。制度可以规范团队成员的行为，是成功创业的保障，其中产权制度、人事制度和财务制度至关重要。

1. 女性创业团队的产权制度建设

创业成功，首先要明确产权制度。产权制度是指既定产权关系和产权规则结合而成的且能对产权关系实现有效的组合、调节和保护的制度安排。产权制度是企业经营活动赖以存在的基础，一个企业如果没有好的产权制度，则这个企业在发展过程中肯定会出乱子，严重的话可能会导致企业的解体。1992 年，许多创业者由于没有建立清晰的产权制度，为日后的发展留下了隐患，尤其是家族企业。

必须建立起一个权责明确、责任清晰的产权制度，为以后企业发展壮大之后，理清归属关系，理清权责。这对企业的发展可以说是最重要的一点。因此创业团队在新创企业时候，就要明确产权制度。

2. 女性创业团队的人事制度建设

企业人事制度包括的内容很多，对于女性创业团队来说，最重要的是甄选制度和薪酬制度。

1）女性创业团队的甄选制度

要想获得成功，无论是哪个组织或者企业，都必须慎重甄选成员，对于女性创业团队来说，人员的甄选更为重要。只有那些能力强、能够独当一面的员工被吸纳进创业团队，那么新创企业才有可能生存下去。创业团队和一般的团队不同，因此对成员的要求也不同。第一，创业团队开拓团队或者拓展新视野，而一般团队是解决某类具体问题。第二，创业团队成员都居于高层管理者岗位，而一般团队成员并不局限于高管，也可能是一般岗位。第三，创业团队成员影响组织决策的各个层面，涉及的范围广，而不只是影响局部性的、任务性的问题。第四，创业团队成员关注战略性的决策问题而不是战术性的、执行性的问题。第五，女性创业团队中，团队成员和团队之间的心理契约关系特别重要。由此可见，创业团队成员是需要具有特定能力的、能够独当一面的人。因此，要从制度上把团队成员甄选工作明确下来。

创业团队成员加入团队的动因比较复杂。首先，可能是由于商机拉动，也就是存在一个商机，并且创业团队感知到了商机，由于把握和利用商机的需要，组成了创业团队进行创业。其次，可能是是资源优势互补，在创业过程中需要大量的、各式各样的资源，而单个创业者往往不具备所有的资源，因此需要通过引入掌握资源的人员来引进所缺少的资源。最后，可能是风险共担，也就是由于创业活动具有较大的风险，而单个创业者不具有抵御风险的能力，或者不愿意承担过大的风险，因而需要引入合作者为其分担风险。不同的成员加入创业团队，有不同的动机。那么创业者在选择的时候，也要有不同的标准。

2）女性创业团队的薪酬制度

对公平的感知是每个创业者面临的棘手问题。人们在经济活动中都有自利的倾向，公平理论认为，几乎所有的人都认为自己实际获得的少于应该得到的。一般来说，人们希望贡献与回报应当对等，并且希望这种比率对于任何人都一样。贡献大的应该得到较多的报酬，但是自利性偏见导致我们在认知上总是夸大自己的贡献，进而得出结论，自己没有被公正的对待。当人们感觉到报酬不公正的时候，创业团队就容易产生冲突，或者是消极对待——减少努力或者推卸责任，甚至会发生极端事件——退出团队。退出团队的成员，都是创业团队的初创成员，他们带着自己的能力、资源等离开，走向竞争对手那里，或者是他们成立新的创业公司，这对原来的创业企业造成巨大的损失。因此，创业团队必须高度重视公平感知的问题，在创业初期就把薪酬分配制度确定下来，并且随着角色、责任以及对企业贡献的变化，创业团队应当定期讨论，并适时的对股份、职位以及其他报酬做出相应的调整。这些调整的规定也应该在制度里明确下来。

女性创业团队的股权分配问题，也是一个十分重要的问题。几个人成立创业团队的时候，一般的会平均分配股权。但是这种平均分配主义会带来许多负面后果。随着创业企业的发展壮大，不同创业团队成员对企业的贡献是不同的，每个人的能力也有差异。实行平均主义，肯定会伤害贡献大的成员，这样团队的力量难以发挥出来。如果把公司的股权仅仅分配给初创的几个成员，则会影响后来进入公司的核心员工的利益和积极性。能否及时转让股权使得企业加快发展，也是一个重要的问题。企业创始人是牢牢地守住对企业的控制权，还是为了企业的发展，可以放弃或者部分放弃控制权。事实上，创业的目的不应该是掌控一家企业，创始人自己所拥有的股权的比重高低并非关键，关键的是要会利用股权交易来增加企业的价值。拥有一个平庸企业的 100%的股权，不如拥有一家成功企业的 20%的股权，因为后者带来的利润可能是前者的十倍以上。

3. 女性创业团队的财务制度建设

很多实践表明，许多新创企业在一年内就倒闭的直接原因是因为财务问题，例如，应收账款中的坏账太多，频频发生流动资金短缺问题。由于初创企业规模一般都比较小，财务部门一般只有一个会计和一个出纳，发生财务风险的概率要增加很多。创业者不能简单把财务管理视作记账，要由专业的财务人员来管理。报销制度、现金流量、预算制度、核算和成本控制等制度都要确定下来。

新创办企业的各项制度建设应该以简单适用为原则，并用书面的证书文件加以固定，强调大家都要遵守，避免社会关系对公司制度执行的干扰。当公司发展到一定程度的时候，还需要对制度进行修正。由于新创企业规模较小，许多问题都可以直截了当的沟通，提倡并遵循开诚布公、实事求是的行为风格。

7.3　女性创业团队的激励

创业者在创业初期、创业过程中，都一直会考虑这样一个问题：如何设置有效的激励机制，使得所有的创业团队成员能够自始至终的发挥个人最大潜力？可以说，能不能做好创业团队成员的激励，是关系到一个创业企业生死存亡的大事。

一般来说，企业的报酬制度包括股票、工资、补贴和福利等经济报酬和个人发展、个人目标和技能提升等非经济报酬。每个团队成员对经济报酬和非经济报酬的需求不同，取决于每个人的价值观、目标和愿望，并且有的追求短期的资金安全和短期收益，有的更偏向于长期的资本收益。

一般来说，对于大多数人来说，报酬激励可能都是最重要的激励内容，因此设计好报酬激励方式至关重要。

7.3.1　报酬激励的基本原则

新创企业的团队报酬制度应该能够激发促进团队管理的积极性，一般来说，报酬制度应该遵循以下规律。

第一，对于创始人来说，通常会更信任长期回报，愿意接受短期内的低薪。短期内，甚至一段时期内，创始人只需要拿基本工资或者基本生活费，甚至当创业企业出现紧急情况时，创始人可以不领钱甚至倒贴钱，创始人的眼光在创业成功后的收益。一般来说，加入创业团队的时间越早（因为公司资本不足），通常薪水越低，但能领到更多的期权，或是更低的行权价格。相当于用个人风险来换取长期回报。

第二，在企业生命周期的各个阶段，给企业创业团队的成员报酬可以有所不同。创业初期，团队成员工资普遍偏低；创业企业进入良性发展，团队成员的报酬会有大幅度的增加。同时，自我发展机会和自我价值实现的机会等非经济报酬，贯穿于创业的整个生命周期。

第三，对于创业者来说，从企业创立开始就需要制定相对完善的股东协议，明确各个创业者之间和原始投资人之间的关系。现在创业，已经不是原生态的打白条年代，而是股份加期权的契约年代。国内兄弟创业也好，伙伴创业也好，能够做大、做好的企业不多，这是因为对于创业契约文化的不了解。创业企业在不同阶段，支付经济报酬的能力也不同。创业团队要仔细全面的考虑企业在整个生命周期的各个阶段的支付经济报酬的能力，避免出现在员工贡献水平提高的情况下，没钱给他们加薪，或者新进员工加入的情况下不能支付薪酬的情况。

7.3.2　经济报酬要分配合理

创业者对经济报酬要进行合理的分配。

第一，创业团队的成员共享财富。也就是说，女性创业者作为创业企业最重要的决策者，不应该再对公司的持股比例上斤斤计较，因为持有一个好的公司 20%的股票，和持有一个差公司 100%的股票相比，前者可能比后者获得的收益要高得多。因此，女性创业者和创业团队应该想方设法把企业经营好，扩大企业的盈利。

第二，报酬支付程序要规范化。女创始人要规范创业团队的报酬支付程序，每一个创业团队成员都必须努力寻找有关合理制定报酬制度的最佳方案，使它能够尽可能公平的反映每位团队成员的责任、风险和相对报酬。

第三，报酬分配要体现员工的业绩。报酬应该是业绩的体现，而不是努力程度的体现，并且业绩应该是每个人在企业早期运作的整个过程所表现出来的业绩，而不仅仅是某一个阶段的业绩。并且，不同的团队成员对创业企业做出的贡献也是不同的，报酬制度应该体现这些差异化。

第四，报酬制度应该是动态的。例如，有的创业团队成员在企业成立之后，每年的业绩都呈现递增趋势，但是报酬却没有呈现递增的趋势。随着创业企业的发展壮大，有的团队成员可能会被替代，新的成员进入团队，那么报酬制度的设计都要充分考虑到这一点。

第五，创业企业要根据企业所处的周期选择支付报酬的形式。报酬支付一般会在创业企业成立之初明确规定下来，不过还应该按照个人在企业整个周期内的业绩来确定，同时要结合企业所处的发展阶段。创业团队可以综合采用月薪、股票期权、红利和其他福利等。在企业成立之初，或者在企业开始盈利之前，现金主要用于企业的发展，剩下的现金给员工发工资，留给创业团队的核心成员的用来发工资的现金少之又少。就算是企业获得盈利，过多的用于支付薪酬的现金会制约企业的发展。只有在实现盈余之后，企业才能提高用于发放薪酬的现金额度。

7.3.3　股票期权在美国的发展

股票期权（stock option）是指其持有着在某一特定时间内以某一特定价格购买或者出售某企业的股票。股票期权计划是美国等西方国家比较普遍采用的一种员工长期激励制度，被称为“金手铐”。

1. 股票期权计划

股票期权针对创业团队的成员或者企业发展壮大时候新进企业的核心员工或者职业经理人，强调的是权利而不是义务。例如，某人进入创业企业里担任职业经理人一职，企业和他约定以每股 10 元（或者 5 元，这是企业和职业经理人双方约定的价格），买入公司 100 万股（或者 50 万股，这也是双方约定的结果），但是不是现在行权（购买），而是 10 年（或者 5 年后，这也是双方约定的结果）后行权。如果职业经理人勤勤恳恳的工作，从企业长远利益出发考虑问题，那么企业的经营业绩就会好转，反映到股票市场上，企业的股票价格就会上涨。如果 10 年，约定期满行权的时候，股票价格上涨为每股 50 元，则职业经理人可以赚到每股 40 元（50 –10=40）的差价，100 万股就是 4 000 万元的收益，远远高于职业经理人的年薪。如果职业经理人由于能力低，或者是没有用心经营企业，导致企业经营业绩不好，反映到股市上，股票价格可能跌落至 10 元以下，则职业经理人可以放弃行权。其实，股票期权是给核心员工一个赚取股票差价的机会，是工资之外的很大的收益补充，是获得收益的权利而不是义务。当然，股票期权计划是为了激励约束创业团队成员或者职业经理人等核心员工，使得他们时刻以公司的利益为最终利益，因为实现了公司的利益，则个人利益的最大化才能实现。

1996 年《财富》杂志评出全球 500 家大工业企业中，有 89%的企业已经采用股票期权的薪酬制度，针对对象是高级管理人员。同时，股票期权数量在公司总股本中所占比例也在逐年上升，总体达到 10%。1998 年美国高级管理人员薪酬结构中，基本工资占 30%，奖金占 15%，股票期权占 38%，其他收入占 11%。

股票期权对于创业企业来说非常重要，它能够为企业引来天才，为企业内已有的员工提供激励，并能够留住重要员工。有学者研究表明，接受了创业投资的企业采用股票期权计划可能性是未接受创业投资的企业两倍多。

2. 股票期权在美国兴起的原因

20 世纪 90 年代，股票期权在美国最为盛行，主要是基于以下原因。

首先，将股票期权激励视为强调股东价值的一个新重点。现代企业理论产生后，树立了企业股东价值最大化的目标，这个理念在 20 世纪 80 年代之后在美国公司得以深化和发展，股票期权作为连接股东利益和经理人利益的薪酬方式得以关注。Jensen 和 Murphy（1990）对美国 20 世纪 30 年代到 80 年代的 1 295 家企业的 2 000 多名 CEO 绩效薪酬和激励的研究发现，CEO 的财富（包括所有薪酬和与股票有关的财富）与股东财富间的关系很小，股东财富每变化 1 000 美元，CEO 财富变化 3.25 美元，其中，CEO 的股票期权价值变化 15 美分。尽管股票所有权产生的激励比其他薪酬的激励要大，但大部分 CEO 只持有很小一部分企业的股票，并且所有权水平在过去 50 年里在下降。他们设想是公共和私人政治力量施加限制导致薪酬绩效的敏感度降低，实证研究与他们的设想是一致的。该研究对推动美国股票期权的实践影响极大。在大公司，薪酬水平较高，但薪酬绩效敏感度较低；常规的公用公司比工业公司的薪酬水平和薪酬绩效敏感度低；美国的薪酬水平和薪酬绩效敏感度比其他国家高。薪酬绩效敏感度的变化主要是由于股票期权和股票所有权的因素的驱动，而不是其他薪酬形式。

其次，公司治理的变化。机构投资者力量的增强，他们参与公司治理，不满于大公司的首席执行官由于超级的业绩受到较少的回报，而失败也只有较小的惩罚。20 世纪 90 年代早期，一些股东机构如美国股东协会（The United Shareholders Association）、机构投资者委员会（The Council of Institutional Investors）和几只最大的国有退休基金成为推行不依赖于内生的公司绩效薪酬实践的关键力量，公司迫于这些压力授予更多的期权给经理。

最后，美国股市牛市。20 世纪 90 年代股价的快速增长，许多高管和雇员因为持有股票而富有，持有期权的财富故事广泛传播，一些高管和雇员倾向于拥有更多的股票期权，因此他们要求公司授予期权而代替其他薪酬形式，期权因此疯狂增长。公司董事会和高管开始联系期权授予与公司业绩，特别是在 20 世纪 90 年代后期的高科技和因特网的增长。在股价增加后，公司通常不愿意减少期权数量。事实上，许多公司有明显的关于授予规模（股票数量而不是货币价值）的政策，而且政策是长期固定的。既然期权价值随股票价格而增加，授予一定数量的期权将导致更高的期权被授予。

管理人员的寻租行为和管理与会计准则，也一定程度上影响了 20 世纪 90 年代美国股票期权的迅速推广。但是 20 世纪末，股票期权出现向下的趋势，这和美国经济出现几个特点有关。

3. 20 世纪末 21 世纪初股票期权在美国衰落的原因

在 2000 年春天 NASDAQ 指数下滑以后，随着熊市的来临及安然公司等财务丑闻案的爆发，许多美国公司重新考虑期权实践，一些经理要求支付现金而不是期权，作为反应，许多公司删掉了期权激励计划（Hall and Murphy，2001）。1992 年标准普尔 500 公司中的公司授予的期权以授予时的价值衡量是 110 亿美元，2000 年标准普尔 500 公司中授予期权的价值为 1 190 亿美元，2002 年标准普尔 500 公司中授予期权的价值回落到 710 亿美元（Hall and Murphy，2003）。美国股票期权薪酬为什么从盛行到式微呢？

首先，与股票期权相关的信息披露更加严格和透明。经理人有机会去控制内部信息传递到市场的时间进程，致使在期权授予前以降低执行价格，经理人从授权前股价的下跌和授权后股价的上升中获得收益。其次，21 世纪初美国股市熊市的来临，导致股票期权对职业经理人的吸引力下降。在熊市的大环境下，无论职业经理人如何努力，股市上，公司的股票价格也不会有大的增加，甚至在约束期满的时候，股票价格有可能下降。会计准则的变化以及实行股票期权之后出现了若干负面作用，因此在盛行了 10 年左右的股票期权制度慢慢的衰败了。

针对我国的女性创业团队，其对创业团队的成员激励，如果是上市公司可以考虑使用股票期权激励的方式；如果公司没有上市，可以考虑给创业团队成员制订内部持股计划，或者其他的分红计划。

本章小结

本章主要从女性创业团队的组建、女性创业团队的管理和女性创业团队的激励三个部分介绍了女性创业团队。

女性创业团队的组建中，明确了女性创业团队的概念基础上，明确了女性创业者组建创业团队的意义，是为了创业企业更好的、获得更大的发展空间。

组建创业团队要在遵循一系列的原则基础上进行，一般有三种团队类型：星状、网状和虚拟星状类型。

创建高绩效的女性创业团队，需要树立共同的目标、选择合适的团队成员、提高女性创业者的领导能力和营造良好的团队氛围。

高绩效的创业团队在发展壮大过程中，容易出现一系列的问题，要正确认识这些问题，这对保持创业团队的高绩效有积极作用。

创业团队的激励是一个创业团队最重要的问题，一定要在团队成立之初就以制度的形式固定下来，在遵循制定报酬的一般原则之外，还要注意经济报酬的合理分配。

了解股票期权制度在美国的发展历程，同时学习借鉴美国的股票期权激励的经验。

复习思考题

1. 创业团队的内涵是什么？
2. 创业团队的组建原则有哪些？
3. 如何确保创业团队高绩效运转？
4. 20 世纪 90 年代美国股票期权兴起的原因是什么？

推荐阅读资料

曾义伟. 2015. 成功创业团队要克服的 101 个难题. 北京：机械工业出版社.

参 考 文 献

巴格林 B R. 2010. 创业管理：成功创建新企业. 杨俊，薛红志译. 北京：机械工业出版社.

段华治，孙群. 2011. 创业学理论与实务. 合肥：合肥工业大学出版社.

法雷尔 L. 2006. 创业时代. 李政，杨晓非译. 北京：清华大学出版社.

樊一阳，徐玉良. 2010. 创业学概论. 北京：清华大学出版社.

韩国文. 2007. 创业学. 武汉：武汉大学出版社.

姜彦福，张帷. 2009. 创业管理学. 北京：清华大学出版社.

兰姆英 F A，库尔 C R. 2009. 创业学. 胡英坤，孙宁译. 大连：东北财经大学出版社.

李时椿. 2010. 创业管理. 北京：清华大学出版社.

刘沁玲，陈文华. 2012. 创业学. 北京：北京大学出版社.

刘银花，姜法奎. 2008. 领导科学. 第二版. 大连：东北财经大学出版社.

罗宾斯 S P. 2001. 组织行为学. 孙健敏，李原译. 北京：中国人民大学出版社.

石磊. 2008. 论创业团队构成多元化的选择模式与标准. 外国经济管理，(4)：52-58.

宋克勤. 2004. 关于创业团队问题的思考. 经济与管理研究，(2)：54-56.

王旭. 2004. 科技型企业创生机理研究. 吉林大学博士学位论文.

夏清华. 2007. 创业管理. 武汉：武汉大学出版社.

谢科范. 2011. 创业团队的理论与实践. 北京：知识产权出版社.

张耀辉，张树义，朱锋. 2011. 创业学导论. 北京：机械工业出版社.

张玉利. 2010. 创业管理. 北京：机械工业出版社.

郑晓玲. 2007. 美国股票期权激励的经验和启示. 国际金融研究，4：32-38.

Alchian A，Demsetz H. 1972. Production，information cost and economic organization. The American Economic Review，(62)：777-795.

Hall B，Murphy K. 2001. Option value does not equal option cost. World at Work Journal，(2)：23-27.

Hall B，Murphy K. 2003. The trouble with stock options. Journal of Economic Perspectives，17 (3)：49-70.

Hellmannn T，puri M. 2002. Venture capital and the professionalization of start-up firms：empirical evidence. Journal of Finance，57 (1)：169-197.

Henry J E. 1988. Lessons from Team Leaders：A Team Fitness Companion. Milwaukee：ASQ Quality Press.

Jensen M，Murphy K. 1990. Performance pay and top-management incentives. Journal of Political Economy，98 (2)：225-264.

Kamm J B，Shuman J C，Seeger J A，et al. 1990. Entrepreneurial teams in new venture creadtion：a research agenda. Entreprenurship Theory and Practice，14 (4)：7-17.

Rauch A，Frese M. 2000. Psychological approaches to entrepreneurial success：a general model and an overview of findings. International Review of Industrial and Organizational Psychology，15 (1)：101-143.

Salas E，Rozell D，Mullen B，et al. 1999. The effect of team building on performance：an integration. Small Group Research，(30)：309-329.

Sexton D L，Bowman-Upton N. 1990. Characteristics and their role in female gender and male entrepreneurs：psychological related discrimination. Journal of Business Venturing，5 (1)：29-36.

第8章 商业计划

学习目标：

1. 了解商业计划及其作用。
2. 了解进行商业计划设计应注意哪些内容。
3. 掌握商业计划的内容。
4. 掌握如何撰写商业计划。
5. 掌握如何有效评估商业计划。

引导案例

还原天才创业的第一步

以下是乔布斯亲自撰写的苹果商业计划书首页：

苹果电脑公司（以下简称苹果）于1977年1月3日在加利福尼亚州注册成立。我们销售非商用的个人电脑、相关配件以及软件产品（注：非商用是指那些不具体地在严格的商业环境中的应用。例如，卖给一个五金商店用来管理库存和记账的电脑就被认为是商用；而一个医生在家里备一台电脑用于更新、存储处方数据且这些数据不直接用于开单收费的，就可以被视为非商用；基于爱好、娱乐、教育和常规家用之列都可被视为非商用）。

在创建苹果公司之前，Steve P. Jobs和Steven G. Wozniak 合作设计、生产了第一代苹果电脑，在1976年1月和1977年1月苹果注册成立之前，共售出了200台第一代苹果电脑。

苹果现在准备生产第二代苹果电脑，这是第一代电脑的升级版。预计在5月后旬可以发售。

苹果还正在全国范围内建立零售网点，目前已有180家零售网点。我们正在与分销商们探讨如何建立独家授权的销售体系。

资料来源：http：//www.vsharing.com/k/vertical/2011-10/A650701.html

商业计划又称创业计划，是创业者针对自身的创业创意，根据相对标准的文本格式制定的旨在全面介绍产品或服务的商业价值，系统阐述产品（含服务）背景、市场前景、竞争关系、运营计划、管理体系、风险预测以及投资收益分析的经济文书。商业计划用来回答经营范围是什么、市场竞争状况如何、创业团队构成、营销策略与渠道如何安排、资金来源以及退出机制等一系列问题。

创业是一项高风险的活动，而制订详细的商业计划有助于创业者识别、分析、评价创业过程中存在的各种风险，是创业者认清企业或项目的优势与劣势、勾画未来成长蓝图、实现资金筹集的有效途径。而在现实情况中，有些创业者不认为制订商业计划是创业行动所必需的行为，原因是他们认为创业过程中充满了不确定性，在瞬息万变的市场环境中即使制订了详细的商业计划对创业也没有太大的指导作用，创业者应当把更多的时间和精力投入在更有价值的实干行动中，更具变化的情况来随机应变。这种认识是片面的，创业需要根据变化的环境来调整策略，但创业更是一种有计划的行动，好的商业计划不仅能帮助创业者在充满不确定性的商业环境中建立长远眼光和行动指南，更是吸引风险投资和战略合作伙伴的重要媒介和工具。创业者在创业时的盲目行动必将为创业行动的失败埋下巨大隐患。

8.1 商业计划的设计

商业计划设计是指创业者基于一定的内外部环境，对企业或创业项目未来如何运行进行的一系列思考与谋划的过程。商业计划的设计实际上是一个创业的系统思考的过程，创业者在进行商业计划设计时需要做到"四个明确"，即明确商业计划的作用、明确自身所具备的资源、明确外部市场环境及明确商业计划的提供对象。

8.1.1 围绕商业计划的作用进行商业计划设计

创业者在进行商业计划设计时，必须首先明确想通过制订的商业计划来发挥怎样的作用。商业计划在创业过程中发挥着诸多作用，如帮助创业者理清思路、找准定位、吸引风险投资和合作伙伴、凝聚团队共识、吸引优秀人才等，创业者必须明确制订的商业计划在哪个或哪些方面发挥最大作用，并在此基础上进行商业计划的设计。例如，创业者在创业之初往往都有一个好的创意或思路，但创意或思路往往是碎片化、不连贯的，如果创业者希望通过制订商业计划来进一步理清思路、找准定位，则商业计划的设计应在把握整体的基础上，突出创业目标，围绕目标分析支撑性因素和风险因素并力求准确、全面。

8.1.2 围绕自身具备资源进行商业计划设计

创业者在进行商业计划设计时应仔细分析自身具备的初始资源，即创业者在创业初期所拥有的资源与能力，包括已有产品与服务、技术资本、销售渠道、创业团队以及社会资源等。创业者应本着充分整合利用自身资源以期达到商业目的的原则进行商业计划设计，突出优势资源与核心能力，增强商业计划的说服力与创业目标的可实现性。

8.1.3 依据外部环境进行商业计划设计

外部环境是指创业者在创业时所面临的市场环境，包括市场特征、市场容量、市场变化速度、市场竞争状况、产业或行业政策等内容。外部环境决定了未来企业或创业项目的市场定位、目标客户、融资方式和营销策略等一系列内容。因此，创业者在设计商业计划时，要充分考虑外部环境对初创企业或创业项目的影响，分析和利用好外部环境，有效规避外部环境给创业者带来的风险。

8.1.4 根据商业计划的提供对象进行商业计划设计

商业计划是我们获取相关创业资源的关键工具，我们应首先明确商业计划的提供对象，即我们要说服谁为我们提供相应的创业资源。我们应区分针对获取投资方投资、获取政策支持、获取客户资源以及吸引人才加盟等不同资源对商业计划的不同要求进行商业计划设计。如针对获取投资为目的的商业计划应以投资方的需求为出发点，着重向投资方展示创业项目的可行性、创业团队的经营管理能力以及创业项目未来的收益前景来打动投资人。如为获取政府有关部门的政策支持、资金支持和场地支持，商业计划应围绕创业项目未来产生的经济效益、社会效益和社会影响力进行设计。

8.2 商业计划的内容

商业计划会因项目性质、需求对象以及创业者自身素质的不同而具有不同的内容和重点，创业者在制订商业计划时尤其要关注不同的阅读对象所关注的问题和期望，对商业计划的内容进行动态调整，突出重点和优势，从而引发阅读对象对项目的关注和投资兴趣。

8.2.1 商业计划的基本要素

商业计划虽因不同的目的和作用而具有不同的内容和侧重点，但商业计划的基本要素是一定的，即商业模式、产品、市场竞争、创业团队及行动计划五方面内容（魏栓成和姜伟，2013）。

1. 商业模式

商业模式一般贯穿在整个商业计划中，用来阐释企业通过什么途径或方式来赚钱。它描述了企业所能为客户提供的价值以及公司的内部结构、合作伙伴关系和资本关系等用以实现价值并产生可持续盈利收入的要素。投资者尤为关注企业或创业项目的商业模式能否获得成功并产生巨大利益，这是投资决策的关键。所以创业者在商业计划中要清晰阐述价值主张、市场定位、成本结构、营销策略与渠道以及盈利模式等内容，让投资方相信该模式能够获得成功并且能够随着市场和自身条件的变化而进行改变、创新。

2. 产品

产品介绍是商业计划中的一项核心内容，通常应包括产品的概念、性能与特性、研究与开发过程、成本与收益分析以及产品的未来市场前景等内容。

3. 市场竞争

商业计划应深入分析目标市场特征和竞争情况。因为对于投资方来说，最关心的还是产品未来有没有市场，市场容量有多大，现有的竞争状况和潜在的竞争对手情况。创业者需要在商业计划中通过细致的分析，说明企业有能力通过一定的销售、推广策略适应竞争环境，实现预期的销售目标。

4. 创业团队

创业团队的好坏直接决定着未来经营风险的大小，投资者对创业团队的关注甚至超过产品本身。因此，创业者在商业计划中要向投资者展示创业团队的凝聚力、战斗力，还要让投资者看到创业团队在多方面都能够优势互补。

5. 行动计划

行动计划是将创意和理念付诸实践的关键，清晰的行动路线图才有可能实现创业目标。创业者应在商业计划中展现企业是如何设计、生产和运营产品，如何利用营销渠道来实施营销计划以及如何通过成本收益分析来制订准确的财务计划。

8.2.2 商业计划的主要内容

1. 封面和目录

封面应该包括公司名称、联系电话、地址、网址和核心创业者的联系方式等必要的信息。目录页紧接着封面，一级目录一般是项目背景、企业介绍、市场分析、产品介绍、营销策略、财务计划、风险预测和退出机制等内容，二级目录是对一级目录的详细阐述。

2. 计划摘要

计划摘要是商业计划中十分重要的部分。计划摘要往往是最后完成的部分，但却是投资者首先看的内容，是整个商业计划的核心和精华所在。如果在摘要部分不能立刻吸引投资者的话，即使后续部分写的再动人，这份商业计划通过的可能性也非常小。计划摘要一般包括：公司介绍、主要产品和业务范围、市场概览、营销策略、销售计划、管理者及其组织、财务计划以及资金需求状况等。

3. 企业介绍

该部分介绍企业的基本情况，有助于投资人更好地了解你的企业。如果创业者还未建立实际的企业，要尽可能地对自己的创业设想和企业的未来发展规划进行介绍。如果企业已经建立，则创业者应向投资者全面而又简明扼要地介绍企业的发展历程和经营现状，给予投资者尽可能多的关于新创企业及所在行业的基本特征。主要包括：企业概述、企业发展与经营现状、企业组织结构以及业务未来发展方向等。

4. 产品介绍

产品的介绍应从两个方面重点考虑，一是产品的独特性，二是产品的创新性。产品介绍要解决以下问题：顾客希望产品能为自身解决什么问题，带来什么好处？产品的独特性在哪？顾客为什么会选择本企业的产品？企业为自己的产品采取了什么保护措施？为什么企业的产品定价能为企业带来足够的利润？企业如何采取措施改进产品质量、性能？企业对发展新产品有何计划？

5. 行业分析

创业者应首先考察企业选择进入的行业或市场的现状和未来发展趋势，将定性分析和定量分析相结合，对宏观政策环境、法律环境等进行定性的描述，对行业的发展趋势以及企业的销售目标、盈利目标、市场占有率等方面用定量分析。

6. 市场分析

行业分析关注整个产业，而市场分析将行业划分为若干细分的市场或区域，它们是企业试图进入的目标市场。一般企业会按照多个维度划分市场，并结合自身能力选择特定的市场。市场分析也应包括竞争者分析，它是对竞争对手的详细分析，这有助于企业主要竞争对手的行业地位，同时向投资者表明创业者对企业竞争环境有着全面的了解。

7. 营销策略分析

营销策略是企业以顾客需要为出发点，通过相互协调一致的产品策略、价格策略、渠道策略和促销策略，为顾客提供满意的商品和服务而实现企业目标的过程。企业营销策略分析首先要阐明自身的定位和差异化，然后讨论产品如何被定价、销售渠道以及促销组合策略等所支撑。

8. 创业团队和组织结构

创业团队通常包括企业创建者和关键管理人员。商业计划应提供每个创业团队成员的教育背景、职位头衔、职责与任务、相关经验与能力及先前的成功案例等信息。对团队成员的介绍要实事求是，要强调成员之间在教育背景、专业技术、能力结构、资源优势以及气质性格等方面的互补性。同时，商业计划应提供企业的组织结构，以及成长过程中企业结构将如何变化，阐明企业是如何构建权责链条的。

9. 运营计划

运营计划通常描述企业是如何运作以及产品或服务是如何生产的。创业者要向投资者清晰描述企业在核心业务方面的运营方法。同时，运用计划还应描述企业的设施与装备以及地理位置等信息，其中着重对重要的设施与装备进行介绍并说明它们的获得途径。

10. 财务计划

财务计划将整个商业计划用财务数据的形式表现出来，是对决定新企业经济能力的主要财务指标以及投资回报进行预测，旨在使投资者根据相关数据对企业未来经营状况进行判断，进而判断其投资是否能够获得理想的回报。如果是已创立的企业，应提供 3 年来的历史财务报表。如果是未创立的企业，应准备未来 3 ~ 5 年的预计财务报表。

11. 风险管理

这部分内容主要是向投资者分析企业可能面临的各种风险隐患，风险的大小以及针对风险采取的管理措施。这些风险可以分为市场风险、技术风险、资金风险、管理风险、安全生产风险以及政策环境风险等。创业者应着重描述针对风险拟采取的措施并说明措施的有效性，从而增强投资者信心。

12. 退出机制

由于创业活动的高风险性，投资者通常对退出策略极为关注。因此，为了使投资者能够放心地把资金投向新创企业，创业者必须对投资者的资金退出方式做出详细的说明。常见的退出方式主要有公开上市、兼并收购和回购等。创业者应当对退出方式的可能性进行可信的预测，当然，任何一种可能性都要让投资者清楚投资的回报率。

13. 附录

这部分内容是前面内容的支持性材料，用于附上一些有助于说明前面内容的证据性材料，如高层管理团队的简历、市场调查报告、政府相关政策文件以及具体财务数据等。

8.3　商业计划的撰写

撰写商业计划的主要目的，一是为创业者自己提供一份创业的活动蓝图，使创业活动能够有条不紊的进行；二是为投资人或战略合作伙伴提供决策依据，借以进行资金筹集。商业计划的撰写要紧扣其目的，否则会造成目标偏离而达不成预期结果。具体撰写商业计划时，要始终把顾客价值和投资回报铭记于心，以阅读者最关心的问题为出发点和落脚点。

撰写商业计划的基本步骤分为三个阶段：首先，准备阶段。撰写商业计划的工作计划，即确定商业计划的宗旨与目的，商业计划的篇幅与整体框架，商业计划撰写的日程安排，确定撰写小组的人员构成，组建商业计划小组，搜集企业内外部资料。其次，起草阶段。包括草拟摘要和正文，其中摘要是商业计划最重要的组成部分，是商业计划阅读者最先看到的部分，也是投资者决定是否继续阅读计划正文的依据。最后，补充、修订、完善定稿，最终进行包装并装订成册。

8.3.1　撰写商业计划中容易出现的问题

商业计划在撰写前，一定要明确商业计划的阅读对象。首先，商业计划是写给投资者的，如今越来越多的创业者或创业企业理解了商业计划对企业的重要性，但是他们往往忽略了一点，即商业计划不仅仅起到融资的作用，商业计划还对企业的发展有着指导性作用，换句话说，商业计划也是写给企业自己的。大多数创业者认为商业计划只要符合投资者的胃口，投其所好就可以不费吹灰之力拿到投资，这是不正确的。如果只是拿给投资者看，那么这份商业计划就没有坚实的基础，经不起推敲。一份合格的商业计划，在寻找到投资之后，还要可以根据计划的内容顺利进行实施。通常，创业者在撰写商业计划时会出现以下几种问题。

1. 内容不聚焦，条理不清

很多商业计划抓不住重点，不能聚焦在阅读者所关注的核心内容，对每一项内容都进行大篇幅的专业描述并且没有条理，内容不直观，这种内容不聚焦的商业计划是达不到融资目的的。一份成功的商业计划应该涵盖潜在投资者所要了解融资项目的大部分信息，并且要对投资者通常关注的要点作为重点而进行详细介绍。这样的计划书可以使得投资者在有了投资意向之后，可以迅速的根据计划书的内容进行后期的实质运作。

2. 照搬照抄，简单堆砌

很多企业家按照商业计划书的格式，分别要求相关部门对口整理材料，最后汇总拼装，这样就算是写好了。企业是有生命的，商业计划书也是有“魂”的。堆砌的材料缺少整体性，有时甚至是流水账式的陈述，用词老套，缺少感染力，语句也不通顺。如果没有一个能整体把握的人来最后整理的话，这种商业计划书是很失败的。一定要对商业计划书进行分析雕琢，提炼出真正的企业价值。

3. 内容、形式不规范

商业计划书没有规范，尤其体现在内容、形式等方面。市面上存在着大量的简单刻板甚至流于形式的商业计划书，这些计划书是写作者在阅读了大量网站及书籍上的商业计划书样本而写作出来，殊不知这些样本的内容以及形式都是大同小异的。这种商业计划书就无法很好地完成它所承担的任务。对于商业计划书的格式还没有任何一个组织做出统一的要求，这种情况存在于世界范围内，但是商业计划书必须涉及的内容已经得到了大家的统一认可。

8.3.2 如何撰写商业计划

商业计划的撰写应当把握以下几个方面（王仕达，2012）。

1. 突出主题，明确进行项目展示

商业计划的目的是为了获取风险投资者的投资，而不是为了与风险投资家闲聊。因此，在开始写作商业计划时，应该避免一些与主题无关的内容，要开门见山地直接切入主题，来展示你的项目。因为风险投资者没有很多时间来阅读一些对他来说是没有意义的东西。这一点对于很多初次创业者来说，在其写作商业计划时是应当格外注意的。

所以，一份成功的商业计划必须直入主题。不要有过多的开场白，不要先过分吹嘘你的计划的美妙前景，不要热情得近乎煽情，你应该了解风险投资家的心态，其实投资者在第一时间最想要知道你是谁、你的计划是什么、如何实施、在哪里实施、什么时候进行。开宗明义的论述方式简洁、有力，给人以思维清晰的深刻印象，可以让人一目了然，对商业计划书的内容马上有了大概的了解。如果你的技术、产品和计划足够优秀，这样的表达方式能够更有效地促进你和投资者的沟通，能更容易抓住识货者的心，大大降低风险投资家由于不耐烦而将你的商业计划书漏过的可能性。

2. 观点真实，进行客观地调查分析

商业计划虽然是创业者对创业企业发展的一份战略性文件，但它在起步阶段的主要目的还是争取风险投资家的投资，所以它的主要读者是风险投资家。在商业领域，激情是需要的，没有激情的人不是缺乏创造力，就是没有足够的动力来承担把一个创意从空想转变为实业，把一个企业从小到大地发展壮大的艰巨任务。但激情的表达有个限度，任由激情四处泛滥，无所不在却不见得是一件好事。人们所处的社会充满了各式各样空洞的说教。人们已经厌倦了光焰万丈的豪言壮语，需要的是冷静和客观，广告般华丽的计划不仅不能产生强烈的吸引力，反而会适得其反，而使投资者无法接受。当然，激情过度就成了冲动，冲动的人往往是固执和缺乏理智的，只要认准了一个道理，他们很少能再听进别人的意见，假如他们认准的方向是正确的，那就会起到好的作用，否则结局将不堪设想。

所以，商业计划在写作中的观点必须冷静客观，不偏不倚，既不要掩饰缺陷和不足之处，也不要夸大优势和市场潜力，语调应该尽量显得冷静客观，至于创业计划是否如创业者所说那么有利可图，还要留给读者去判断。

3. 语言通俗，内容介绍平实

首先，商业计划的写作风格应该强调通俗易懂，应尽量采用通俗易懂的语言以免产生误解。应避免使用冗长、复杂的句法，句子要尽量简短、有力；描述、分析问题切记不要太过学术化，商业语言和学术语言有较大差异，并不是所有的风险投资家都接受过专业训练，也并不是每个风险投资家都欣赏学究式的风格。

通俗简洁的语言向投资者传达了这样的信息，即创业者不是一个只懂得待在象牙塔里的人。简而言之，语言通俗简单有助于清晰地表达创业者的意思，能树立创业者精干务实的形象。当然，这里所说的通俗易懂并不是通俗到流俗，过于贫乏的语言又显得创业者平庸，所以，如何在过于学术化和平淡之间找到一个中间点，需要一定的技巧和经验，这方面的问题可以找有关专家咨询。

风险投资家是投资及经营管理者的行家，但在技术方面未必如此，为了使投资者充分理解创业计划，技术的描述是必要的，但不要过分纠缠于技术细节，多数情况下投资者需要的只是技术的基本原理和概述，也许一张技术流程图就够了，如果非要加入一些技术细节，可以把它们放到附录里面去；对于必须引用的专业术语及特殊概念则应在附录中给予必要的解释和说明。

其次，商业计划撰写时要注意的另一个问题是要保持严谨的作风。要把计划的撰写当做一件严肃的事情，认真对待，耐心搜集所需资料和数据，踏踏实实地做好调查研究工作；要把商业计划当做一个整体来进行统筹规划，精心安排各部分的内容和陈述方式，使得相互之间的衔接合理流畅，注意避免结构松散、主题不明、格式混乱等现象的发生；另外在分析问题时要详细周密，不要漏掉一切相关的影响因素，应完整地包括事业经营的各功能要项，对于非相关的资料尽量不列，以免过于冗长。

4. 风格一致，文本叙述规范

首先，实践中，商业计划没有统一的格式，但就每一份商业计划而言，它必须有自己完整的风格。只有这样才能相对完整地陈述必要的内容，也使计划本身更具有说服力，并体现出专业素质。商业计划的编写工作并不是通常由创业者一人来做，而是由好几个人一起完成，但每个人都会有自己习惯的风格和写作方式。例如，有的沉稳老到，有的慷慨激昂，有的惯用第一人称，有的则用第三人称，凡此种种，于是就产生了风格不协调的问题，这个问题解决不好，会使文章不伦不类，可读性极差。但商业计划书是获得风险投资的敲门砖，文章写得好坏直接影响到风险投资家对创业者的评价，如果仅仅是由于文章的写作问题而误了大事，那简直是荒谬透顶，所以，最后应该对完成稿进行风格统一的工作，使文章看起来显得统一、专业。例如，所有的标题的大小和类型都应该和全文的内容和结构相协调，优美而整洁。

其次，除了写作风格以外，应用的数据也应该前后一致。数据的准确性是一份严谨计划书的基本要求，它是任何分析、预测、推论的前提，计划书中出现的数据要经得起考验，数据存在缺陷的计划书是不可信的。基于此，商业计划在编写过程中对数据的处理一定要细致，切不可出现数据前后不一致的现象，例如，财务预测中要用到市场分析与技术分析所得的结果，如果数字前后不一致，逻辑推理就会出现问题，商业计划书就不能自圆其说。数据不一致会引起读者对数据真实性的怀疑，进而也许会诱发对创业者的诚信度、创业计划的可信度的怀疑，这是任何一个创业者都不愿看到的。所以，商业计划完成以后，创业者还要着重检查文中的各部分相关联的数据是否出现冲突。

5. 目标具体，阶段任务条理化

一份好的商业计划绝对不是一堆数据和表格胡乱拼凑在一起的大杂烩，它条理清晰、脉络分明、线路明确、层次感强，读起来清爽无比。

首先，任何一个计划都不可能一蹴而就，风险创业更是如此。风险投资开创事业的结局多数处于两种极端：或灿烂辉煌，或一败涂地。投身于风险投资就等于选择了与风险为伍。风险投资家一般被认为是不回避风险的人，风险就是他们的事业，但是他们在挑战风险的同时，也不喜欢风险无休止地膨胀，他们总是尽力试图将投资的风险置于自己控制范围之内，通过某些安排将风险最小化，所以大多数风险投资家在与创业者签订投资合同时，选择了分段投资方式，即给每一阶段设定一些目标，如果能够实现，就追加投资，好则将重新考虑与创业家的合作。风险投资家虽然也憧憬超额的投资回报，但他们是理性的，他们也希望创业者能解释自己的项目是如何一步步达到盈利的目标，每一步的论证都让人信服，这就如同证明一道几何题，缺了中间的步骤，最后的证明是不成立的。因此，创业者设计的商业计划也应该将这一因素考虑在内，将创业进程划分为几个阶段，每一阶段设定不同的目标，给出企业不同的努力方向，而不是笼统地写出一个最终目标。

其次，阶段目标需表明创业者对创建的事业的信心。一份能将每一阶段该怎么做、做到什么地步规定得一清二楚的计划书至少说明这些事实，即计划的设计者是用了心的；他了解创业计划的各个步骤；知道创建的事业的发展方向和具体操作；知道所面临的困难和克服困难的可能性和措施等。浮夸的东西经不起推敲，很难再把它们继续细分的过程中保持逻辑的严密和前后连续性。

所以，综合以上分析，一份阶段目标明确的商业计划有助于加深投资者对创业者的了解，同时使投资者对创业项目的可行性有了更深刻的认识，提高了创业计划获得风险投资的可能性。一份商业计划应该是创业者知识、智能、才华的一个集中展现，创业者必须全身心地投入写作之中，力争给投资者呈现一份令人满意的商业计划。

8.4 商业计划的评估

商业计划的评估，一般有第一方、第二方及第三方评价三种方式。第一方为创业者，主要判断制订的商业计划是否具有吸引力或可操作性；第二方为资源提供方，包括风险投资者、一般投资人以及管理者、员工等；第三方为独立于商业计划制订及使用的咨询机构，受人委托对商业计划进行公正性评价。

潜在投资者在决定对拟建项目进行投资之前，必须对商业计划书进行全面、系统、科学、严谨的审查评估。商业计划书是否能够顺利通过评估，是获得投资的关键所在。

8.4.1 主要评判标准

评估的关键标准是要判断拟建项目及其依托的企业是否处于适当的发展阶段，是否存在良好的市场机会，是否拥有满意的管理团队以及能否制订和实施一套稳健的商业计划。

8.4.2 对商业计划书的一般要求

对商业计划的一般要求包括三个方面：①编写格式是否规范，是否包含足够信息；②是否对项目可能面临的各种风险因素及项目的可行性进行了全面系统深入的研究；③数据的真实性和分析的逻辑性。要评估商业计划中采用的数据是否真实可靠，市场分析预测结果是否令人信服，财务分析的方法是否恰当，结论是否可信，各种逻辑推理是否合理。

8.4.3 关键环节的评估要点[①]

（1）进入时机是否恰当。对于风险投资而言，种子期（研发阶段）和成长期（中试阶段）为最佳投资期；对于产业投资而言，推广期（小批量生产）和成熟期（已经成功进入市场）应为最佳投资期。

（2）市场前景及营销策略。需要清晰界定目标市场和有吸引力的预期市场规模、竞争对手的市场占有情况，并重点评估对市场预测的推理逻辑是否合理，企业经营存在哪些市场风险，评估企业对目标市场的界定是否合理，目标客户群的规模及增长前景。评估市场竞争状况，分析对企业核心竞争力的界定是否恰当，市场营销计划是否完善，主要竞争优势及中长期竞争策略是否恰当，分析竞争对手对企业市场进入/增长的可能反应。评估本企业是行业业务发展模式的塑造者还是适应者，评估如何培育在行业中的核心竞争力，如何有效进入市场，分析谁会最早成为项目产品的目标市场

---

① 李开孟：《企业投资项目商业计划书的编制和评估》，《中国投资》，2007 年第 8 期，第 102-105 页。

人群。

（3）项目管理团队。重点评估董事长、总经理、首席执行官以及技术开发、市场营销、财务管理等关键职位是否已有胜任人选，管理团队的最终组建方案。评估在关键职位的负责人技能和经验，分析其担任过的高级管理职位或其他成功业绩。如负责运营的副总裁应有在相关领域一流企业的工作经历，具备丰富的经营管理经验，有制订营销计划、设定目标客户及客户关系管理等经验；财务总监应具备银行金融、财务控制等工作经验；负责业务发展的副总裁应有相关领域的重要关系网及业务拓展的成功经验；首席技术官应对项目核心技术有深刻了解，掌握技术诀窍等。评估企业管理团队是否具备营销、金融、技术和战略等方面的管理能力，评估管理团队的凝聚力。

（4）治理结构，评估是否具备一套控制和管理企业运作的制度安排，治理结构能否有效解决管理层的激励问题，各利益相关主体的权利、义务和责任是否明确，能否确保投资者在企业中的资产得到应有的保护和获得合理的投资回报。企业治理结构能否按照国际通行的规则进行安排。

（5）项目获利途径和投资回报。重点评估业务模型的选择情况、所确定的经营模式及企业盈利目标；评估项目可能的收入来源、影响成功的关键因素，分析业务模型的潜在回报是否具有吸引力；评估产品的价值定位，分析产品能为客户带来何种服务和市场价值。对拟建项目的财务计划进行详细评估，包括投资总额及其构成、项目建设期及投资进度计划、收入及成本费用预测的依据、盈亏平衡和利润等情况。

（6）技术及研发。评估所采用技术的成熟程度，是否经过中试阶段，与同类技术相比较所具有的领先地位，评估拟建项目的主要创新点，分析向消费者提供比市场上现有产品功能更强的产品或服务的途径和方式。评估所需资源的可获得性，能否控制非己所有的资源。

（7）投资者的股权安排。评估投资者所承担的风险能否与所获得的回报相匹配，股权结构安排是否合理，投资人的退出机制及撤资方式是否可行。

（8）商业计划执行的可信度。要求商业计划书的相关部分结构清晰，目标明确，计划合理，数据翔实，并能确保该商业计划书能够作为未来企业推进拟建项目的行动指南并予以贯彻实施。

本章小结

创业者将自己的创意以商业计划的形式表现出来，可以冷静地分析自己的创业理想是否切实可行，清醒地认识自己的创业机会，明确自己的奋斗方向和奋斗目标，进而规划创业蓝图。商业计划的篇幅长短不一，但所有的商业计划都必须包括详细的研究，这些研究可以清晰地说明企业的理念、市场因素、管理结构、重大风险、财务需求和预算、阶段性发展目标。

商业计划不等于企业。实际上，有一些最成功的企业创建时根本没有真正的商业计划，或者即便有，也被认为是不具说服力或是有缺陷的计划。准备商业计划并把他提交给投资者，是团队尝试合作、学习企业战略、并判断谁能增加最大价值的最好方式之一。

复习思考题

1. 谈谈商业计划的作用。
2. 商业计划的内容。
3. 谈谈在撰写商业计划过程中容易出现哪些问题？
4. 撰写商业计划时应把握住哪些原则？
5. 如何进行商业计划评估，应注意哪些问题？

推荐阅读资料

丁栋虹. 2014. 创业学. 上海：复旦大学出版社.

魏栓成，姜伟. 2013. 创业学——创业思维、过程、实践. 北京：机械工业出版社.

参 考 文 献

王仕达. 2012. 商业计划书写作研究. 长春理工大学硕士学位论文.

魏栓成，姜伟. 2013. 创业学——创业思维、过程、实践. 北京：机械工业出版社.

第四篇　女性创业企业的成长与危机管理

第 9 章　新创企业战略

学习目标：

1. 了解新创企业战略的概念。
2. 了解新创企业战略咨询工具的使用。
3. 了解可供新创企业选择的战略。
4. 了解新创企业的可持续发展。

引导案例

新创企业的产品战略

George Foster 等通过对全球 22 个国家 70 个新创企业早期成长的深入研究和分析，发现 47 个企业采用了新产品战略。其中，42 个新创企业（占 60%）主要采用了现有类别新产品的成长战略，5 个新创企业（占 7%）采用了新类别新产品战略。产品战略是绝大多数新创企业的首选。这无疑给新创企业指明了战略方向。同时，产品的极大丰富、同质化倾向，又使得企业面临巨大挑战。对新创企业而言，需要思考的是，如何激发顾客新的需求，以高质量的新产品引导消费潮流。新产品战略实现的三种途径如下。

（1）新产品定位于差异化市场。1999 年成立的美国捷蓝（JetBlue）航空公司，以比较低的平均价格结合高品质的客户体验，在航空市场建立了一个新的价值类别。它一开始的策略就是提供高质量和低价格相结合的单一客舱等级服务，在这里乘客不会因为位置不同而受到不同的待遇。

（2）新产品定位于解决现有客户的痛点。Business Objects（1990 年在法国创立）解决的是商务领导看到公司数据库快速增长，但没有 IT 人员支持就不能轻易访问这些与日俱增的数据的痛点。阿特拉斯公司（Atlassian，2000 年在澳大利亚创立）解决的是软件开发人员缺乏低价位且易于使用的产品完成开发任务的问题。

（3）新产品解决因经济状况改变而出现的难题。例如，2005 年在哥伦比亚创立的 Refinancia 公司，其定位于研发新的投资产品，以解决经济危机时期由于哥伦比亚银行和其他金融机构的不良贷款出现的投资产品缺乏问题。

对客户而言，大多数情况下他们可能并不想尝试学习一个新产品的使用方法；或尝试后，认为新产品提供不了他们认可的必要的价值。这是新类别新产品战略面临的核心问题。

许多新创企业将新产品推向市场时，市场中往往已有同类产品。这些公司的做法是，寻求进入市场的四种机会：①利用现有产品的缺陷。新加入者往往利用产品质量不一致、价格价值失衡，以及其他产品存在缺陷的机会，加入市场竞争。2005 年成立的汉庭连锁酒店，利用其他连锁酒店只服务单一类型客人的缺陷，将客源细分，分别打造三个不同档次的经济型酒店，以便客人针对自己的需要选择入住的房间，成为中国第三家海外独立上市的经济型连锁酒店集团。其 2012 年的总收入超过 32 亿元人民币，拥有 30 000 多名员工。②利用市场的变化。新加入者利用宏观经济优势或外部市场的变化，为自己进入已有市场创造更好的机会。1998 年在俄罗斯创立的 Dielectric Cable Systems-DKC 公司，诞生于传统电缆市场。在 20 世纪 90 年代俄罗斯经济崩溃后，进口到俄罗斯的电缆产品的成本快速增加。DKC 采用先进的技术开发出一个完整的产品线，使公司在俄罗斯市场，相对其他国内企业建立了显著的市场份额。③利用社会变迁的机会。一个新加入者可以结合社会发展趋势，即使在有许多替代产品的情况下，也可以创造一个差异化产品的机会。Innocent Drinks 是一家（1998 年在英国创立）开发、销售和提供水果及酸奶饮料的公司。它进入的是现有市场的"冰沙"（smoothie）饮料类别。作为产品差异化的战略，公司的冰沙制作用 100%的纯水果，不含任何添加剂。④利用有效的营销和分销渠道，其在 2010 年获得超过一亿英镑的收入，成为英国一个知名品牌。利用新的分销手段。一个新进入者可以利用互联网这一分销渠道，建立一个新创企业。在 20 世纪 90 年代中期到 21 世纪初，当时很多人怀疑互联网是否会成为一个重要的零售分销渠道。奈塔里 · 马森乃特（Natalie Massenet）则利用互联网作为其处于高端时装零售业的 NET-A-PORTE（2000 年在英国创立）企业的主要支柱。

资料来源：Foster 等（2013）

很多创业者的目标都是为了抓住某个短期的机会，而并没有考虑长远的战略。但成功的创业者能够很快地适应从战术导向到战略导向的转变，从而引导企业走向成功。

——Christopher Orpen

企业战略是关于企业如何进行自身定位，如何构建组织目标，如何规划和利用资源，如何选择途径去实现其目标的一个系统化的考虑和认知，是对处于不断变化的竞争环境之中的企业的过去运行情况及未来运行情况的一种总体表述。原来企业战略管理理论的研究对象主要是成熟的大公司，现在越来越多研究把战略管理研究思路运用到新创企业的研究中，试图揭示新创企业成长中的战略变化。新创企业作为企业的初期阶段，其企业战略是对新创企业发展的整体性、长远性的一种谋划。在现有的竞争环境下，市场风云变幻莫测，新创企业的发展往往难以应对不断变化的市场，因此，战略性的思考对于它们的生存来说处于极为核心的位置，直接关乎企业的生存。

9.1 新创企业的战略特点

9.1.1 新创企业战略的概念

新创企业战略是指新创企业在激烈的市场竞争中，根据复杂多变的市场环境、自身客观条件以及发展潜力，在总结以往经验、认识所处现状以及预测未来行业及公司发展的情况下，为谋求企业生存和进一步发展，寻找和制定的对未来一段时期内全局性的经营活动的理念、目的以及资源和力量的总体部署与规划。女性主导的新创企业主要集中在中小型规模，而在竞争强度日益加剧、竞争环境迅速变化的经济背景下，中小型创业企业比以往任何时期更需要战略的指导。

9.1.2　新创企业战略的重要性

战略在新创企业的生存与发展中是至关重要的，主要表现在两个方面。

1. 企业战略为新创企业提供了长远的目标和发展方向

新创企业战略就是筹划未来。在市场竞争激烈、外部因素复杂多变的情况下，新创企业通过对内部条件和外部环境进行系统调查分析，可以对企业自身在竞争中所处的地位有清醒的认识，从而提高其决策的正确性和经营的主动性，进而提高企业内部素质和对外部环境的适应能力，使新创企业步入良性循环的轨道。保证人员培训、资金使用、产品改进、市场销售等一系列经营活动都能按照既定目标有条不紊地进行，防止盲目扩张，克服企业领导的短视症。通过规划长远目标，赋予新创企业理想和活力，为全体员工指出奋起拼搏的方向，使他们感到自己所在的企业大有发展前途，从而激发出为实现企业目标而努力工作的自觉性，大大缓解了员工的心理压力。同时，新创企业的战略管理对于新创企业的人员素质、技术水平和管理水平的提高也具有十分重要的意义。

2. 企业战略决定新创企业的成败

美国著名的经济学家托夫勒认为“如果对于将来没有一个长期的明确的方向，对本企业的未来形式没有一个实在的指导方式，不管企业规模多大，地位多稳定，都将在新的革命性的技术和经济的大变革中失去其生存条件”。任何新创企业的管理效果都是其方向、目标与工作效率的乘积。如果方向、目标正确，工作效率越高，则管理效果越好，经营效益也越理想；如果方向、目标不正确，工作效率越高，则管理效果越坏，经营效益也越差。因此如果新创企业没有一个正确的战略，显然要受挫败，甚至破产。新创企业自身不成熟且处于激烈竞争的市场环境中，经营过程中风险的增加，促使企业管理人员认真对待战略管理，重视研究经营环境中存在的经营机会和经营风险。分析企业内部条件上的优势和劣势，从而对关系企业全局和长远利益的、对企业最终成就和生死存亡起决定作用的问题做出战略决策，以保证企业正确的经营方向，在竞争中求得生存与发展。

9.1.3　新创企业的战略特点

新创企业规模一般较小，不像大企业可以依赖市场惯性来生存，相反它需要自己寻找自己的位置，而且新创企业与成熟企业在企业特征上有着明显的差异，因此新创企业战略也呈现其独有的特点。

1. 战略的非正式性

大多数新创企业都会制订某种形式的战略计划，但它们大部分都是非正式性、非系统性的。企业正式的、系统性的战略会随着企业规模、组织结构的变化而逐步发展完善。

也就是说，小规模的企业运用非正式性的战略计划更可能成功，因为其企业运作非常简单，但当新创企业的人事和市场快速扩大的时候必须就一个正式的战略计划。

2. 战略选择依赖于创业团队的能力与资源

新创企业还处在谋生存的阶段，往往缺乏足够的声誉来取信于客户或者供应商，也很难达到规模经济从而取得规模效应，难以立刻取得正现金流，并且处于学习曲线中成本较高的阶段。新创企业必须更注重机会识别，时刻牢记自己的优势，紧紧围绕着利用创业团队的能力和资源来进行战略选择，以己之长参与市场竞争。

3. 战略调整更具柔性

新创企业规模小，更具有竞争野心，可以通过更早、更灵活的行动，注重产品的持续创新，将技术发展、提供新产品和新服务作为关注的焦点，来参与竞争。新创企业组织结构简单，高层管理者更贴近用户，更容易感知市场的变化，能够用小企业的反应速度来抗击大企业的规模经济，战略调整更灵活具有柔性。新创企业通常愿意承担风险，往往更具创新精神。

4. 内部战略沟通更容易

成熟企业一般规模较大，战略沟通是普遍存在的难题。高层管理者的战略意图很难准确及时地落实到执行层，决策层与执行层之间还有可能形成博弈局面。而新创企业规模较小，团队凝聚力较高，内部战略沟通较容易，但与外部投资人进行沟通往往会遇到比较大的阻力。

9.2 新创企业战略分析工具

战略分析工具主要是对宏观环境和行业环境进行分析。本部分介绍两种常用的分析工具：PEST 分析（宏观环境）和五力模型（行业环境），如图 9-1 所示。

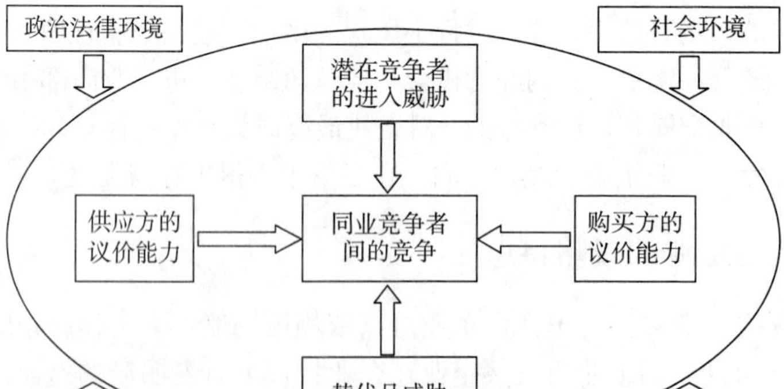

图 9-1　战略分析工具对宏观环境作用的分析

9.2.1　PEST 分析

宏观环境分析的意义是确认和评价宏观因素对企业战略目标和战略选择的影响。主要分析政治法律（political）、经济（economic）、社会（social）和科技（technological），构成所谓 PEST。这些是企业的外部环境，因为一般不受企业控制，也被戏称为“有害物”（PEST）。分析 PEST 四个因素，要求高级管理层具备相关的能力及素养。

1. 政治法律环境

政治因素是对企业经营活动具有现实的或潜在的作用与影响的政治力量，同时包括对企业经营活动加以限制和要求的法律法规。是企业宏观环境的重要组成部分，是决定、制约和影响企业生存和发展的重要因素。具体来看包括企业所在国家的政治制度、国家权力机构、国家颁布的政策方针、政治团体及政治形势等因素。这些因素尤其影响企业较长期的投资行为。

政治法律因素对企业影响的特点是：①不可预测性。企业很难预测国家政治环境的变化；②直接性。国家政治环境直接影响着企业的经营状况；③不可逆。政治法律环境一旦影响到企业，就会发生十分迅速和明显的变化，而企业是无法推卸和转移这种变化的。

2. 经济环境

经济环境是指国民经济发展的总概况，国际和国内经济形势及经济发展趋势，企业所面临的产业环境和竞争环境等。企业的经济环境主要的组成因素：社会经济结构、经济发展水平、经济体制、宏观经济政策、当前经济状况及其他一般经济条件。一般来说经济环境因素主要参考利率、通货膨胀率与人均就业率、人均 GDP 的长远预期等。

3. 社会环境

社会环境因素是指新创企业所处的社会结构、社会风俗和习惯、信仰和价值观念、行为规范、生活方式、文化传统、人口规模与地理分布等因素。其中人口因素是极为重要的，主要包括新创企业所在地居民的地理分布及密度、年龄、教育水平、迁徙、国籍等。例如，人口总数直接影响着社会生产总规模；人口的地理分布影响着企业的厂址选择；人口的性别比例和年龄结构在一定程度上决定了社会的需求结构，进而影响社会供给结构和企业生产结构；人口的教育文化水平直接影响着企业的人力资源状况等。

4. 技术环境

新创企业所面临的技术环境是指其所处的社会环境中的科技要素及与该要素直接相关的各种社会现象的集合。不但指那些引起时代革命性变化的发明，而且还包括与新创企业生产有关的新技术、新工艺、新材料的出现和发展趋势及应用前景。

技术变革为企业提供机遇的同时，对它形成了威胁。技术力量从两个方面影响创新企业战略的选择。一方面技术革新为新创企业创造了机遇。新技术的出现可能会为新创企业提供新生产方法、工艺或新材料，降低生产成本，也可能会帮助新创企业研发新产品，开辟新市场。另一方面，新技术的出现也使企业面临着挑战，可能会对一个产业形成威胁。

PEST 分析主要是对宏观环境从以上四个方面展开，主要步骤为：①扫描，即确定分析范围。对有关领域进行扫描式观察，试图发现可能影响未来变化的征兆或事件。从时间角度看要尽量放大范围，要包括所有可能对今后有影响的因素。②监测，即观察分析过去和现在所发生的变化，尝试发现其中的规律与趋势。③预测，即对事件在未来可能的变化做出预计和推测。④评估，即在预测之后，评估变化可能对企业带来的影响，一般影响都是双面的，评估给企业带来的机会或是威胁。

PEST 分析工具就是协助新创企业在宏观环境中找到战略的方向。

9.2.2　五力模型

行业环境也就是新创企业经营活动所处的直接外部环境，行业竞争的激烈程度由五种力量共同影响，波特的五力模型对这五种力量的作用进行了清晰地阐述（图 9-1）。

1. 潜在竞争者的进入威胁

潜在竞争者是尚未参与本行业竞争，但有能力进入该行业的企业。它们的进入会增加该行业产品的供应、增加原材料的需求，并要求取得一定的市场份额，因此会对现有企业构成威胁，被称为进入威胁。进入威胁是进入壁垒[①]的函数，进入壁垒越高，进入威胁越小。进入壁垒主要由规模经济、品牌忠诚、绝对成本优势、顾客转换成本、政府管制等因素决定，前四个因素越高，进入壁垒越高，政府如果对该行业的进入采取严管，进入壁垒也就越高。这样该行业内的竞争程度就会较低。

2. 同业竞争者间的竞争

五力模型中的第二种力量是同行业中现有的企业竞争者，他们会排挤新创企业，甚至不惜代价与之竞争。这种竞争性对抗可能会通过降低价格、改变产品设计、增加广告宣传的投入、加强直销工作以及提高售后服务的质量等来进行。同业竞争的激烈程度受产业中公司的规模和数量、产品需求增长趋势、成本情况和行业退出壁垒高度的影响。

3. 购买方的议价能力

一个产业的购买方可能是个人，也可能是公司，其议价能力是指购买方压低采购价格的能力。当出现以下情况时购买方的议价能力较强：①购买方是少数几家大公司，而本行业内存在大量小公司，此时购买方可以支配供应商；②购买方购买产品数量较大；③顾客转换成本较低；④购买方可以威胁进入供应商的行业。如果行业所面对的购买方议价能力较强，则意味着该行业的产品售价较低，行业内竞争激烈。

4. 供应方的议价能力

供应方是指为本产业提供投入品，如原材料、服务和劳动力的组织的议价能力，其中提供劳动力的组织可以是个人也可能是工会或提供合同工的公司。供应方的议价能力是指供应商提高其供应的要素价格的能力。当出现以下情况时供应方的议价能力较强：①供应方的产品缺乏替代品；②某一供应方的产品具有独特性或差异性，导致转换成本较高；③本企业无法进入供应方的产业；④供应方有实力进入本企业所在行业。

---

① 进入壁垒是指企业进入某行业需要付出的成本，成本越大，进入壁垒越高。

5. 替代品威胁

替代品是指具有类似特征能够满足需求方共同需求的产品。如咖啡、茶、软饮料相互之间的替代。如果一个产业的产品不存在相似的替代品，该行业的替代品威胁就较弱。替代程度如何主要取决于：①该产品与替代品的性价比，替代品的性价比若较高，替代程度较强；②转换成本越高，替代过程越缓慢；③使用者的替代欲望，替代倾向越高，替代程度越强。

9.3　新创企业的战略选择

在以往的创业战略研究中，新创企业的战略选择通常较少涉及公司层面上的战略。事实上，对于新创企业，特别是种子期和初创期的企业，公司层面上的战略可能并无很大意义，因为它们尚未涉及公司业务多元化设计等问题，其燃眉之急是如何在市场生存下来，因此有效的竞争战略对于新创企业意义尤重。新创企业需要思考的是，如何激发顾客新的需求，以高质量的新产品引导消费潮流。可供新创企业选择的战略通常主要有如下几种。

9.3.1　差异化战略

差异化战略是波特提出的三大战略之一，是指将企业提供的产品或服务差别化，树立起一些具有独特性的东西以参与竞争的战略（Porter，1980），以其独特性为自己的企业提高竞争力，其核心思想就是通过提供给消费者一些相对于竞争对手而言独一无二的产品和服务，来建立自己的竞争优势。企业可以通过品牌差异、质量差异、渠道差异、网络关系差异、技术差异、模式差异等实施差异化战略。对于新创企业，差异化战略同样是重要的战略之一，可以通过市场的差异化（具体是指品牌的发展、广告营销的创新、销售渠道的创新和区别于对手的定价）、产品差异化（提供新的产品和服务）、质量差异化（提供质量更优秀的产品）等方法将差异化战略落实。新创企业通过市场细分以及专业化，专注于某一特定产品或是限于某地的商业运作，能够创造独特的竞争优势，而这种机会可能对大规模的企业缺乏吸引力。

实施差异化战略，可以帮助新创企业创造出品质区别于其他竞争者的产品或服务，能使其拥有唯一的一批受众群体，一旦这样独特的属性成立，用户对价格的敏感度将会降低，这样差异化就能够帮助企业持续地赚取相当比例的利润，减少竞争。

成功实施差异化战略的企业有很多，如海尔。1985 年，在张瑞敏接手青岛电冰箱总厂之时，他选择的就是质量差异化战略。对检查出的 76 台有缺陷的冰箱，在供不应求的市场环境下，不是低价卖出回避质量问题，而是让生产它们的职工抡起大锤亲手销毁。一方面在企业内部强调质量的重要性，另一方面借助新闻效应，向消费者宣传企业重质量，赢取消费者的认可和信任。海尔通过提高产品质量，以区别于其他企业生产的低质量产品，从而确立了自己的竞争优势，使自己得以发展，树立了自己的品牌，成为世界知名企业。从小冰箱生产厂发展成为现在的海尔集团。

9.3.2 成本领先战略

成本领先战略是指企业在生产和管理过程中尽其所能节省成本，依靠强调成本控制，取得低于竞争对手的成本，获得竞争优势的战略。其核心是通过达成在某一行业中的低成本，来吸引那些对价格敏感的顾客，来建立自己的竞争优势。成本领先战略以低成本来获得持久的竞争优势。成本领先企业只要能以同行业平均或接近平均的价格水平销售，就能获得更多的收益。

成本领先战略要求企业追求规模经济，也就是积极地获取一个相对较高的市场份额，并且通过控制直接和间接成本，压缩在研发、服务、销售、广告等方面的费用，全力以赴地降低成本，达到总成本领先的优势。

实施成本领先战略的优势在于：①形成并提高产品的进入障碍。企业生产经营成本低，产品售价低，可以对其他希望进入本行业的潜在竞争者设置较高的门槛，使技术不成熟，经营缺乏规模经济的企业很难进入，减少竞争。②增强企业的价格接受能力。企业的价格接受能力主要是对供应商和用户，由于企业成本低，相较其竞争对手而言，可以容纳供应商原材料的较高价格，也可以容纳用户提出的相对较低价格，争取更多市场份额。③降低替代品威胁。消费者更关心的是产品的性价比，成本领先战略带来了产品的高性价比，从而对替代品产生挤出效应。

格兰仕就是成功实施成本领先战略的企业。它从纺织业成功转型到家电行业，主要得益于其采取的成本领先战略。格兰仕从 1993 年转型开始，只用三年就达到微波炉生产企业的规模经济效益，并且在 1995 年市场占有率就达到国内第一。但要注意的是，对大多数新创企业来说，短期达到规模经济是比较困难的。这类企业要达到低成本战略就得通过控制成本，压缩支出来实施成本领先战略。新创企业在其创业初期，在资金有限的情况下，可考虑成本领先战略，它不仅克服了自己的劣势，也取得了竞争优势。

9.3.3 产品创新战略

产品创新是指新创企业研究和开发新产品或提供新服务的程度，产品创新战略就是依靠不断地创新将新产品或新服务推向市场，建立起优势。新产品或者新服务是一种很有效的进入资源，它既可以满足客户潜在需求，又有明显区别于其他产品的特性，并具有稀缺性，在使用新技术的基础上具有难以复制的特点。利用产品创新创业的企业往往具备较强的资金或者技术优势，一旦进入该行业就能构筑起较强的行业壁垒，从而能够迅速地开拓市场并且能够有效地避免模仿和复制。这一战略反映了创业者是否积极主动地进行研发工作来应对竞争。对于新创企业，采取产品创新战略，是参与竞争的一种常见方式。

产品创新战略的实施，其关键在于鉴别市场机会，通过技术创新，率先推出某种新产品或者新服务，来满足市场的潜在需求。所以，产品创新战略可以被认为是一种领先市场变化的创造性战略。新创企业比较重视机会识别和技术创新，这与产品创新战略是十分契合的。

实施产品创新战略，从产品生命周期的角度考虑，新创企业可以达到良好的产品和服务的更替，及时淘汰陈旧的产品。但需要注意在市场前景不明朗的情况下，新创企业为实施产品创新战略而研制新产品、开拓新渠道、使用新的经营策略等，可能会使企业承担较大的风险，需谨慎采用。

9.3.4　快速跟随战略

领先者的战略是在竞争对手之前就将产品引入市场，而跟随者的战略就是快速跟随战略，即通过向创新先锋的领先竞争者学习，总结领先者的经验和不足，改进领先者的产品或服务，从而提供更加可靠的、更加贴近客户需求的产品，避免对市场错误的判断，减少市场风险。

快速跟随战略实施的核心，首先是通过学习达成对领先企业产品或服务的模仿，其次是总结、改进、提升能力，既要能掌握领先企业的关键部局、核心技术，更要有能发现、总结其不足的能力，对现有的产品和服务进行提高，才能取得与领先企业的竞争优势，否则纯粹的模仿注定是要灭亡的。一旦领先者所推出的产品生命周期短暂，追随者的风险则更大。

企业实施快速跟随战略的优点是新创企业可以规避风险并获取领先者的经验，进一步完善产品和服务，更好满足消费者的需求。

国内市场上第一瓶功能性饮料是由乐百氏推出的“脉动”，当年的市场销售情况异常火爆，第二年娃哈哈跟着推出了“激活”，接着其他公司紧紧跟上，汇源推出了“他+她”，但因为功能饮料在“脉动”之后迅速进入成熟期，其他的跟随者都没有达到预期的效果。所以新创企业在实施快速跟随战略时，要注意产品的生命周期特点，把握成长期且衰退较慢的产品，效果会比较好。

9.3.5　专一化战略

专一化战略是指企业仅针对某一特定的用户群，或者某一特定的地理市场，根据客户的特点为他们生产专门的产品或提供专门的服务，从而建立自己的竞争优势。

专一化战略实施的关键，就是要将企业的目标，锁定在一个细分市场之中，并根据细分市场来设计特定的产品或服务，将精力完全投入这个特定市场中，以争取在该市场实现差异化战略或者成本领先战略，完成对自身竞争优势的构建。

成熟型企业更愿意在成熟的行业中竞争，其中竞争比较激烈，不利于新创企业发展，因此新创企业更倾向于在竞争不太激烈的细分市场内寻找机会。通过在一个狭窄的细分市场上，实施差异化战略或者成本领先战略的新创企业，可以使竞争者无法进入，或者不愿进入的企业所在的细分市场。

京东商城是实施专一化战略较为突出的代表。该企业在创业初期进军电子商务领域之时，从中关村实体经营时较有优势的进销存和市场促销经验出发，以较熟悉的计算机相关软硬件、音像制品、图书等为主要切入点，获得了迅速的发展。在逐渐成长之后，才在保核心业务的基础上拓宽经营范围。

9.3.6 市场宽度战略

市场宽度战略是指新创企业提供不同产品类别、满足不同用户需求、覆盖不同地区等的战略。主要意图是尽可能大范围地满足客户需要，这对新创企业的发展比较重要。

实施市场宽度战略，新创企业需要扩充产品线宽度，向较大范围的用户提供不同的产品或服务。通过鉴别市场机会，提供满足用户不同需要的产品和服务，新创企业可以获得一个新的产品市场组合。

新创企业的一个主要特点是抗风险能力较弱，而市场宽度战略提供了非常好的规避风险和拓展业务的模式。通过进入新的市场，新创企业可以更好地开发潜在市场，提升绩效，有可能比关注狭窄市场获得更好的经营业绩。

9.3.7 联盟战略

联盟战略，是指通过与其他公司共享某些资源或进行其他更为紧密的合作，从而克服自身资源限制或增强自身竞争能力的一种战略。其核心就是联盟成员之间能实现资源共享，这是联盟战略的关键也是难点。

新创企业的一个主要特点就是缺乏各种资源，这使得新创企业与成熟企业相比，总存在各种限制。而以双赢为出发点的企业联盟战略，恰好可以帮助新创企业解决他们遇到的这些问题，或者突破那些阻碍他们发展的瓶颈，加强新创企业对环境的不确定性的应对能力，提升绩效，并且帮助他们实现自己单独无法达成的目标。对于倾向于在细分市场内寻找机会的新创企业而言，联盟战略显然能够帮助新创企业，使他们更容易地克服各种资源的限制，更容易地建立起竞争优势。

9.4 成长企业管理重点的改变

新创企业在进入成长阶段后，对复杂环境表现出了高度的灵敏性，会在原来创业的基础上抓住市场机会，重构销售队伍和销售体系，重视战略规划，更加关注内部核心能力的建设以应对外部机会和威胁。与企业的这些调整相对应，管理重点也会发生转移，成长企业企业管理的重点主要体现在以下三个方面。

1. 复杂环境下的战略规划能力

在之前章节新创企业生命周期理论中我们看到，大部分资源要素在企业成长过程中都是边际效用递减的，也就是随着要素投入的增多，单位要素对企业成长的贡献程度有减弱的趋势。但随着企业的成长，战略规划的作用反而增强。

战略对新创企业快速增长起到了重要作用，但这一时期企业管理中的战略缺乏系统分析，更多是创业团队对企业和行业的理解来制定战略，战略缺乏长远性，主要是从企业实践出发的战术性层面战略，且明显具有销售导向，这也是新创企业不可回避的生存问题决定的。以上问题决定了新创企业的战略规划持续性和系统性不足。成长企业的战略规划需要在此基础上进行调整，甚至抛弃原战略重新进行规划。此阶段管理层所面临的内外部环境因素要比新创期多得多，环境因素的变化和相互作用也更复杂，因此，成长企业该阶段的管理重点是把握复杂动态环境，提高战略规划能力。

2. 组织能力的提高

新创企业初期的企业成长动力最直接的来源是创业精神，组织能力并不重要。但组织是涵盖管理要素最多的管理职能，员工素质、结构、系统与控制等都直接与组织有关，因此成长企业的发展动力应该由创业精神转变为组织能力。技术创新、产品创新、战略制定与实施、资源整合等在很大程度上都要依赖于组织的能力。

3. 创新精神的强化

虽然创业精神在成长企业中已不再是成长动力的最直接来源，但创新精神一直是企业持续发展的动力，尤其是成长企业处于转型阶段，创新压力更大。一方面初期创业的成功，会吸引很多跟随者竞相模仿从而削弱企业的创新优势，而初创阶段迫于企业生存的压力可能会使得企业减少对创新的关注和投入；另一方面，成长企业不像大型成熟企业那样具备足够的资源，很难开展基础研究工作，所以创新能力会有所削弱。因此，成长企业应该加大创新投入，保持创新优势，争取将创新转化为企业的核心竞争力。

9.5　新创企业的可持续发展

可持续发展是既要满足当前发展的需要，又要考虑未来发展的需要；不能以牺牲后期的利益为代价，来换取发展；同时可持续发展也包括面对不可预期的环境震荡，而持续保持发展趋势的一种发展观。企业可持续发展战略是指企业在追求自我生存和发展的过程中，既要考虑企业经营目标的实现和企业市场地位的提高，又要保持企业在已领先的竞争领域和未来扩张的经营环境中保持持续增长和能力的提高，保证企业在未来相当长的一段时间里持续经营的能力。

新创企业经历了艰难的创业阶段，大部分创业者既是管理者又是员工，这在创业初期企业规模较小的阶段反而是优势，可以迅速应对市场的变化和外界的竞争。但随着新创企业的规模逐渐扩大，这就要求新创企业关注内外环境的变化，适时调整战略，以保持企业发展的可持续性。

9.5.1　新创企业可持续发展的要素

要生存并可持续发展下去，必须在竞争中获胜，通过新创企业的战略选择，确立的竞争优势能持续多久？也就是企业的核心竞争力怎样？这主要取决于三个要素：模仿壁垒、竞争对手的战略选择和行业环境的变化情况。

1. 模仿壁垒

一般来说，只要拥有竞争优势的企业获得了高于行业平均利润水平的利润，这就意味着它一定拥有一些独特的能力，这些能力就会吸引行业内的其他企业来模仿，一旦模仿成功，这种独特的能力就成为行业内企业的基本能力，高利润水平也就会消失，企业的竞争优势也随之消失。几乎所有的独特能力都会被竞争者模仿，所有差别的只是模仿的时间。被模仿所花费的时间越长，企业就会有越多的时间推广产品、占领市场、塑造企业形象、培养顾客的忠诚度，从而使得未来被模仿者战胜的难度提高。

竞争对手的模仿速度主要由模仿壁垒决定。模仿壁垒是指难以被竞争对手复制模仿的本企业的独特的能力要素。模仿壁垒越高，模仿难度越高，被模仿的可能性就越小，因此企业的竞争优势越持久。

模仿壁垒的差异是由竞争者尝试模仿资源还是模仿能力而定。

1）模仿资源

资源分为两类，有形资源和无形资源。对一般竞争者来讲，有形资源是容易模仿的，如建筑物、厂房、设备等。有形资源是可见的，甚至能在市场上采购到。无形资源相对难以模仿，最常见的是品牌效应，品牌是企业价值在商业社会中的延伸，在一定程度上体现了企业的商品定位、经营模式、产品的消费族群和利润回报。一旦品牌被买方充分信任，同业的竞争者就很难抢夺客户，挤占市场份额，如果强行模仿，对手将付出巨额成本。在无形资源里面，营销技术相对比较容易模仿，快速跟随战略中就可以使用模仿其影响技术的战略，例如，滴滴打车和快的打车在初创阶段，相互跟进实施车主和乘客补贴的营销战略。而技术诀窍这种无形资源，由于会受到专利制度的保护，是比较难以模仿的资源。因此，为了持续保持竞争优势，企业应倾向于把重点放在无形资源独特能力的构建和保护上，从而提高模仿壁垒。

2）模仿能力

模仿一个企业的能力一般比模仿资源更困难，因为企业的能力是基于企业内部的决策和管理流程、组织结构、企业文化等，外界很难分辨具体的内容是什么。而且企业的能力通常不会只存在某一个个人身上，都是许多人在特定组织条件下相互作用的结果。构建独特的企业能力，有助于模仿壁垒的提高。

2. 竞争对手的战略选择

竞争对手迅速模仿其他企业竞争优势的能力主要取决于竞争对手之前的战略选择，一旦企业的战略选择是发展自己特定的资源和能力，那么它对其他公司的创新竞争优势的模仿就会减少，被模仿者的竞争优势会相对持久。

3. 行业环境的变化情况

如果行业环境是迅速变化的，也就是产品创新率较高的行业（如信息技术行业、个人电脑行业等），创新的快速增长意味着产品的生命周期缩短，新产品的竞争优势很快会被众多的市场竞争者的创新所取代。例如，录像机、VCD、DVD 产品的迅速更迭衰败。

在以上三个要素中，当模仿壁垒较低、竞争对手选择跟随策略时且有模仿实力时，竞争优势可能是短暂的，但只要公司注重对模仿壁垒的塑造，也可以建立一个持久的竞争优势；如果再加上一个迅速变化的行业环境，企业就需要在塑造模仿壁垒的同时，紧追产品生命周期，在产品成熟期就未雨绸缪，寻找替代产品，研发新技术，通过产品的更新换代，维持企业的可持续发展。

9.5.2　新创企业可持续发展战略

企业可持续发展战略非常繁杂，大部分理论都是从企业内部某一方面的特性来论述的。但根据国内外研究者和实际工作者的总结，可以把企业可持续发展战略划分为创新可持续发展战略、文化可持续发展战略、制度可持续发展战略、核心竞争力可持续发展战略、要素可持续发展战略等。

1. 创新可持续发展战略

创新可持续发展战略，也就是以创新为企业可持续发展的核心。企业的核心问题是盈利，盈利需要有体制上的保证，还要有不断创新。只有不断创新的企业，才能保证其竞争优势，从而保证盈利的持续性，保证企业的可持续发展。

2. 文化可持续发展战略

文化可持续发展战略，也就是建立独特的可传承的企业战略文化。企业战略文化从狭义上来讲就是战略相关者对“做什么、如何做、由谁做”这个战略构思与运作的中心命题的解答所持有的共同观念，能够解决企业经营中遇到的最基本的方向正确、高效运作与投入相结合的问题。这种共同观念能够增强企业的凝聚力，在企业面对纷繁变化的内外部环境时，企业发展需要靠企业战略文化的引导。

3. 制度持续发展战略

良好可持续的企业制度是企业可持续发展主要保障力量。唯有建立有利于行业环境、有利于产品/服务质量改善的制度，建立合理资源配置和可持续利用的制度机制，才能遏止不可持续之源。

4. 核心竞争力可持续发展战略

企业核心竞争力是指区别于其他企业而本企业所具有的独特的竞争能力，就是企业的决策力，包括把握全局、审时度势的判断力，大胆突破、敢于竞争的创新力，博采众长、开拓进取的文化力，保证质量、诚实守信的亲和力等。核心竞争力可持续发展战略是指企业可持续发展主要是通过培育和保持企业核心竞争力的持续发展来支撑。

5. 要素可持续发展战略

要素可持续发展战略重点关注决定企业发展的几种要素：人力、知识、信息、技术、领导、资金、营销等，保证要素供给和独特领先及可持续发展性，来保持企业的可持续发展。

本章小结

新创企业的特点决定了新创企业的战略具有有别于成熟企业的独特性。虽然新创企业战略管理的研究起步较晚，但由于关系到企业的发展存亡，战略管理对新创企业又尤为重要。一般企业的战略分析工具中，PEST 分析和五力模型比较适合于新创企业用于进行战略分析和选择。可供新创企业选择的战略主要有差异化战略、成本领先战略、产品创新战略、快速跟随战略、专一化战略、市场宽度战略、联盟战略等，其中两种甚至更多可以组合使用而达到更好的效果。随着企业的成长发展，新创企业转型为成长企业之后，管理的重点也会随之发生变化。竞争优势的保持是新创企业可持续发展的基础，保持竞争优势的要素也就是企业可持续发展的要素。同时企业可持续发展战略又可分为创新、文化、制度、核心竞争力及要素可持续发展战略。

复习思考题

1. 创新企业战略的重要性及特点。
2. PEST 分析的主要内容及用途。
3. 五力模型分析的主要内容及用途。
4. 新创企业的战略有哪些？
5. 企业可持续发展的要素包括什么？

推荐阅读资料

李生校. 2014. 新创企业的外部创新搜寻战略研究. 武汉：武汉大学出版社.

希尔 C W L，琼斯 G R. 2012. 战略管理概念与案例. 第 8 版. 薛有志，吕文静，雷云译. 北京：机械工业出版社.

参考文献

陈浩义，葛宝山. 2008. 基于创业者资源禀赋的新创企业战略选择研究. 改革与战略，(3)：27-30.
杜跃平. 2006. 创业管理. 西安：西安交通大学出版社.
方欣. 2008. 企业战略管理. 北京：科学出版社.
林汉川. 2006. 中小企业战略管理. 北京：对外经济贸易大学出版社.
林嵩，张帏，姜彦福. 2006. 创业机会的特征与新创企业的战略选择——基于中国创业企业案例的探索性研究. 科学学研究，(2)：268-272.
刘乃发. 2006. 新创企业战略选择探析. 特区经济，(5)：170-172.
罗旭华. 2006. 新创企业主要战略内在关系研究. 特区经济，(6)：196-198.
邱一郎，蒋浩锋. 2011. 新创企业的战略选择. 经营与管理，(6)：88-89.
希尔 C W L，琼斯 G R. 2012. 战略管理概念与案例. 第 8 版. 薛有志，吕文静，雷云译. 北京：机械工业出版社.
姚苏阳. 2004. 新创企业成长管理——嘉信公司案例分析. 清华大学硕士学位论文.
张玉利，陈寒松. 2010. 创业管理. 北京：机械工业出版社.
Foster G，何晓斌，贾宁. 2013. 新创企业的产品战略. 北大商业评论，(7)：96-101.
Porter M. 1980. Competitives strategy：techniques for analyzing industries and competitors. Social Science Electronic Publishing，(2)：86-87.

第10章　新创企业的危机管理

学习目标：

1. 了解企业生命周期理论。
2. 了解新创企业的概念。
3. 了解新创企业可能面临的各种危机。
4. 了解新创企业面对危机的应对策略。

引导案例

从一杯奶茶开始的创业

1989年，在中国南京教授英语的希瑟，趁着签证到期前，来到了另一个东方古国——印度。在这里，希瑟尝到了一种从未见过的饮品——奶茶。那一天，她接连喝了12杯。“这真是太美味了。”从此以后，希瑟便患上了奶茶瘾。回到美国后，希瑟感到浑身不安闲，由于在自己的祖国，很难再找到印度的奶茶，甚至是相似味道的东西。“我自己来试试吧。”希瑟只要一有空，便开始倒腾起各种用具，她希望凭借自己的回忆，让四周的人都能尝到一口自己以为是世间最美味的东西。

从1990年到1993年，希瑟都在这么干。终于有一天，她似乎看到了希望。“试试吧，妈妈。”当希瑟将调试好的一杯奶茶递到特德手中时，特德从杯子里冒出的烟雾里闻到了那让人心旷神怡的香味。“我想，我们可以试着做更多的奶茶，让更多的人来品尝。”希瑟很是兴奋，“或许，我们可以靠这样一个东西来创业。”当特德轻轻地啜了一口希瑟的奶茶后，她的眉头顿时展开了。“为什么不呢？”特德以为，这杯奶茶，将会为美国人带来最新的体验。“假如你是认真的，我想我愿意帮助你。”摸着希瑟的头，特德微笑地对女儿说道。这场母女二人的创业史正式拉开了序幕，俄勒冈奶茶公司奇迹开始上演。

创业需要资金。但希瑟和特德都没有。她们各自有3 000美元的存款，这成为最初的创业资本。低本钱如何创业？简直是天方夜谭。“6 000美元创业？你们连工资都发不出来!”是的，特德和希瑟的俄勒冈奶茶在成立后的很长一段时间里都没有发过工资。包括对后来加入的人，她们的第一句话都是：我们可能现在不能付给你们工资。然而，特德和希瑟却依然得到了创业道路上很多好人的帮助。“我要感谢的人太多。”当俄勒冈奶茶在最困难的时候，很多朋友们都伸出了援手。尽管他们知道这项事业也可能失败，但对母女二人依然慷慨解囊。“假如成功，我们的钱，可以作为你们新公司的股份。”他们相信，凭借着自己的努力和勤奋，她们一定能够获得成功。同样，当被告知加入俄勒冈奶茶，可能不会有工资待遇时，依然有坚信这项事业的伙伴加入。当然，这期间，他们一直没有工资，尽管公司的奶茶生意逐渐走向正轨。由于所有的销售收入全被投入更多的生产中。他们几乎没有任何剩余，包括零钱。

“一直到1995年，我们才开始能拿到工资。”回忆那个没有工资的创业阶段，希瑟和母亲特德却很是欣慰，“我们的团队走过了最艰苦的时期，这让我们更加团结，并能为同一个目标全力以赴。”。

这是一个低成本、低资金的新创企业，这对母女创业者是如何度过财务危机和市场危机的？又是如何度过客户关系危机的？本章将首先解释新创企业的成长规律，并针对新创企业不同发展阶段，回答如何使得新创企业顺利度过初创期和成长期，顺利步入下一个发展期间。

资料来源：http：//www.elab.icxo.com

10.1 新创企业的成长规律

成长这一概念的英文是growth，中文可译为生长、发育、发展、成长、增长、增加、增大等（杨杜，1996）。成长起源于生物，一般是指生物体从无到有、从小到大发展的机制和过程。对企业的成长规律研究历来是经济学和管理学的重要课题。

10.1.1 企业的成长规律

20世纪20年代，英国经济学家马歇尔（Marshall）就观察到企业成长存在阶段性特征，并用树木的生长规律来比拟企业的成长。一个企业生成、壮大，但以后也许会停滞、衰退，在其转折点存在着生命力与衰朽力的平衡或均衡。在马歇尔看来，企业的成长与衰败遵循大自然普遍规律，即物竞天择，适者生存。从20世纪50年代开始，企业成长规律理论进入高速发展时期。学者们一方面更为深入地观察企业成长案例，探究其发展规律，另一方面开始广泛寻求经济学、社会学、生物学等学科的理论支持，构建了各种企业成长规律模型。对企业成长所经历的阶段及其特点给予不同的划分和描述，出现了百家争鸣的局面。迄今为止，学术界已经形成了经济学派、组织学派、生命学派和管理学派等主要流派（韦小柯和凤进，2005）。在各种理论流派中，以哈佛大学教授拉瑞·葛雷纳提出的五阶段模型和美国企业家伊查克·爱迪斯提出的企业生命周期理论最具代表性和影响力。

1. 企业生命周期

对企业成长规律的研究首先表现在对企业成长阶段的划分上。对于企业成长阶段的划分，最为基本的就是将企业成长过程划分为四个阶段：培育期、成长期、成熟期和衰退期。

1）培育期

培育期是企业最初的发展阶段，这时的企业正处于初创阶段。该阶段的企业以生存为第一目标。在企业内部，管理水平较低，内部控制的方法和手段都比较单一，有的企业甚至没有建立内部控制制度。在企业外部，企业的市场地位尚不稳定，其他企业对于初创企业的威胁较大，初创企业缺乏充分的应对策略，容易出现“夭折”。这一阶段的企业富有创业精神，企业全体人员在生存压力之下被激发出的斗志和精神是支持企业发展的主要动力。

2）成长期

经过培育期的考验之后，凡是能够存续经营的企业会进入下一个期间——成长期。成长期的企业在“质”和“量”两个方面都将快速发展。从质来看，企业市场竞争能力迅速增强，市场地位逐渐稳定，市场份额增加，内部管理从“无序”转变为“有序”，内部控制制度建立和强化，管理水平提高。从量来看，企业员工数量增多，企业规模扩大，固定资产数量增加，主营收入提升。处于成长期的企业，生存问题已经解决，企业发展的目标是如何把握各种市场机会，进一步增强市场竞争能力。

3）成熟期

经过成长期的积累和历练之后，企业进入成熟期。这一时期的企业发展速度放缓，营业规模扩大，营业收入和利润均有所提升，市场份额稳定，市场竞争力较强，外部竞争压力得到缓解，内部控制的方法和手段均已经成熟。由于企业现有主营业务收入的份额已经稳定，提升空间已经有限，所以，想要追求持续成长，企业必然面临探寻新的发展空间问题。这意味着，企业必须跳出现有事业布局，开拓新的蓝海领域。

4）衰退期

经过成熟期的稳定发展之后，企业如果没有成功寻求到新的利润增长空间，则企业很可能会进入衰退期。在衰退期企业利润率逐渐降低，市场份额流失，内部控制存在多重缺陷，企业陷入内外交困的局面。多重原因可能会造成企业步入衰退期。例如，现有产业属于夕阳产业，又如企业重大决策出现失误、内部管理不善、官僚主义盛行、内耗过大、缺乏创新精神、不思进取等，这些都是导致企业衰亡的主要因素。

创新是保持企业成长的最重要手段。企业可以在三个方面进行创新：一是产品创新。通过不断推出新产品替代原有产品，使得产品持续成长，巩固和扩展市场份额。二是产业创新。企业可以通过产业转型和调整，跨越特定产业的生命周期，从而获取新产业的持续成长。三是管理创新。通过管理创新，企业适时调整内部管理制度、方法和手段，以适应新环境、新领域的变化，从而保持内部活力。传统上，企业界将成长过程中的重大创新阶段称之为第二次创业或者第三次创业。只有通过新一轮的创业，企业才能顺利摆脱衰退期，进入下一个新的成长期。如若不能进行成功创新，企业仍将停滞在衰退期。

2. 葛雷纳的企业成长五阶段模型

在各种关于企业成长的理论流派中，美国哈佛大学管理学教授拉瑞·葛雷纳提出的企业成长五阶段模型具有广泛的学术影响。

哈佛大学教授拉瑞·葛雷纳（Larry E. Greiner）提出的五阶段模型主要描述企业成长过程中的演变与变革的辩证关系，很好地解释了企业的成长，进而成为研究企业成长的基础。

他提出了五个关键性概念：组织年龄、组织规模、演进的各个阶段、变革的各个阶段、产业成长率，在此基础上构建了组织的发展模型。演进是指企业平稳成长过程；变革则反映企业组织的动荡过程。

该模型将企业成长过程分为五个阶段，每个阶段都由前期演进和后期变革或危机部分构成。变革和危机推动，加速企业向下一个阶段的发展。五个阶段的演进期间均有特定的管理方式，变革期间则由企业面临的占据主导地位的管理问题形成。在不同的发展阶段，企业管理的重心和方式、组织结构、管理风格、控制体系等均有所不同。这一模型比较完整地阐述了企业从小到大的变化，勾画出企业由幼稚到成熟的发展过程。

1）创业阶段

在创业的初期，企业最为显著的特征是主要依靠创业者的个人创造性和英雄主义维系企业生存。此阶段重点是强调研发，重视市场，至关重要的任务是怎么把新产品迅速销售出去，企业凭此得以生存，并迅速成长。在这一阶段并不需要复杂的管理制度和战略目标，创业者本人就可以控制整个团队。在此阶段，企业通过创造而成长。

经过 1 ~ 3 年的发展，随着企业规模的扩张，员工人数日益增加，企业出现剧烈振荡。企业可能进入一个危险期，即领导危机。企业也更需要一个职业化的管理者来进行科学规划和管理控制，因此，在这个时期，要么是创业者成长为职业化的领导，要么找到一个职业经理人，委托其进行管理和控制。这时企业面临的主要挑战是，创业者需要自我变革，有足够勇气放弃很多东西。同时创业者还会发现，要继续监控发展这个企业还需要掌握更多的信息并且有必要制定可行的发展战略。

2）集体化阶段

第二个阶段是集体化阶段。所谓集体化，是指企业通过很多职业经理人管理企业，建立一个管理团队去指导员工工作，引导员工执行决策层的决定，企业通过职业化的领导而成长。企业发展到一定程度，又会出现一次振荡，即自立危机。主要原因是员工需要获得自主权，中、基层经理希望增加自主权。指导作用和员工的具体实践使其工作经验和水平不断提升，企业规模扩大、管理层次增加，都会刺激员工对自主权的渴求，从而导致企业发展出现新的鸿沟，此时就需要授权，并建立一个更为规范的管理体系。

3）规范化阶段

第三个阶段的重点是规范化管理。这时企业经过 1 ~ 3 年的高速发展后，高速成长，产品转向更为广阔的主流市场。随着员工人数迅速膨胀，部门快速分拆，销售地域和网络越来越分散，此时需要更多的授权。同样又会遇到新的问题，被新的危机所困扰，即控制危机。这个危机需要通过加强控制来解决，但依靠过去传统的控制手段不能解决危机，因为一方面授权过多就会导致自作主张，出现本位主义，而另一方面控制过多就会出现不协调、合作困难的现象，因此协调是跨越第三个发展鸿沟的主要手段。

4）精细化阶段

企业发展的第四阶段，即精细化阶段。企业需要通过更规范、更全面的管理体系和管理流程，或者说是更多、更先进的管理信息系统来支撑，通过协调而成长。但官僚主义的出现又会引发新的危机，即烦琐公事程序危机。管理层次过多，决策周期拉长，人员冗余，因此企业在面对新的鸿沟时，需要加强合作，这时要更多采用项目管理的手段，建立诸多团队，通过按产品、地域设立适宜的部门和团队来增强市场竞争的快速应变能力。

5）合作阶段

这一阶段，企业的规模通过合作成长，迅速壮大，也许已经进入国际市场，成为一个全球性的公司了。

3. 爱迪思的十阶段发展模型①

在各种关于企业生命周期的理论流派中，爱迪思提出的十阶段模型对企业生命周期划分的最为细致深入，具有广泛的影响力，如图 10-1 所示。

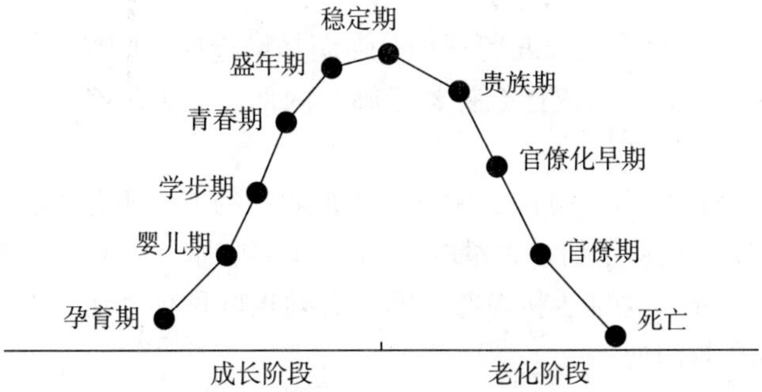

图 10-1　爱迪思十阶段发展模型

（1）孕育期：企业尚未设立，仅仅是创业的构想和意图。创业者的重心在于构思未来的可能性上，致力于制订和谈论雄心勃勃的计划。

（2）婴儿期：销售额的渴望驱动着这个行动导向。没人花太多的注意力在书面工作、控制、系统、规程上。因而企业缺乏内部控制制度。业绩表型不稳定，很容易遭受挫折，管理工作受到危机左右，不存在授权，决策往往由一人主导，创业者自身是企业能否生存的关键。

（3）学步期：企业处于迅速成长的阶段，企业已经克服了现金流不足的问题，销售额攀升，呈现快速发展的态势，但是企业仍然缺乏战略规划。创业者信心膨胀，相信自己做什么都是对的，因为他把所有的事情都看做机会，这常常会由于过于冒险而导致不良后果。创业者更愿意按照人而不是职能来管理企业。创始人仍然做出所有的决策。

（4）青春期：在这个阶段，公司采取新的领导格局。创业者聘请职业经理人，企业脱离创业者的影响，借助职权的授予、领导风格的改变和企业目标的替换而获取新的发展。企业资深员工与新员工、创业者与管理人员、创业者与企业之间、集体目标与个人目标之间的冲突是这一时期的主要问题，真正给顾客用于服务的时间很少。公司愿景规划受到暂时损害。

（5）盛年期：企业的管理和内部控制制度、组织结构能够充分发挥作用，能够满足顾客的需求，能够制订并落实计划。企业按照新的愿景规划在控制和柔性之间建立了平衡，兼有纪律和创新。新的业务在组织中萌生，分别提供开始新生命周期的机会。这也

① 爱迪思 I:《企业生命周期》，赵睿译，中国社会科学出版社，1997 年。

是企业机体的健康与财富积累的巅峰阶段。

（6）稳定期：这是生命周期中第一个衰老阶段。企业仍然具有较强的生命力，企业通常有稳定的市场份额，组织良好。但是灵活性逐渐丧失。企业对成长的期望值不高，在占领新市场和开拓新技术方面缺乏积极性，对建立愿景不感兴趣，此时人们趋向于保守，内部关系网日益重要，对人际关系的关注超过对创新冒险的关注。

（7）贵族期：企业拥有大量的资金，并将大量的资金投入建立控制系统、福利设施和一般设备方面。讲究做事的方式，讲究穿着与称谓。强调做事的方式而不关心所做的内容和原因，企业内部缺乏创新，通过兼并和收购其他企业进而获取新产品和新市场。

（8）官僚化早期：喜欢追究问题责任，强调是谁造成了问题。内部斗争激烈，冲突和矛盾众多，而不关注应该采取什么补救措施。内部注意力已经转移到内部纷争，忽略了顾客。

（9）官僚期：制度繁多，但行之无效。在企业中的成功不是如何令客户满意，而是看其政治手腕。厚厚的规程手册、大量的文书工作、规则、政策等窒息了革新和创造力。只关心自己，缺乏与外界的对话和沟通。顾客必须想好种种办法，绕过或者打通层层关节才能与企业进行有效沟通。

（10）死亡期：对企业死亡的定义为“已经没有资源鼓励人们为自己工作”。它可能突然到来，或者持续数年。当公司无法产生所需的现金，支出任何收入，公司终于崩溃。

爱迪思根据十阶段企业生命周期理论，进一步提出企业生命周期的基本原理[①]：

第一，企业在生命周期的不同阶段，会面临不同的特征问题。同一时间，企业的不同部分可能处于不同的生命周期阶段。那些预料之中的问题，是正常的，而另一些不该出现的问题，则为病态的。例如，婴幼儿哭闹就不是问题，而成年人哭闹就不正常。第二，就像一个人的整体年龄和他的各个器官的年龄不一致那样，企业的各个部门也许并不一定处在同一个生命阶段，销售部门可能一直在青春期徘徊，而财务部门则可能早已进入贵族期，组织整体所处的生命阶段只是大多数部门归纳出的整体表现。第三，虽然周期有自然发展的顺序，不过企业通过适当的应对措施，是可以改变其状态的。在许多情形下，又必须要获取外部的帮助。第四，随着生命周期的演进，企业的灵活性逐渐下降，而企业的可控性一直增加，到官僚期达到顶峰，随后开始下降，则企业进入衰亡。成长期的企业灵活性较强，要注意增强可控性；盛年期到衰老期的企业可控性很强，要提高灵活性，多一点创业精神，多一点新产品。第五，对于企业而言，死亡不是必然的。通过变革，企业可以延长自己的盛年期，实现可持续的长期发展。企业能否进入盛年期，取决于六个要素：风格、组织结构、战略、人员配备、报酬、制订计划和目标。在每个生命周期阶段，每个要素的实践操作都会相对变化，贡献各不相同。那些像恒星一样持久的企业就是通过自我变革、突破，不断转变自己的组织能力，从而实现可持续发展。

如何延长自己的盛年期，无疑是每个企业都关心的问题。爱迪思认为，一个管理

① http：//content.businessvalue.com.cn。

有效的组织，具备四种维他命：维他命 P、维他命 A、维他命 E 和维他命 I，即“PAEI 维他命理论”。P 代表实现企业目标（perform the purpose of the organization），它使企业取得短期效果，实现效力；A 代表行政（administer），系统化、常规化、规划好各项活动，它提供效率；E 代表创新精神（entreprenearing），创造力和风险承当是其中两个必不可少的要素；I 代表整合（integrating），形成相互依赖而又亲近的文化。这四种维他命 PAEI 是制定决策的四大角色，用以分析企业文化、风格或管理人员的风格。爱迪思指出，P、A、E、I 就像是化学元素一样，不同的组合可以产生不同的功效和不同的管理风格。企业在不同的周期阶段会表现出不同的 PAEI 组合风格。企业是年老还是年轻，和企业的规模没有关系，而是由以下两个因素决定的：灵活性和可控性。灵活性是维他命 P 决定的，而可控性是维他命 A 和维他命 I 决定的。

应当说明的是，企业所处的生命阶段，不以时间长短来确定，也不以规模大小为前提。就时间来说，有不少百年老店依然“年轻”，也有不少刚刚建立的企业已经“老态龙钟”；就规模来说，有些世界排名领先的巨型企业依然生机盎然，而有些小型企业已经送进了重症监护室。判断企业年龄的尺度，是灵活性和控制力的消长情况。此外，生命周期很有可能会互相交错重合，企业可能因为某些问题而向前一个阶段倒退，也可能在健康发展过程中出现后一个阶段的特征，不同阶段的关键问题往往在其他阶段也存在，不过在其他阶段要么不成为问题，要么不占据首要位置而已。

10.1.2　新创企业的成长规律

1. 新创企业的界定

前文述及，企业从诞生到消亡，一般可分成初创期、成长期、成熟期和蜕变期四个阶段（爱迪思，1997）。新创企业是处于初创期的企业，具体是指从企业创立、甚至是从企业创业开始，到企业已经摆脱了生存困境，并基本转化为规范化、专业化管理的过程，即从企业创立到发展演变成大中型企业的过程（汪少华和佳蕾，2003）。

新创企业并不完全等同于中小企业。新创企业是基于企业生命周期阶段性的特征，而后者则更多基于规模的界定。在学术研究中，为了精确的界定变量，企业成立的年龄是界定新创企业的主要标准。但是，究竟以成立多少年才算是初创期，学术界和实业界并无统一的界定标准。全球创业观察把创业型企业分成新生企业、新创企业、初创企业。新生企业是指 3 个月以内的企业，新创企业是指 3 个月到 42 个月的企业，初创企业是把新生的和新创的合起来，叫初创，而新创企业的创业者，可能同时在做新生企业。国外学术界较多的学者认为成立时间为六年或不足六年的企业可以被称为新创企业（Brush，1995；Shrader and Simon，1997）。国内研究也通常认为新创企业是指成立时间短于或等于八年的企业（蒋春燕和赵曙明，2006）。但是，也有学者认为，很多在成立五年之内还无法建立起有实力的市场地位的新创企业将濒临倒闭。成立时就太久的企业（超过 12 年）已经摆脱了年龄困境，但尚未“达到像已建企业那样的成熟阶段”。近年来，随着产品更新换代加速，企业生命周期缩短，越来越多的学者用六年或更短的时间来界定新创企业，如 Fernhaber 等（2007）。本书认为，企业创立的前六年被认为是决定企业生存与否的关键时期，因此，以六年作为新创企业的年龄上限。

2. 新创企业成长阶段及其特征

企业成长既包括企业规模的增长，也包括企业素质的提高。因此，企业成长过程就是一个企业从小到大、由弱变强的动态变化过程。和其他企业一样，新创企业成长过程中具有生命周期。但是新创企业不像传统企业那样投资一条生产线，生产一种技术成熟、市场前景明朗的产品，其产品往往在该行业还未发展成熟。因此，新创企业所经历的生命周期与其所产品的生命周期及伴随而生的新行业周期存在着明显的同步关系。

借鉴前文所述的企业成长模型，基于前文对于新创企业年龄的界定，本书将新创企业的成长阶段划分为初创期、成长期。新创企业在成长的每一个阶段都有其显著特征，具体可以从在资金来源、财务状况、组织结构、创新行为、风险特征、市场环境等方面进行分析。

1）初创期

严格来说，初创期包括孕育期和初创期两个子阶段。

在孕育期，项目和产品均处于创意阶段。需要投入资金进行研发、成熟样品的试制和形成产业化的生产方案，以验证其创意产品的可行性及经济技术的合理性。其表现出来的明显特征如下。

（1）从资金来源来看，投资规模通常不大，但是融资风险较高。但是，由于企业尚未完全成立，资金来源渠道单一，筹集到足够数量资金是创业者面临的最大问题。在这个阶段，企业生存风险很大，从商业银行等金融机构那里无法获取资金，风险投资也不会轻易选择在这个阶段进入。因此，其主要的资金来源有两类：一是创业者自身提供或通过亲戚朋友以及天使投资人解决，二是获取政府目前提供的创新基金（如种子基金、创新基金、创业基金和孵化基金）等。

（2）从财务状况来看，孕育期的企业还没有实质性的生产，因此这个时候的企业本身几乎没有任何收入。企业除了要支出必需的研发费用和日常开支，往往还需要追加一部分的投入，因此此时的财务状况不佳。

（3）从组织结构来看，这一阶段，企业尚未正式设立，几乎没有员工，组织结构非常简单，创业团队一般由家庭成员、同学或朋友组成。人员分工一般不是很明确，部门设置也不明确，创业团队人员一般身兼数职，属于全力以赴状态，工作效率很高，但缺乏激励机制，团队关系主要依靠创业精神维系。

（4）从创新行为来看，这一时期的创新活动主要是技术攻关，实现构想到现实的转化。因此，以研究与开发为重点的技术创新和市场创新是该阶段创新行为的主导。

（5）从风险特征来看，这一阶段的风险更多地表现为创业风险，即实现构想可能性所产生的各种风险，风险较大，企业生存压力最大，企业往往会在这一阶段遭受损失或者中途夭折。

（6）从市场环境来看，这个阶段的企业尚未开始真正意义上的产品投入市场，更多是部分样品投入市场的试用或者对产品市场的调研工作。企业的产品只是处于研发阶段，尚未形成竞争力。

初创期处于孕育期之后，是指生产出可供市场出售的新产品或者提供新服务，将构想转化为现实的过程。这一阶段的主要目标是实现各种生产要素的合理组合，有效运用，企业解决基本的生存问题。这一阶段表现出来的明显特征如下。

（1）从资金来源来看，由于企业缺乏业绩支持，难以获得商业信贷，这一阶段以风险投资进入为主。投资者开始关注投资项目的商业计划、盈利性及企业的管理。此时企业融资风险仍比较大，资金缺口压力很大，企业融资难题制约了企业的发展。

（2）从财务状况来看，这个时期由于企业产品市场未能完全打开，市场份额很小，企业规模效益尚未体现，营销网络尚未展开，这些都使得企业的财务状况承受着很大的压力。企业大多数处于亏损状态，少数获得微利。此时企业开始更多地关注产品销售渠道的畅通和成本费用的降低，政府创立的各种孵化器可为他们提供了良好的发展条件。

（3）从组织结构来看，在这一阶段，企业员工数量不多，规模较小，适宜建立一种简单的组织结构形式，一般为直线职能制结构。企业决策权集中在一个高层管理人员手中，执行效率高，决策集中，职责分明，有利于企业优化资源配置。遇到重大决策还需要企业员工共同参与解决。

（4）从创新行为来看，这个时期的创新活动主要是吸引与生产有关的各种资源要素的投入，创建一个具有生产经营职能和严密组织结构的经济实体。创新活动主要涉及创业人员的创业行为，创业人员作为企业创办者和经营者筹划组织未来的各种活动。因此，管理创新成了该阶段企业创新的主导。

（5）从风险特征来看，这一阶段的风险更多地表现为创业风险，即把构想转化为实现生产力过程中所产生的各种经营风险、产品风险和市场风险的综合。企业如要承受住这些风险的考验，必须团结一致，形成互补和合力，组建一个敢担风险、善于经营、懂得管理的高效的决策机构，另外需要吸收风险资本。

（6）从市场环境来看，在这一时期，企业产品虽然具有一定特色和竞争潜力，但是竞争优势仍然不足，消费者对产品的接受还处于观望阶段，市场份额尚不稳定，销售渠道也有待开拓。产品局限于小批量的生产，处于试销阶段，因此应确定市场的可行性，着手构建营销网络。

2）成长期

创新企业经过前期的孕育和初创阶段，如果顺利转化，便进入了成长发展阶段。在这一阶段，企业拥有自己的主导产品，产品在市场上占有了一定的地位，产品质量逐渐稳定，工艺技术也逐步成熟。企业以“市场导向”、扩大市场份额为战略目标，销量开始出现大幅增加，企业实现盈利，逐步进入良性循环，销售和生产能力之间的缺口逐渐消失。这一阶段表现出来的明显特征如下。

（1）从资金来源来看，在这一阶段，随着企业的销售收入、营业利润的增长，新创企业为了适应市场需要而出现对资金量的高度需求。目前，随着企业经营局面逐步打开，企业竞争力的进一步提高，其融资能力明显增强，筹资已经不再是难题。企业可以从各种资金来源渠道筹措资金。

（2）从财务状况来看，随着市场份额的增加，规模经济的效应开始体现，大幅降低企业固定成本，因此能够实现企业盈利能力的迅速增长，企业进入了一个高速发展期。

企业应注重优化资本结构，降低资本成本，注重各项费用的优化，提高利润率，加快资金周转，从而增加权益资本的收益水平。

（3）从组织结构来看，随着企业规模的扩张，原有的直线型组织结构已经不能适应企业需要。在直线职能制的组织结构中，不同直线部门和职能部门之间容易产生不协调或矛盾，并且由于分工细，规章多，反应较慢，不易迅速适应新情况。因此有必要加强分工，进一步细化职责。此时的企业应采用矩阵制的组织结构。矩阵制的组织机构有利于加强各部门间的配合和信息交流，便于集中各种专门的知识和技能，加速完成某一特定项目，使组织具有整体性和灵活性，顺应企业发展的需要。

（4）从创新行为来看，这一阶段的创新活动主要围绕以下两个方面展开：一是合理配置和利用人才、技术和资本等各种资源要素，扩大规模，降低成本，迅速扩张，增强竞争力；二是提高产品创新能力，稳定并提升产品质量，改进工艺技术流程。前者涉及企业经营管理各方面的问题。因此，与之相应的企业创新主要表现为管理创新、市场创新，其中管理创新是核心。在这一阶段，吸引各方面的优秀人才投身于企业成了关键。后者要求企业具备较强的技术创新能力，围绕企业的经营主业，从战略上、整体上安排和实施技术创新，并且创新活动具有明确的目标指向和价值取向。但是技术创新活动往往是改进型或改良型的，主要是围绕已有的产品和技术进行，不像初创期的企业，其所进行的技术创新活动是一种突破性、全新概念的。

（5）从风险特征来看，进入成长发展期，创新企业基本克服了产品风险，面临的风险主要是市场风险和管理风险。为增强抵抗风险的能力，企业可以由单一经营优势向综合经营优势过渡。同时企业可以加快原有技术的改进力度以保持技术领先。

（6）从市场环境来看，在这一阶段，产品已经得到消费者的认可，市场份额逐步提高，营销是这一时期的首要任务。由于市场环境变动以及新的竞争者的介入使市场竞争更加激烈，企业应密切关注消费者不断变化的需求，必须调整公司的产品、服务和营销方式，加大产品创新的力度，逐步实现产品的多元化和系列化，增强市场竞争力。

10.2　新创企业不同发展阶段的危机管理

企业在发展过程中将面临各种风险，包括团队风险、技术风险、财务风险、市场风险、政策法律风险、宏观环境风险。在特定条件下，某些风险一旦被触发，就可能转化为危机。创业具有高难度、高投入、高风险、高收益的特点。在不同的发展阶段，企业面临的挑战、压力和风险各不相同，如果不能顺利应对这些问题，则企业可能无法渡过创业的初期，因此，新创企业必须高度重视危机管理。

危机管理主要目的是将危机和损失控制在尽可能小的、企业能够承担的范围以内，确保企业业务的正常进行，维持企业的稳定。危机管理具有不确定性、预防性和应急性三大特征。尽管不少企业遇到的问题不同，但危机管理的程式却是有其规律可循的。一般来讲，根据危机的发展过程，可将危机管理分为三个阶段，即防范阶段、处理阶段和总结善后阶段。企业要事先制订专门计划，防患于未然；在发生财务危机、知识产权危机、客户关系危机或团队危机的情况下积极应对。

10.2.1　新创企业可能遇到的各种危机

新创企业遇到的较多的危机主要是财务危机、市场危机、客户关系危机和组织危机。

1. 财务危机

所谓财务危机，即企业资金不足以维系企业的正常运行，以致企业面临关闭甚至破产的可能。新创企业的财务危机通常是由筹资、营运资金等问题引起的。例如，创业投资的资金需求量难以准确预期，而实际需要的资金往往超过预期资金规模。又如，创业需要持续的研究开发资金投入，但新创企业普遍缺乏持续投资能力。发生财务危机的重要标志是企业现金流严重不足。

2. 市场危机

对于新创企业来说，生存是最重要的事情。新创企业的关键在于开发市场，求得生存。没有消费者，没有能够满足消费者需求的产品或服务，企业就无法生存。因此，新创企业面临的最严峻的挑战就是紧紧把握市场机会，尽快生存下来。

3. 客户关系危机

客户关系危机具体表现为，一是新创企业与上游供应商之间因供求关系不协调而发生的关系危机。二是新创企业与下游消费者之间的关系危机，消费者认为新创企业的产品功能、性能、质量有问题，供货不及时等，从而导致对产品的信任度降低。这种危机将直接加剧新创企业面临的市场危机。

4. 组织危机

新创企业也可能发生组织危机，即核心创业团队解散，从而导致新创企业面临“群龙无首”的局面。这通常起因于五种情况：一是没有形成创业团队的“领袖”；二是团队搭配不尽合理；三是创业之初团队成员就缺乏达成共识的目标、利益、思路、规则；四是团队磨合中成员之间失去了共同的目标、利益、思路、规则等；五是创业中遇到了较大困难，团队中个别成员出现了畏惧心理，或者是某个人遇了新的机会。其中，第三种和第四种情况是最易发生的，从而也是导致组织危机的主要原因。

10.2.2　危机管理的一般模式

根据危机的发展过程，可将危机管理分为三个阶段，即防范阶段、处理阶段和总结善后阶段。

1. 防范阶段

新创企业危机管理的重点应放在危机发生前的预防上，而非危机发生后的处理上。为此，企业首先需要建立一套危机预警和化解系统。例如，组建企业内部危机管理小组，负责观察发现危机前兆，分析预期危机情景。危机发生之前，通常都会有一些前兆。新创企业的管理者要善于发现这些前兆，对可能发生的各种情况进行预测。

2. 处理阶段

危机一旦发生，新创企业管理者首先需要采取有效措施，防止事态继续蔓延；其次要迅速找出危机发生的原因，并努力化解。如果在防范阶段已经制订了危机应对方案，则应该尽快启动。同时注意，在关注本企业利益的同时，要关注关联者的利益。例如，在处理客户关系危机过程中，企业就应更多地关注消费者的利益，而不能仅仅关注本企业的利益。要把客户利益放在首位，尽量为受到危机影响的消费者弥补损失，这样才有利于维护企业的客户关系。最后，由于危机发生存在种种不确定因素，任何防范措施也无法做到万无一失。因此，真正处理危机时，还需要新创企业管理者根据具体情况，及时调整危机处理对策。

3. 总结阶段

总结阶段的主要工作是调查、评价危机的后果，并采取措施弥补相关缺陷。首先要对危机发生成因、相关预防及处理措施进行系统的调查。其次要对危机管理工作进行评价和反思，尽可能找出危机管理存在的问题。再次要根据存在的问题，提出具体的修正措施并落实。最后还要对各类危机的利益相关方，在条件允许的前提下，尽可能地予以补偿。例如，企业发生了客户关系危机，就需要给客户或者消费者必要的补偿。又如发生了组织危机，某个关键岗位上的团队成员脱离了本企业，则企业就需要尽快寻找适当人员。

10.2.3 新创企业不同发展阶段的危机管理

1. 初创期

在建立和早期成长阶段， 企业产品单一。创业者承担管理企业的生产、销售、财务等所有事务。企业通常靠技术进步、创新或企业家精神才能维持生存或者获得市场认可。本阶段的主要任务是获得足够的财务资源以确保生存。为了生存，创业团队的所有人员都加班加点地工作，并通常采用非正式沟通、简洁的组织结构、集权和个性化领导风格等方式压缩企业的运营成本。在初创期，新创企业面临的主要危机就是市场危机，另外一个危机是财务危机。

1）市场危机及其管理

第一，市场危机产生的原因。

在创业团队勾画创业前景的时候，都会对未来的市场环境、企业业绩做出预期。由于新创企业及其产品或服务对于市场而言都是全新的，没有经验的，因此市场和消费者都要经历一个从了解到接受的过程。这个过程对于企业来说既是机会也是考验，企业的经营业绩也会出现波动，时常会发生预期目标未能实现的情况。这个过程一旦出现多次反复或者历时太长，就会引发市场危机，具体表现为，即使新创企业已经最大可能地调动了各方面资源，发动了强烈的销售攻势，采取了各类销售手段，得到的销售业绩仍然远远低于经营目标，甚至无法支持企业的运转。

市场危机源于创业者对市场前景的错误判断，未能选择适当的进入时机以及营销模式等。

（1）新创企业错误估计了市场前景和容量。一般情况下，新创企业往往依赖内部信息来预测市场需求的增长，而忽略了外部信息的收集和分析。容易造成对市场前景的错误判断，从而导致企业不能采取适当的市场策略，陷入十分被动的境况。

（2）进入时机选择失误。在初创期往往凭借创业热情和企业家精神全力以赴的投入工作，对于何时进入市场保持高度热情，却忽略了对于进入时机的判断，也缺乏对市场及其资源的理性思考。

（3）未能采用适当的营销模式。20 世纪末的中国曾经涌现了一批企业，例如，三株集团、巨人集团等，它们借助密集的广告、庞大的营销队伍和销售网络，一度快速发掘出巨大的消费需求，成功地把握市场的潜在机会，但是短暂的辉煌如昙花一现。

第二，市场危机管理。

（1）理性判断市场前景，选择适当的发展战略。创业激情能够支持创业团队实现由构想到现实的转化，此后，新创企业必须理性确定商业模式，合理预测市场前景，并随着外部环境和内部资源条件的变化，不断做出修正。如果新创企业确定产品或服务与市场短期需求不符，与未来几年内的市场需求也不可能一致，那么就有必要终止对现有产品或服务的投入。如果新创企业能够确定现有产品短期内不符合市场需求，但不能判断出三五年就能适应市场的变化，那么暂停或大幅减少对现有产品或服务的投入，等待市场趋势明朗化。等待意味着拥有对未来做出进一步决策的权力，而这种权力具有优于现在就做出决策的价值。另外，企业的具体投资活动以及营销策略需要很好地适应企业所在的产业结构，需要高效地整合并运用企业的各类资源。

（2）借助合作者，把握进入市场的时机。新创企业在开拓市场过程中，往往存在局面难以打开的情况，还可能会遇到短期市场对产品或服务的需求不够明显，但是经过一定时间的投入和培育，消费者的需求就会被唤起的情况。在这种背景下，寻找适当的合作者，尤其是借助行业中领头企业的力量，不失为顺利度过生存危机的有效、简捷的方法之一。

（3）顺应产品生命周期，采取有针对性的营销策略。产品生命周期都会经历从导入期、成长期然后进入成熟期，直到衰退期的过程。在每一阶段，企业不同的机会与挑战，所选择的营销策略也需要做出相应的调整。

新创企业的产品或者服务大多处于导入期。这一时期消费者的需求不确定，工艺技术尚不成熟，新创企业的市场竞争地位也尚未明确。营销策略的关键在于尽可能减少不确定因素，通过大量的促销等市场开发力量，让顾客知道，他们将从产品、服务中得到何种利益，以使其逐步接受新生事物，并尽力消除各种障碍和瓶颈。在成长期，需求迅速上涨，技术日趋成熟，更多的企业参与竞争，新创企业的市场定位仍未明朗。新创企业应密切注视市场结构的变化，尤其是替代品或者是替代营销模式方面的变化，发现需求的差异，并在形象、产品、服务、渠道上与消费者需求相适应，不断扩大规模，提高市场占有率，以取得市场地位，并采取提高品牌忠诚度和建设分销渠道等措施制造对于新进入者的障碍。

（4）建立健全企业内部控制体系以抵御风险。新创企业生存压力巨大，往往忽视内部控制体系的建立与完善。企业要想实现长期的可持续发展，就必须建立内部控制，强化内部管理，为进一步发展打下坚实的基础。内部控制是为实现经营管理目标、组织内部经营活动而建立的各职能部门之间对业务活动进行组织、制约、考核和调节的方法、程序和措施。其主要目的就是要维护资金安全、完整、有效使用。加强企业内部控制，不仅可以大大提高管理效益和经营效益，也可以使企业的发展步入良性发展的轨道，可以促进企业的长期可持续发展，提升企业的竞争能力。

2）财务危机及其管理

财务危机即企业掌控的资金不足以维系企业的正常运行，以致企业面临关闭甚至破产的可能。对于新创企业来说，财务危机主要表现为现金流不足。现代企业普遍奉行的是“现金为王”准则，但新创企业仍然会因为种种原因疏于现金流的管理，从而陷入财务危机困境之中。

第一，财务危机产生的原因。

（1）急于融资但缺乏合理的融资规划。新创企业在初创期往往会遇到急于融资，但难以融资的问题。企业一旦获取了融资，如果没能对市场环境进行研究，也没有对所需资金量进行规划，那么在产品投放市场后，企业往往缺乏充裕的资金做进一步的市场开拓。这时企业就会陷入市场和资金的双重困境。另外，由于新创企业急于获取资金，用于应急之用，缺乏对企业长远的资金需求的考虑，更没有长远的财务预测与财务计划。一旦业绩没有达到预期目标，资金紧张的问题将进一步加剧，直接影响新创企业的健康发展，甚至危及生存。

（2）内部控制体系不规范，资金管理缺乏有效控制。新创企业往往急于立足市场，过多地关注市场运作，未能建立内部控制系统，从而造成财务危机。例如，三株集团在创立的三年时间里面，在全国各地注册了600家子公司，成立了2 000个办事处，销售人员超过15万人。庞大的营销网络既创造了业绩，也对公司内部财务管理提出了巨大挑战。三株公司的财务监控与营销策略脱节，营销部门一味追求销量而增加投入，只关注子公司的销售情况，忽视了投入的回报和子公司的综合经营状况。许多子公司巧立名目，向总公司套取广告费，有相当一部分没有能真正发挥作用。有的因为广告缺乏针对性而“打了水漂”，有的被抵作贷款，套取现金，有的则被用来低价冲货。这样的财务失控的问题在亚细亚、飞龙等当时类似案例中均有发生。

（3）非理性投资，降低资产的流动性。新创企业为追求高盈利水平，不断增加投资，使得短期资金周转困难，大大降低了资金的流动性，从而使企业陷入财务困境。例如，巨人集团为追求资产的盈利性，以超过其资金实力十几倍的规模投资于资金周转周期长的房地产行业，使得公司有限的财务资源被冻结，资金周转产生困难，造成了资产盈利性与流动性的矛盾。更严重的是，受房地产投资失误的影响，生物工程的基本费用和广告费用被抽到房地产投资中，正常运作深受影响，从而陷入了财务困境。

第二，财务危机的应对策略。

（1）合理预测引发财务危机的各类问题。对于首次创业的创业者而言，他们常常对突如其来的财务危机感到措手不及。要准确预测企业是否会发生财务危机，创业者通常需要注意如下问题：①企业现有主业是否具有可持续性。如果主业不能持久，且企业不能开发出新的主导业务，则总有一天企业的财务状况会恶化。②要能够通过相应指标把握企业经营的基本情况。现金流分析和比率分析是两种重要的分析工具，企业通常需要按月编制年度现金流量表。财务比率分析可以分成四个领域，即获利能力、流动性、活动与负债能力。③关注企业是否存在信用风险、利率风险、外汇风险等。如果商业银行对企业的信用评级极差，企业就难以在商业银行谋得贷款；如果未来收回账款和融资的时间点大大滞后于还贷时间，则企业一方面难以按期偿还贷款，另一方面也可能大大降低自身的商业信用等级，进而影响今后的融资。

（2）做好财务规划，理性使用资金。要在充分调查研究的基础上，采用科学的预测方法，尽可能准确地预测特定创业活动和企业经营活动的资金需求。在获取资金之后，对任何一项投资，都要进行理性的分析论证。不宜投资于主营业务以外的活动，对长期投资尤应进行深谋远虑的研究，避免过速的扩充。在新创企业快速成长阶段，组织的"抗压能力"还不够强大，竞争地位才刚刚建立，经营过于分散化会削弱原核心业务能力。新创企业应该明确战略边界，强调企业决策的自律和规则，树立"有所为，有所不为"的投资理念。另外，创业团队要注意团队成员之间的磨合及利益上的协调，尽可能避免成员之间因为利益或思路发生矛盾。如果从外部获取资金，需要注意融资期限必须与付款资金期限相吻合，避免企业资金链的断裂。

（3）加强内部控制，开源节流。开源节流是企业经营中最基本、最实用的手段和策略。节流并不是简单的减少支出，而是通过费用支出结构分析以及支出的必要性和经济性分析，采取相应的措施来改善费用支出的实际效果。对于新创企业而言，研发费用和销售费用是加强管理和控制的主要对象。避免出现重技术轻市场的情况，要重点考虑研发产品的商业前景。

（4）采用恰当的营销策略。新创企业在采用恰当的营销策略时，要注意避免出现两个问题。第一，尽量避免营销策略的简单复制。例如，三株公司在 1996 年"农村包围城市"策略取得了巨大成功以后，将原有的营销策略简单复制到城市，为企业失败埋下隐患。在农村市场，三株采用以小报为主的宣传方式。进入城市之后，企业并没有提升宣传策略，也没有树立品牌形象，原有的轰炸式营销策略反而影响了品牌形象，导致消费者的反感，巨额广告费用投入产出比越来越不合理。第二，要避免"病急乱投医"，在新创企业容易对市场沉默期估计不足，几次营销策略失败以后往往急于市场做出反馈，希望地毯式、轰炸式的广告宣传能够起到作用。事实上，已经采用的营销策略无论是成功还是失败，在未来的策略制定过程中，关键始终在于对目标消费群的锁定及其行为特征的分析和把握。

（5）借用孵化器平台，争取政府基金及政策支持。对于那些高科技的新创企业而言，充分利用所在的孵化器平台，争取政府基金及相关政策的支持，是一种成本相对较低的缓解现金流短缺的方法。很多优惠政策通常仅对某一孵化器内部的企业生效，一些政府机构召集、主持的有关活动，通常也限于那些孵化器内部的企业参加，因此，孵化器内的新创企业通常在政策资源上有得天独厚的优势。通过关注政府部门制定的相关法规条例，创业者可以做出更利于新创企业成长的决策，能够获得各种政策性的低息或无偿扶持基金（如国家科技部中小企业创新基金等），以及写字楼或者孵化器所提供的廉价房租等。

2. 成长期

新创企业经历初创期之后，即将步入成长期，在这一阶段企业会出现快速扩张。此时企业能生产多种产品，开始多角化经营。这一阶段的主要任务是建立规章制度，科学管理企业。企业规模的扩大和运作的复杂性对计划的要求不断提高，越来越强调建立规章制度和维持组织运营的稳定性。创业者已不可能事事躬亲，为提高效率，必须对下级授权。组织机构逐渐健全，各方面的管理开始规范化、专业化和职能化。

处于成长期的新创企业面临的主要危机是组织危机和客户关系危机。

1）组织危机及其管理

在成长期，新创企业认识到变革的必要性，企业不再单纯依靠增加人力、物力、财力来应对发展的需要，开展各种形式的组织建设工作，旨在使新创企业的组织机体更健康发育从而能够更长远地应对各种变化。对于许多创业者来说，内部管理这是新的领域。员工似乎比顾客更难满意，部门之间的协调比产品的调试更为复杂。高薪吸引来的职业经理人，不断地以一个外来人的身份挑剔企业的种种毛病，而创业伙伴则总是回顾创业时的艰难，表露出对后来者的不满。

第一，组织危机的产生原因。

（1）缺乏有效的激励。与创业初期的创业激情完全不同，对于普通员工的激励需要成本。很多创业者用尽了能想到的一切办法调动员工的工作热情，如加薪、送员工出国旅游等。为此可能还会聘请一位有经验的人力资源总监。但是结果可能是，花在激励员工方面的成本越来越多，而员工的工作热情却越来越低。如果说在创业之初，只需要创业激情就可以使员工从工作本身获得乐趣，那么在成长期，激发员工的工作热情并从中获得成就，就成为企业的责任。如何对工作进行富有人性化的设计，如何使不同天赋的员工在适合的岗位上发挥特长，如何及时地向员工反馈绩效都是组织需要解决的问题。只有在这些方面取得真正意义上的进步，提高员工的工作积极性才成为可能。

（2）沟通渠道不畅。企业是一个分工合作的协作体系。如果没有沟通，处在这个体系中的每一个独立的个体都将缺乏完整的信息来处理自己手头的工作。处在组织底端的员工，有着一线的信息和经验。他们往往能够最先感受到客户的抱怨、经销商的需求、竞争对手的动向以及替代品的进展。这些信息如果不能及时地传递到决策者手中，企业就会缺乏推动创新和求变的源泉。最终，创业者缔造的这个组织也就很快变成了一个官僚机构。

随着员工人数的增多，部门化的出现以及管理层级的增加，沟通问题逐渐成为新创企业发展的障碍。在初创期，创业者基本熟悉每一位员工，能够知道第一个员工的能力与爱好，企业经营的信息就在日常谈话之中完成了上传下达。这种非正规的沟通渠道与沟通方式在企业的初创阶段发挥着关键作用。进入成长期之后，创业者需要花费大量时间处理各种会议，普通员工也无法直接与管理者对话。创业者变成了现场问题的处理者，“处理”而不是“管理”成为创业者的任务与职责。另外，在企业的成长期，部门的出现将是组织成长的一个重要现象。创业者能否在专业部门给企业带来效率的同时，利用良好的沟通机制保障部门之间的沟通，是决定企业能否继续保持初创期高效率的一个重要因素。

（3）缺乏清晰的企业目标。与初创阶段相比，处于成长期的企业掌握资源越来越多。正是由于企业边界的扩张，接触外部环境的机会增多，组织的目标变得越来越模糊了。最初，企业往往是因为一个激动人心的创意，或者偶尔获得的一个想法而成立的，所以公司目标明晰，创业者能够清楚地向投资人讲明公司所从事的活动与目标之间的关系。创业者每天将公司的目标挂在嘴上，既激励自己也激励着的创业伙伴。但到了成长期，很多企业无法说清楚公司的使命、目标与任务，多元化策略更是模糊了公司的最终目标。明晰的企业目标对于刚刚脱离生死线的新创企业来说非常重要。因为对于一个刚刚学会控制现金流的新创企业来说，一次多元化投资上的失误足以导致企业失败。创业团队成员对多元化的战略往往存在分歧，严重的分歧可能使得创业团队解散，从而进一步加剧了组织危机。

第二，组织危机的应对策略。

构建组织与创建商业模式是完全不同的两件事情。杜兰特先生利用自己的商业天赋创建了通用汽车初期的发展模式，而斯隆先生则利用理性思维为通用汽车建立了一个能够运行近一个世纪的组织。与创立之初相比，通用汽车的商业模式与经营理念发生了许多变化，但整个组织的基本原则与信念却没有太多的变化。从这个角度来看构建组织比创建商业模式需要更多的精心设计，与此相对应的是构建组织的方法与经验更容易被传授学习。但这绝对不是一蹴而就的事情，这是需要精心权衡的过程。对于组织的设计者来说，既要保持企业原有的企业家精神和创新源泉，又要构建一整套制度体系保证企业的运行不依赖任何人。

（1）优化组织设计。如果企业组织运转不畅，大多数高管人员都会有所觉察，但很少有人知道如何扭转这种局面。这部分是因为他们缺乏一个实用的指导框架。著名的管理学家 Goold 和 Campbell（2003）在仔细研究了几十家规模不一的公司的组织结构，并跟踪观察很多高管人员组织设计过程之后，将研究结果浓缩为组织设计的九项检验。这九项检验既可以用来评估现有的组织结构，也可以用来设计一个全新的组织结构。前四个检验称为合适度检验。后五个检验称为优秀度检验。

合适度检验可以对设计方案做出最初的筛选：市场优势检验评估该方案能否让创业者的竞争能力都能得到足够的重视；管理优势检验评估该方案是否有助于管理部门给整个组织增加价值；人员情况检验表明组织设计方案能否发挥员工的优势；而可行性检验则考察了可能阻碍组织设计方案实施的各种限制因素。优秀度检验可以帮助公司优化组织设计的预选方案。特殊文化检验确保组织设计方案把需要特殊文化的部门与公司的主流文化隔离开来；协作难度检验考察了组织设计方案有没有对部门之间的协作矛盾提供解决方案；层级冗余度检验评估组织的管理层级是否过多；责任检验考察每个部门是否都有合适的业绩控制手段；灵活性检验则确保设计方案能让公司适应变化。

这九项检验分别是：①市场优势检验，组织结构是否保证公司在每一个细分市场上的竞争能力都得到管理层足够的重视？②管理优势检验，组织结构是否有助于管理部门给整个组织增加价值？③人员情况检验，组织结构是否反映了公司员工的优势、劣势以及行为动机？④可行性检验，组织结构是否全面考虑了阻碍实施组织设计方案的所有因素？⑤特殊文化检验，组织设计方案对需要特殊文化的部门是否有保护措施？⑥协作难度检验，组织设计方案能够为部门之间的协作矛盾提供解决方案吗？⑦层级冗度检验，在组织设计方案里，管理层级和管理部门是否过多？⑧责任检验，组织设计方案是否支持公司进行有效控制？⑨灵活性检验，组织设计方案能否为新战略的实施铺平道路？为适应变革，组织设计方案能否提供必要的灵活性？

两位研究者认为，修改完设计方案后，还要重新做一遍所有检验，因为关于组织结构的决策注定非常复杂，牵一发而动全身，在一个地方对组织结构动手术可能会导致另外一个地方出现难以预料的后果。

（2）组建高层管理团队，加强组织内部的沟通合作。高层管理团队的建设是新创企业组织建设的重中之重。德鲁克（2009）认为企业应该在真正需要高层管理团队之前就把它建设好。由于新创企业的高层管理团队建设不能一蹴而就，德鲁克建议每当新企业的客观经济指标显示其业务在未来的三年或五年内会增加一倍时，企业创始人就必须着手建立一个管理团队。其成员在基本稳定的基础上可以保持适当的流动性。虽然高绩效的新创企业高层管理团队的具体情况各不相同，但他们通常都具备以下共同特征：团队成员对纲领性的目标达成共识，并清楚了解达到目标的途径，相互之间的技能相辅相成，互为补充，各自承担企业整体活动中的部分职责，且协作配合，彼此形成了建立在共同价值观，相互了解、不断互动基础上的信任。为了造就这样的高层管理团队（叶瑛和贺维平，2003），新创企业首先需要分解企业所有活动，研发、生产、销售、人力资源管理和财务管理等中确定各位成员能够做出贡献的领域，并就此达成共识、分工合作。其次，为每个领域设定目标，由责任人规划实现目标的方案，调配相应的资源。最后，高层管理团队内部必须建立正式的沟通渠道和频繁接触了解的机制，确保决策的共同参与和成员行为透明化的制度。在高层管理团队组建的过程中，企业创始人的角色定位是非常关键的环节。创业之初，创始人的角色是全权责任人和全面推动者。此后，他不仅仅要致力于构建一个优秀的高层管理团队，也要努力寻找个人特长与企业发展需要的契合点。在企业活动中扮演最合适的角色而不是全部角色或者所谓的关键角色。有效的高层管理团队可以极大稳定新创企业的内部组织结构，是企业发展动力从个人理性转变为组织理性的转折关键所在。组织内部的有效沟通和合作也完全可以通过高效管理团队来实现。否则，初创企业的发展必然受到限制，而无法最终成为市场竞争的常青树。

（3）建立以激励机制为主导的用人机制。企业用人机制不存在固定模式，需要因地制宜，根据企业发展阶段、人员和外部环境的变化而变化。第一，新创企业应当掌握企业不同时期的不同标准和方法。初创期需要的是具有创业激情的人员。进入成长期之后，就需要能够维系企业稳定发展的人物了。企业在发展过中，只有在保持基本稳定的同时，不断地淘汰不符合企业需求的人员，以保持生命力。这种淘汰既是必需的又是残酷的，同时还需要注意策略。对于原有创业团队的人员，可以用福利、股份、职位去安抚，切不可以顾及情绪和面子以及旧功劳而影响企业的健康发展。第二，要最大限度发挥员工的作用，在充分认识员工素质、道德和能力的基础上恰当使用、扬长避短、合理配置，以最大限度地发挥他们的作用。第三，善待员工，尊重员工。新创企业对于普通员工的工资、福利、奖励一定不能过于小气，对有贡献的员工要考虑他们的真实需求，针对需求进行激励。可以采用物质激励和精神激励相结合的方法。给予员工比较宽松的成长空间，注重员工的职业道德、知识水平、业务能力和对企业的贡献，在同等条件下要把处在底层的员工提上来。

2）客户关系危机及其管理

客户资源是企业在市场竞争中所拥有的最重要外部资源。如何在激烈的竞争中进一步争取客户资源，拓展市场空间，成为提高新创企业核心竞争力和持续发展能力的有力保证。新创企业一方面要加强外部市场开拓，更应当着眼于改善企业内部管理，提高管理水平、开展服务创新和产品创新，来进一步争取客户资源、提高市场竞争力。为此，企业特别是新创企业必须关注客户关系危机的防范与应对。

（1）积极防范客户关系危机。要防范危机的发生，要努力排除可能导致危机的因素。首先，企业应当为客户提供超值的价值。假若客户认为自己的花费可以得到对应价值的商品，那他自然会有比较高的满意度，从而避免客户资源的流失。如何提高客户的满意度？企业可以从产品的核心层、有形层、延伸层和扩张层四个层次寻找思路。其次，要加强客户关系管理。例如，可以建立完备的客户档案，包括静态的信息和动态的交易、服务信息，使客户资源可以得到统一的管理、维护及利用，以便及时为客户提供他们需要的产品和服务。又如，建立统一的客户接触系统，由企业的客户服务代表统一接受客户服务请求和受理客户投诉。要及时接受客户服务请求，受理客户投诉。最后，要提供高质量、高效率的服务。要在标准化的服务规范和服务流程支持下，使各级服务人员高效率地为客户提供高质量的服务。通过客户关系管理，企业要与客户建立六类关系，即交易关系、人际关系、信息关系、信任关系、相互学习关系和合作关系。

（2）充分做好应对客户关系危机的准备。客观地看，即使企业十分重视防范客户关系危机，也不能绝对保障不发生客户关系危机。由于客户关系危机既可能是企业自身的原因，也可能源于客户的误解甚至刁难，故企业特别是新创企业必须做好理性应对客户关系危机的准备。新创企业可从下列方面建立这方面的能力：①建立针对客户关系危机的内部沟通系统。一旦发生危机，要尽快将信息传递给每一位相关者。②建立应急反应预案。③建立企业与客户的沟通渠道，一旦发生问题，通过这一渠道可以第一时间联系客户。④了解竞争对手发生过的危机以及处理策略，供本企业借鉴。

（3）理性地应对客户关系危机。应对客户关系危机，企业需要实施以危机营销为核心的危机管理。所谓危机营销，即企业面对危机所采取的特殊营销措施，以期最大限度地减少危机给企业带来的不良影响。第一，迅速理清事实真相。收集事实依据，准确地掌握发生客户关系危机的根源、危机的程度，以及可能对企业造成的危害。在此基础上，迅速反应、积极回应。第二，统一口径，一致对外。即只从一个渠道、用一个声音传递对外传递信息。坦诚发表不利消息的真相，以减少谣言和猜疑。这既可为企业树立坦诚的形象，又可预防各种传说混淆视听，以避免企业处于被动的局面。第三，积极保持与客户的联系。为淡化客户的不满，取得客户的理解和谅解，危机企业需要积极保持与客户的联系。借助有效的沟通，实现与客户双赢。第四，如果危机引发了媒体关注，则需要企业管理者和公关人员通过媒体对外提供客观的信息。如果企业拒绝媒体，媒体就可能通过其他渠道甚至非正式渠道来获取支离破碎的信息，并向社会传播。因此，企业，特别是企业的高层管理者一定要与媒体建立良好的关系，甚至可以通过媒体传达自己不便传播的对企业有利的信息。第五，要建立危机管理档案。把危机发生、处理的过程和重要事件记录在案，以为今后处理相似事件提供借鉴。同时，还需要及时修改企业的危机管理预案。

本章小结

本章首先阐述了企业成长规律，首先介绍了两种关于企业生命周期的经典理论：葛雷纳的企业成长五阶段模型、爱迪思的企业成长十阶段模型。其次，本章界定了新创企业及其生命周期所涉及的时间，在此基础上明确了新创企业包括初创期和成长期两个阶段。再次，本章指出，新创企业可能会发生的危机包括四种：市场危机、财务危机、组织危机和客户关系危机。最后，到初创期，新创企业将更多面临生存压力和现金流陷阱的挑战，本章进一步说明了如何应对这些危机。在成长期，新创企业往往随着组织规模的扩张发生组织危机，如果没有积极进行客户关系管理则可能发生客户关系危机，对此本章提出了应对策略。

复习思考题

1. 企业生命周期包括哪些阶段？
2. 如何理解企业不同发展阶段的特征？
3. 分析并比较葛雷纳的企业成长五阶段模型和爱迪思的十阶段模型的相同点和差异之处。
4. 如何界定新创企业？你认为新创企业的生存时间是多长？
5. 新创企业可能面临那些危机，如何应对？

推荐阅读资料

李宏舟. 2008. 新创企业的危机管理（上）. 软件工程师，（3）：123-125.
李宏舟. 2008. 新创企业的危机管理（下）. 软件工程师，（5）：56-59.
刘国新，王光杰. 2004. 创业风险管理. 武汉：武汉理工大学出版社.
张玉利，陈寒松. 2011. 创业管理. 第二版. 北京：机械工业出版社.

阅读链接

1. 创业中国：http：//www.icycn.com/。
2. 中国大学生创业网：http：//www.chinadxscy.com/ 。

参考文献

爱迪思 I. 1997. 企业生命周期. 赵睿译. 北京：中国社会出版社.

德鲁克 P. 2009. 管理：使命、责任、实务——责任篇（德鲁克世纪精选）. 王永贵译. 北京：机械工业出版社.

蒋春燕，赵曙明. 2006. 社会资本和企业家精神与绩效的关系：组织学习的中介作用——江苏和广东新兴企业的实证研究. 管理世界，(10)：90-99.

汪少华，佳蕾. 2003. 浙江省企业集群成长与创新模式研究. 科研管理，(1)：129-133.

韦小柯，凤进. 2005. 西方企业成长阶段理论述评. 生产力研究，(1)：220-222.

杨杜. 2006. 企业成长论. 北京：中国人民大学出版社.

叶瑛，贺维平. 2003. 新创企业与成熟企业创业管理的比较研究. 中国人才，(12)：42-44.

Brush G G. 1995. International Entrepreneurship：The Effects of Firm Age on Motives of Internationalization. New York：Garland.

Fernhaber S，McDaugall P P，Oviatt B M. 2007. Exploring the role of industry structure in new venture internationalization. Entrepreneurship Theory and Practice，(4)：517-542.

Goold M，Campbell A. 2003. Making matrix structures work：creating clarity on unit roles and responsibility. European Management，21 (3)：351-363.

Shrader R C，Simon M. 1997. Corporate versus independent new ventures：resources，strategy and performance differences. Journal of Business Venturing，(12)：47-66.

第 11 章　社会企业创业

学习目标：

1. 了解社会企业的定义和内涵。
2. 了解社会企业的社会责任。
3. 了解社会企业的商业模式。
4. 了解社会企业的孵化器建设问题。

引导案例

壹基金——公益社会创业的典型

壹基金是由李连杰发起的立足于中国的国际性公益组织，也是在中国红十字总会架构下独立运作的慈善计划和专案，分别在中国大陆及香港地区、美国和新加坡设立了办事机构。2007 年 4 月 19 日，李连杰壹基金在北京正式启动。

在中国大陆地区，壹基金与中国红十字总会合作，成立了“中国红十字会李连杰壹基金计划”，致力于传播公益文化，搭建公益平台，以推动公益事业的发展。同时，为各种自然灾难提供尽可能的人道援助。壹基金挂靠于中国红十字总会，是结合中国国情的一个战略，在获得其半官方身份的“政府公信力”的同时，壹基金也保持民间非政府组织（non-governmental organizations，NGO）的独立身份，营建自己的公信力。在中国香港地区，壹基金集中资源发展公益人才教育项目，合作设立培训中心，资助中国内地公益领袖以及社会企业家的学习深造，并积极参与香港地区的公益项目。

由于壹基金在公益事业中做出的突出成绩，特别是在“5·12”汶川地震中的重要表现，壹基金在 2008 年年底荣获了由国家民政部颁发的“中华慈善奖”。除了救灾之外，壹基金还关注“环保、教育、扶贫、健康”几大领域，在搭建公益慈善平台的同时，传播公益慈善文化。壹基金成立以来，公众对慈善的关注达到了前所未有的程度。

资料来源：李华晶和肖玮玮（2010）

11.1　社会企业的社会责任

11.1.1　社会企业的定义

20 世纪 80 年代末，“社会企业”首先由一家意大利杂志使用，之后对于社会企业的研究逐渐增多，创办企业也成了一个趋势。1998 年法国经济学家蒂埃里·让泰提出社会企业的概念，认为社会企业将社会效果和间接的经济效益结合在一起，实现两者的可持续性平衡。随着全球经济结构的调整，世界各国都出现了很多社会矛盾，如贫富差距拉大、就业率下降、劳资纠纷增多等，这些都使得对企业的社会责任的期望增多，也促生了社会企业创业行为，社会创业家们通过创办社会企业，改变商业企业经营理念，以创业缓解社会问题。

2004 年，英国贸工部将社会企业定义为：社会企业是具有某些社会目标的企业，盈利主要按照社会目标再投放于其业务本身或所在社区，而非为企业股东和所有人赚取最大利润（DTI，2002）。英国社会企业联盟将社会企业定义为：为了社会目标的商业交易。1999 年经济合作与发展组织提出了社会企业较为完整的概念，认为社会企业是任何可以产生公共利益的私人活动，具有企业精神策略，已达成特定经济或社会目标，而非以利润最大化为主要追求，且有助于解决社会排斥及失业问题的组织（郑娟和李华晶，2014）。Austin 等（2006）将社会创业定义为发生在非营利组织、商业组织和政府部门内部或者之间的创新型的社会价值创造过程。欧洲社会企业研究网络提出，社会企业是非营利性的私人组织，提供直接与社区明确目标相关的商品或服务，依赖于集体动力，治理机构中包括不同类型的利益相关方，高度重视自主权，承担与活动相关的经济风险。

社会创业是通过创办新企业或采用创新的管理模式，在组织中发现、界定和探索机会以提升社会财富的活动或过程（赵丽缦等，2014）。社会企业是一种介于以商业营利为目的和以公益非营利为目的之间的企业组织形式，社会企业兼具市场性和社会性的双重特征，社会企业创业既可以解决公益领域资金短缺的情况，又可以吸纳更多就业人群，创造出价值和利润，维持公益体系和项目的自我运转。增爱公益基金会理事、北京区负责人何宁认为，“社会企业不仅是一种商业手段、达成社会目标的经营模式，更是一种推进社会机制进步与承担社会责任的社会创新，是一种以满足社会民生需求为目的，并且可以自我生长和推广的创造性行动。”《中国社会企业与社会影响力投资发展报告》中提到，近年来商业创业者不再满足于经济回报，而是希望用商业手段解决社会问题，而公益创业组织也不再依赖捐款等形式的资金来源，而是将可持续的财务来源形式的社会创业企业作为首选（章轲，2013）。

对社会企业概念的理解存在三个学派，获得收入学派认为社会企业是以获得盈利利润为目的，主张社会企业并非依靠捐赠，而是在承担社会责任的同时实现经济收益，认为社会企业在经营的过程中仍然要依靠商业手段。社会创新学派认为社会企业是企业家使用创新的方法来解决社会需求，对于社会需求中政府所不能够满足的部分，由社会企业家创新地利用商业知识和技能进行企业的创建和经营，从而实现对社会需求的满足，其中创新和创业是重要的因素，社会企业家需要时时秉持创新精神，开拓新的渠道和模式来为社会提供所需的物质和产品。理想类型学派则首先将社会企业看做营利性的组织，经营过程需要有偿使用员工，同时社会企业的社会公益性目标很重要，双方都应当兼顾，以合理的治理结构参与企业经营（王世强，2012），如表 11-1 所示。

表 11-1　社会企业与商业企业、非营利组织的区别

项目	商业企业	社会企业	非营利组织
动机	市场利润驱动	混合动机（经济与社会目标）	社会慈善驱动
目标	获取经济价值	可持续解决社会问题	创造社会价值
受益者	按市场价格支付金额	补助、全额与无报酬混合	无报酬
资本来源	市场行情资本	低于市场价格的资本	捐赠、补助
人力资源	市场工资	志愿者与全薪员工混合	志愿者

资料来源：刘志阳和金仁旻（2015）

11.1.2　社会企业的社会责任

社会责任是指一个企业在社会环境中初创并成长，在此过程中社会为企业带来了大量可用资源，而企业也相应地应当承担对社会应负的责任，一般是指企业承担的高于组织自身目标的社会义务。企业除了考虑自身的经济利益之外，还需考虑的社会责任可以包括企业的环境保护、安全生产、社会道德以及公共利益等方面。

1. 环境保护方面

环境属于一种公共物品，在市场自行配置资源的过程中，由于其特性往往产生市场配置失灵的情况，所以一般来说，人们都知道环境的重要性，却不愿意花费金钱去保护环境，然而环境与每个人的生产生活却又息息相关，尤其在当今的我国，过去三十多年的高速发展依靠的是资源和环境换取经济的增长，到现在这样的发展模式难以为继，迫切需要进行环境保护。环境保护除了政府应当管理起来，企业也应当承担相应的社会责任，如一些重工行业，在生产过程中产生了废气废水等，污染了环境，而企业承担社会责任，则是要将相应的成本内生化，让企业成为保护环境的主体。

2. 安全生产方面

安全生产是在生产经营活动中，为了避免造成人员伤害和财产损失的事故而采取相应的事故预防和控制措施，从而保证从业人员的人身安全，保证生产经营活动得以顺利进行的相关活动。企业是生产的主体，从而也承担着对员工人身安全方面应尽的责任，企业应当合理组织生产活动，购买保障员工人身安全的设施和设备，以尽可能地减少员工的人身安全损失。

3. 社会道德方面

社会道德是指公司满足社会准则、规范和价值观，回报社会的责任。例如，社会对优质产品的需求，对假冒伪劣产品的憎恶，企业应当规范自身的生产过程。又如，垄断企业往往能够获得更多的垄断利润，并通过垄断地位排斥市场竞争，然而垄断带来的是市场效率的缺失和产品价格的高企，需要降低垄断程度。再如，现今社会缺乏普遍的诚信，国有企业对企业家缺少诚信，民营企业通过假包装到市场上圈钱等行为很常见，这都需要企业承担起社会责任，减少上述现象的存在。

4. 公共利益方面

企业可以在不影响利润的情况下，承担起公共利益，例如，从企业内部来看，保障员工的尊严和社会福利，为员工提供符合人权的劳动环境，在生产方式上符合环保要求等，对外如增加就业、减少失业率问题，企业可以通过社会创业提供更多的就业岗位，尽可能地多吸纳就业人员以减轻压力。

11.1.3　公益创业人才

公益创业人才首先是公益人才，必须具有公益人才具有的利他主义精神，并且对公益事业非常熟悉，具有公益人才所应具备的品质和能力，具有社会使命感。另外，公益创业人才需要具备创业家的精神和能力，富有创新意识，能够在公益行业创办企业，为公益行业服务，同时还能够维持企业的正常和可持续运转，在企业运行的过程中，公益创业家将公益理念渗透到可操作的项目之中，将市场与公益良好结合。

公益创业人才可以通过社会创业教育加以培养，例如，全球顶尖商学院及社会组织合作支持的全球社会创业大赛（global social venture competition，GSVC），又如共青团中央、中国科协、教育部与各高校联合举办的“挑战杯”大学生创业竞赛，通过对大学生所学的公益创业知识进行比赛的形式，增强大学生公益创业能力。在校大学生是公益创业的潜在人才和生力军，通过对大学生公益意识的培养，既可以加强学生的德育建设，又可以培养其迈入社会后在公益事业方面创办有创新和创造性的事业的能力，让大学生具备相应技能和知识，准备为公益事业奉献力量（赵凌云，2013）。

11.2　社会企业的商业模式

20 世纪 50 年代商业模式的概念被提出，是指对一个组织如何行使其功能的描述，包括商业行为中的各方面如操作流程、组织结构等，商业模式定义了公司的客户、产品和服务、业务流程，提供公司如何组织以及创收盈利的信息。

商业模式狭义的概念是指公司从事商业的具体方法和途径，也就是公司以什么方法作为赚钱的来源。例如，通过地产买卖、电子商务等实现盈利，广义的商业模式则是包含了一系列要素及其关系的概念性工具，如描述公司为客户提供价值的内部结构、合作伙伴关系和关系资本等产生可持续收入的要素组合。

对于商业模式所包含的要素，学者们所提出的观点不一而足，如有学者认为商业模式至少包含十个要素：价值主张、消费者目标群体、分销渠道、客户关系、价值配置、核心能力、价值链、成本结构、收入模型、裂变模式。哈佛大学的约翰逊，克里斯坦森，与 SAP 公司的孔翰宁在《商业模式创新白皮书》中将商业模式概括为由客户价值、企业资源和能力、营利方式所组成的三维立体模式。Hamel（2000）认为商业模式由四部分组成：核心战略、战略资源、客户界面和价值网络，并且共包括 13 个子要素，如表 11-2 所示。

表 11-2　H 商业模式的要素组成

客户界面	核心战略	战略资源	价值网络
履行和支持 信息和洞察力 关系动态 定价结构	公司使命 产品/市场范围 差异化基础	核心能力 战略资产 核心流程	供应商 合作伙伴 联盟

资料来源：秦雯等（2013）

其中，客户界面主要是指客户与公司之间所形成的关系，包括公司支持哪一部分的目标客户群体及对其职责的履行，目标群体是创业公司打算通过营销来吸引的客户群，并向他们出售产品或服务，这个细分市场应该有具体的人数统计以及购买产品的方式。公司对客户信息的掌握及对客户群体心理的把握，公司同其消费者群体之间所建立的联系。客户界面中，公司应当清楚地定义目标客户，了解目标客户所组成的市场容量和份额，了解客户的问题并提供独特的解决方案以获得净效益。

案例 11-1

"社会投资平台启动仪式"上，南都公益基金会理事长徐永光表示，一旦社会投资、社会企业的法律制度和配套政策出来，将能够撬动数万亿甚至数十万亿社会投资进入医疗、养老、教育、社区服务、扶贫开发、公平贸易、环境保护等产业，满足多层次的社会需求，解决社会问题，同时提高第三产业在国民经济中的比重，拉动内需，扩大就业。

资料来源：章轲（2013）

核心战略首先需要明确公司的使命，如注明的公益创业机构格莱珉银行（Grameen Bank）的使命定义为贫困妇女和穷人提供金融服务，特别是帮助他们通过建立赚钱的项目而摆脱贫困。其次需要明确提供何种产品到市场上，市场的大小如何来界定，格莱珉银行定位非常明确，就是向贫困人群提供小额信贷，截至 2004 年，格莱珉银行的小额信贷通过在孟加拉国的 1 200 家分行累计发放贷款 4.2 亿美元，格莱珉银行的借款人次达 350 万（秦雯等，2013）。

战略资源则是涉及组织的核心竞争力层面，包括组织的核心能力，战略资产和核心流程。组织的发展依靠的是与众不同的资源，企业围绕这些资源构建自己的能力体系，实现竞争优势。核心能力一般具有价值特征、资产特征和知识特征，价值特征表明企业异于竞争者的原因，也是客户特别关注的价值，在创造价值方面居于核心地位。资产特征是指核心能力是一项专有资产，即使模仿者模仿，也不一定能获得成功。知识特征主要以隐性知识为主，也就是在日常经营活动中很难通过传授而获得，只能通过日复一日的接触逐渐习得的不公开的模糊知识。战略资产同样在组织中是长期积累而来的，很难被模仿或替代的非交易性资产。非登和威廉姆森认为，战略资产包括如顾客资产，也就是自顾客对品牌的认知和忠诚度；渠道资产，也就是已经建立的渠道入口、分销商的忠诚度等；投入要素资产，也就是对要素市场的知识、供应商的忠诚度、融资能力等；过程资产，如组织体制；市场信息资产，如竞争者的信息，市场对商业周期的反应程度等。核心流程则是利益相关者认知和重视的过程，运行需要保证利益相关者的满意的流程，这些流程都是企业在市场中避免劣势所必需的，也是市场进入的基本要求。

价值网络包括供应商、合作伙伴和战略联盟等各方面与企业日常经营紧密相关的群体，决定着企业与哪些利益相关群体开展战略合作伙伴关系，所选的供应商和合作伙伴一般都应当控制双方关系风险，以一定的选择标准进行选择，如短期来看，战略伙伴关系选择时应当选择那些提供合适商品质量的供应商，与此同时采购成本应当控制在一定水平，例如，位置上过远或过近都不合适，供应商的及时交货也是非常重要的，既能够及时供应产品到市场上，也不能过早交货以降低库存成本，此外，供应商的整体服务态度和水平应当要好，能很好地提供售后服务和技术支持服务等。

案例 11-2

近年来，我国老龄化问题日益严重。1995 年，第一家鹤童老人院在天津成立。经过 18 年的努力，鹤童已经建立起一个年收入突破 3 000 万元规模的养老社会服务的产业联合团体，包括鹤童老年福利协会、老年公益基金会、七座老人院、一座老年病医院、七座老人护理职业培训学校和一个国家职业技能鉴定所。

与社会上一些营利性养老院不同，鹤童系列机构不追求利润最大化，不设股东，没有分红，除了员工工资和日常行政开销外，所有的资金都用于支持发展老人福利的专项项目和老人院护理。

资料来源：章轲（2013）

刘志阳和金仁旻（2015）认为社会企业的商业模式与一般企业存在三方面不同。

1. 价值主张不同

商业企业追求的是经济利润，始终要求投入产出的回报率，并在企业目标的设定上将利润放在第一位，如果有其他与经济利润相抵触，一般都会被舍弃，非营利性的组织则完全追求社会利益，获取资金的途径往往来自社会救济或捐赠，而社会企业追求可持续的根本解决社会问题，介于二者之间，以可盈余的项目来获得利润并用于公益事业，达到双赢。

2. 价值创造不同

社会企业比商业企业更面临资源短缺，必须进行资源调配和与商业或非商业伙伴合作来弥补资源的短缺，社会企业还应当与受益人共同设计创造产品和服务，以增强产品的适用性。

3. 价值获取不同

社会企业与商业企业相比，资金的来源更加复杂，商业企业一般都是自身运营创造利润，社会企业也可以获得捐赠和公益救助，当然社会企业的主要资金来源还是依靠创收方式获得，社会企业也可以采取与商业企业相同的经营模式和经营策略（刘志阳和金仁旻，2015），如图 11-1 所示。

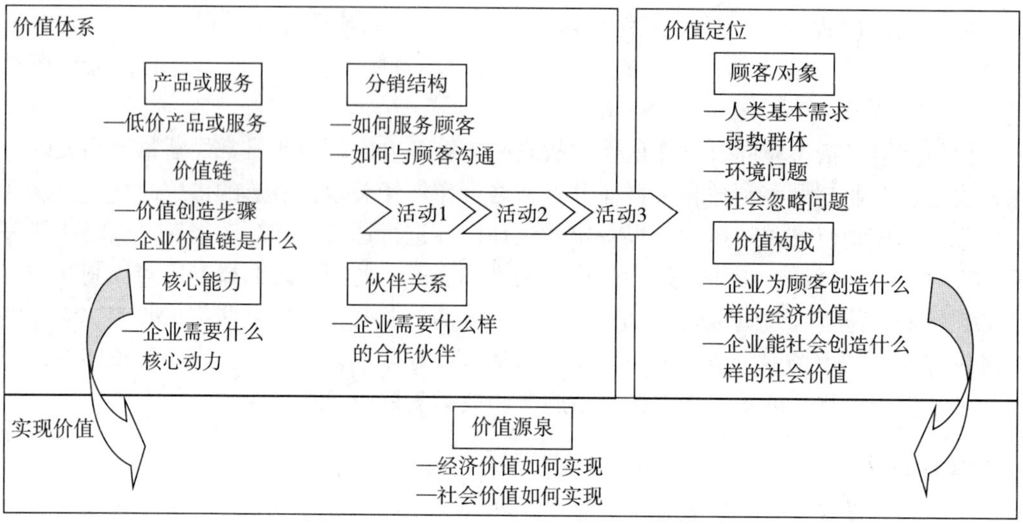

图 11-1 社会企业商业模式理论框架

资料来源：金仁旻和刘志阳（2015）

11.3 社会公益创业孵化器——以 NPI 和 SIL 为例

1987 年我国第一家企业孵化器——武汉东湖创业者中心成立，1988 年国家科委发展高新技术产业的“火炬计划”将科技企业孵化器列为重要内容之一。截至 2014 年年末，全国孵化器超过 1 600 家，累计孵化企业 6 万家。孵化器是为创业之初的公司准备的办公场地、设备，甚至咨询意见和资金的企业。美国的 YC（Y Combinator）、Dropbox、Airbnb 和 Heroku 等都是孵化器中的杰出代表，我国国内比较有名的孵化器如析易国际旗下的 88 孵化器，和君咨询旗下的和君商学院等，都是在业内有较高知名度的孵化器。

社会公益孵化器是孵化器中的一种，公益性的创业项目往往在初创时期缺乏办公场所，也无力承担专业人员的工资，因此专门设置公益孵化器来帮助孵化公益类创业项目成为必然选择。例如，2010 年，北京市西城区委社会工委宣布启动社会组织孵化器项目，该项目将向六家社会组织提供一年免费办公场地和资金支持。2007 年公益组织孵化器（non-profit incubator，NPI）正式运行，为孵化的公益组织提供一流的服务，提供关键的支持，包括办公场地、办公设备、能力建设、小额补贴、注册协助等，并在后勤和办公等方面为被孵化机投提供专业的指导。据称 NPI 每年在全国范围内孵化 30 个左右的民间公益组织。NPI 还开发了大量使用中国本土公益组织的课件和案例，与联想、诺基亚、英特尔等企业合作，大力倡导企业的社会责任理念，促进大量公益资源流入（韩丹，2010）。NPI 公益孵化器旨在为初创民间公益组织提供支持，设立模式为“政府支持，民间力量兴办，专业团队管理，政府和公共监督，民间公益组织受益”。其中，政府提供各种形式的补贴和资金支持，向社会和民间募集资金，并与各种有关社会组织结成伙伴关系，由专家组成顾问团并提供咨询、会计、法律等方面的咨询服务（沪社团，2008）。

SIL（the social innovation lab）是 2011 年由约翰霍普金斯大学商学、医学、社会学等多个院系的师生所创立的，专门选择各种有潜力并致力于帮助困难群体的公益性公司和机构进行扶持，从科技创新、技能培训、资金募集、法律援助等方面提供支持。至今 SIL 孵化了三十多家包括医疗、教育、就业和住房等领域的公司，例如，为听障老人上门服务的企业，为其低价或免费配置助听器等类似的项目。

复习思考题

1. 请给出社会企业的定义。
2. 对社会企业的定义理解有哪三个学派？
3. 社会企业的社会责任有哪些？
4. 社会企业的狭义和广义商业模式如何理解？
5. 商业模式包含哪些要素？
6. 试分析社会企业的孵化器有哪些特点。

参考文献

韩丹. 2010. 公益孵化器：为草根 NGO 插上一双翅膀. 中国企业报，（11）：1-3.

沪社团. 2008. 公益孵化器：公益性社会组织支持发展的新模式. 社团管理研究，（11）：48.

金仁旻，刘志阳. 2015. 社会企业商业模式理论框架的构建. 吉林工商学院学报，（4）：29-32.

李华晶，肖玮玮. 2010. 机会识别、开发与资源整合：基于壹基金的社会创业过程研究. 科学·经济·社会，（2）：94-102.

刘志阳，金仁旻. 2015. 社会企业的商业模式：一个基于价值的分析框架. 学术月刊，（3）：29-32，100-108.

盘古智库课题组. 2015-06-01. 创新创业孵化器的国际经验与政策建议. http：//www.ynste.com/yjbg1/4596.jhtml.

秦雯，林海，严中华. 2013. 社会创业组织商业模式的案例分析. 商业经济研究，（30）：16-19.

王世强. 2012. “社会企业”概念解析. 武汉科技大学学报，（10）：495-500.

章轲. 2013-08-23. 社会企业：用商业模式做公益. 第一财经日报.

赵凌云. 2013. 高校公益创业教育新探索. 上海青年管理干部学院学报，（1）：12-15.

赵丽缦，Shaker Z，顾庆良. 2014. 国际社会创业研究前沿探析：基于情境分析视角. 外国经济与管理，（5）：12-22.

郑娟，李华晶. 2014. 社会企业创业的商业模式研究. 商业经济研究，（7）：85-86.

Austin J，Stevenson H，Wei-Skillern J. 2006. Social and commercial entrepreneurship：same，different or both？Entrepreneurship Theory and Practice，5：1-22.

Defourny J，Nyssens M. 2008. Social enterprise in Europe：recent trends and developments. Social Enterprise Journal，（1）：202-208.

DTI. 2002. Social Enterprise：A Strategy for Success. London：Department of Trade and Industry.

Hamel G. 2000. Lead the Revolution. Cambridge：Harvard Business School Press.